編者のことば

会においては，自治体，企業，その他の組織体が中心となって動いており，の人々がこれらに関わり，その生活は成り立っている。これらの組織体の営を効率的・効果的に行うための考え方・原理を究明する学問が経営学であいわゆる社会科学の一分野となる。経営学の主な対象は企業だが，それとわる人々も対象となっている。最近では経済学も行動経済学など類似領域が登場して来ているが，経営学の方が扱う範囲に多様性があり，かつ実践的だと言えよう。

経営学のより具体的な内容としては，企業などが事業の継続に必要な，人，モノ，カネ，情報などの経営資源をうまく配分し，製品やサービスなどを生み出し，それを市場において対価と交換して，再び経営資源に変えることにより，永続しようとするための考え方が中心である。

なぜ経営学を学ぶかというと，混沌とした状態を解明し，その構造を明らかにし，どう対応すれば良いかの方針を指し示してくれることが多いからだ。卑近な例えでは，料理をするにしてもどうすれば美味しくなるかには一定の知識が必要である。つまり，過去の料理の歴史やどのように料理を作れば美味しくなるかの理論がいる。そして料理を食べる人々の好みを知る必要がある。費用がいくらかかるかを整理する必要もあるなどだ。そしてこれらをうまく組み合わせることにより，食べる人の喜ぶ美味しい料理を，想定内のコストや時間で作り出すことができる。料理と同様に経営にも多様な領域がある。企業などを対象として，これらの領域をミックスして組織体を管理・運営するものだ。何も知らずに管理・運営に関わっていくことは可能だが難しい。経営学の基本を学べば正しい判断を時間効率よく行える可能性が高まっていくのである。

この「グラフィック経営学ライブラリ」の特徴は，わかりやすく，楽しく学べるが統一的な視点となっている。見開きページの左側に解説があり，右側に図，表が来ていて，直観的な理解を促進してくれる。解説を読み，理解する左脳と図表で直観的に把握する右脳，両方のサポートで理解を促す。ただし図表を多用し，理解しやすいテキストを書くのは執筆者にとって実は大変なのである。読者対象となる学生やビジネスマンなどの方々は，各執筆者と編者の努力の結実をしっかり楽しみ，かつ学んで頂ければ幸いである。

上田　隆穂

はしがき

『グラフィック 経営統計』は経営系・商学系学部の学生向けに書かれた統計学の入門書である。学生向けと言っても他の授業や卒業論文のためではなく，実務で統計学に接するときのことを想定しているので，本書は統計学を初めて学ぶまたは学び直す社会人の教科書にもなるはずである。むしろ実務経験があり統計学の重要性に気付いた社会人の方が読者として相応しいかもしれない。それではなぜ統計学が実務で重要なのか。それは売上実績の集計やプロモーションの評価のような現場レベルのことから新製品開発や経営戦略の立案といった高度なものまで，適切な経営判断にはデータに基づいた正確な情報が欠かせないが，この情報を提供することが統計学の役割だからである。

だからと言って，経営系・商学系学部の出身者に統計学を用いてデータから情報を引き出すことが期待されているわけではない。ここは勘違いしないでほしい。計算などは大学院や理工系学部の出身者に任せればいいからである。期待されているのは，この情報を活用して適切な経営判断を下すことなのである。つまり，経営系・商学系学部の学生は分析能力よりも，分析結果を理解する能力の習得を優先すべきということになる。

標準的な統計学の教科書の構成は最初に記述統計学，次が統計学から一度離れて確率変数という数学の概念の解説，最後は推測統計学の説明となっている。しかし，多くの経営系・商学系学部の学生にとってこうした教科書は頗る評判が悪い。数学を使うこと自体不満なのかもしれないが，これを言っても仕方ないのでもっと建設的なことを考えてみると，標準的な教科書に抱く不満は以下の二点となるだろう。一つは確率変数に関する内容が必要以上に長く難しいことである。これは分析できるようになりたい人を想定しているからである。確率論やその応用分野で重要なことが，推測統計学の解説で使わなくても書かれているのはそのためである。もう一つは確率変数を用いて抽象的に説明される推測統計学の手法を現実の問題に適用した時に，確率を用いた議論がどのような意味となるのかが十分に説明されていないことである。これでは分析の計算方法しか書いてないのと同じである。だから分析結果を理解できない学生が出てきてしまうのである。

本書が留意したのは正にこの二点である。確率変数に関することは，決して望ましいことではないが，推測統計学の問題とそこで学ぶ手法の性質を理解するのに必要最小限の内容だけを解説した。そして，確率変数に関する様々な概念を数学上の概念ではなく推測統計学の話の中で定義し，確率を用いて表現される性質を具体的に説明した。分析結果を理解するために必要な知識や注意すべきことにも多くのページを割いている。

それでは本書の構成を説明する。第1章は本書で統計学を学習するための準備である。第2章から第5章までが記述統計学となる。扱う内容は標準的な教科書と変わらないが，推測統計学とのつながりを意識した説明となっている。普通は次に確率を説明するのだが，本書では推測統計学における推定を解説した。これが第6章である。この章を読めば標本調査における推定の考え方と推定量の性質を理解できるはずである。確率変数については第7章で説明する。母集団分布に特定の確率分布を仮定したときの推定については第8章で解説する。確率変数を説明で用いるのは，この章からである。有名な正規分布を導入するのもここである。推定という手法を実践する場合の注意点は第9章にまとめた。ここまでが推定で，第10章からは仮説検定となる。最初に仮説検定の基本的な考え方を説明した上で，続く第11章で様々な仮説検定の方法を辞書的に紹介した。第12章には意思決定という側面から見た仮説検定の考え方と実際に適用する際の注意点がまとめてある。

ライブラリの編集方針に則り，本文は左ページで，図表や補足的なことは右ページにまとめてある。これまで説明してきたことはすべて本文の内容であり，本書は基本的に左ページだけ読めばいい構成となっている。やや高度な内容も含まれているが，そうした箇所には無理に読む必要はないと書いておいた。右ページの図表（一部例外はある）と公式は本文と同じ扱いである。「補足」もできるだけ目を通した方が良い。しかし，「発展」は興味がなければ無視していい。

「発展」では，本書では不要と判断したが標準的な教科書には書かれていることなどを取り上げた。その紹介程度の内容である。だからこそ，その先には何があるのだろうと好奇心を膨らませる読者が数百人に一人くらいはいるものと信じている。面白いと思ったら，分析結果が理解できれば十分などとは言わず，中級レベルの教科書に挑戦してほしい。分析結果を理解する能力の重要性は指摘したが，分析能力など必要ないとは言っていない。分析できないより，できる方が良いに決まっているのだから。

参考資料は新世社のホームページ（https://www.saiensu.co.jp）の本書紹介ページにある「サポート情報」からダウンロードすることができる。練習問題もここに置いたので，ぜひ活用してもらいたい。

最後になるが，本書を執筆する機会を与えて下さった学習院大学の上田隆穂教授と執筆から校正まで幾度もお世話になった新世社の御園生晴彦氏，谷口雅彦氏にはこの場を借りて心より御礼申し上げる。

2020 年 7 月

森　治憲

目　次

第 7 章　確率変数　147

第 8 章　母集団分布と推定　177

第 9 章　実際の分析と推定　203

第 10 章　仮説検定の考え方　231

第 11 章　仮説検定の例　249

第 12 章　実際の分析と仮説検定　273

第 13 章　正規分布と中心極限定理　305

ギリシャ文字一覧

大文字	小文字	
A	α	アルファ
B	β	ベータ
Γ	γ	ガンマ
Δ	δ	デルタ
E	ε	イプシロン
Z	ζ	ゼータ
H	η	エータ
Θ	θ	シータ
I	ι	イオタ
K	κ	カッパ
Λ	λ	ラムダ
M	μ	ミュー
N	ν	ニュー
Ξ	ξ	クシー
O	o	オミクロン
Π	π	パイ
P	ρ	ロー
Σ	σ	シグマ
T	τ	タウ
Υ	υ	ウプシロン
Φ	φ	ファイ
X	χ	カイ
Ψ	ψ	プサイ
Ω	ω	オメガ

本文イラスト：PIXTA

第 1 章

準　備

統計学と言えば“データ”だが，そもそも統計学とはデータを使って何をするための学問なのか。本題に入る前に，このことを最初に説明しておく。もう一つの重要なことはデータという用語である。日常的に使うことはあっても，深く考えることはあまりないだろう。そこでデータというものを様々な視点から説明した。ここに出てくる用語に難しいものはないが，非常に重要なので必ず理解しなければならない。最後に本書で多用されるシグマ記号の計算について補足した。

1.1 分布を知ること

あるスーパーの日々の売上実績を記録したデータがあったとしよう。もし読者が店長だったら，このデータを使ってどのようなことを調べたいだろうか。売上金額の平均はいくらで，日によって売上金額はどの程度変動しているのか，売上金額が 400 万円以下の日は何日あったのかといった単純なものから，ある商品は値引きすると売上数量はどのくらい増えるのか，この商品の値引きにより影響を受ける競合商品はどれなのかといった少し難しいものまで様々な疑問が思い浮かぶだろう。売上データは大量の観測値（数値と文字列）を集めたものだから，眺めるだけでは疑問に答えることはできない。そこで必要となるのが，これから学習する統計学なのである。

本書を読み始めたばかりではピンと来ないかもしれないが，これらの疑問はすべて観測値の**分布**というものに関連している。分布とは説明し難い概念だが，売上金額が 500 万円を超えて 600 万円以下の日数とか，ある商品の価格が 100 円のとき，その売上数量が 200 個を超えて 250 個以下となる日数など，ある範囲にどのくらいの観測値が含まれるかというすべての情報を表すものと考えればいいだろう。売上金額や価格の分布が分かれば，これらの疑問に答えられるし，他にも様々な知見を得ることができる。突き詰めて考えると，観測値の分布を知るための方法を提供することが統計学の目的ということができる。

売上金額の分布が分かれば疑問に答えられるといっても，分布を完全に知る必要はない。それではすべての観測値をそのまま持っていることと同じである。そこには雑音のような無駄な情報が含まれているかもしれない。したがって，統計学では分布を簡潔に記述することが重要となる。疑問に答えられる程度に観測値の分布を知っていれば十分なのである。

観測値の分布を簡潔に表現する最も基本的な方法は集計表や様々なグラフを作成することである。これにより分布の形を知ることが可能となる。さらに平均や分散などの要約統計量を求めれば，観測値の分布を客観的な数値で表現することができる。これらのことは本書の前半で詳しく説明する。

❖ ポイント 1.1　統計学とはどのような学問か

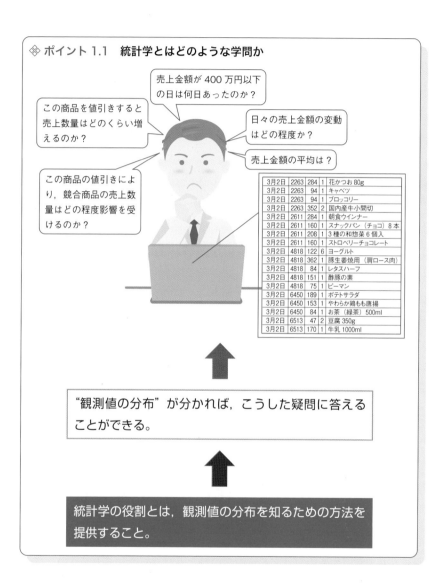

売上金額が 400 万円以下の日は何日あったのか？
この商品を値引きすると売上数量はどのくらい増えるのか？
日々の売上金額の変動はどの程度か？
売上金額の平均は？
この商品の値引きにより，競合商品の売上数量はどの程度影響を受けるのか？

3月2日	2263	284	1	花かつお 80g
3月2日	2263	94	1	キャベツ
3月2日	2263	94	1	ブロッコリー
3月2日	2263	352	2	国内産牛小間切
3月2日	2611	284	1	朝食ウインナー
3月2日	2611	160	1	スナックパン（チョコ）8 本
3月2日	2611	208	1	3 種の和惣菜 6 個入
3月2日	2611	160	1	ストロベリーチョコレート
3月2日	4818	122	6	ヨーグルト
3月2日	4818	362	1	豚生姜焼用（肩ロース肉）
3月2日	4818	84	1	レタスハーフ
3月2日	4818	151	1	酢豚の素
3月2日	4818	75	1	ピーマン
3月2日	6450	189	1	ポテトサラダ
3月2日	6450	153	1	やわらか鶏もも唐揚
3月2日	6450	84	1	お茶（緑茶）500ml
3月2日	6513	47	2	豆腐 350g
3月2日	6513	170	1	牛乳 1000ml

⬆

“観測値の分布” が分かれば，こうした疑問に答えることができる。

⬆

統計学の役割とは，観測値の分布を知るための方法を提供すること。

1.2 記述統計学と推測統計学

統計学には扱う問題に応じて**記述統計学**と**推測統計学**の二つがある。前節ではこれらを区別せず説明してきたが，記述統計学でも推測統計学でも目的は変わらない。すなわち，調査項目の分布を知るための方法を提供することである。以下で述べるように記述統計学と推測統計学の違いとは，分析で使えるデータの違いにある。

ある旅行会社は4年生の女子学生をターゲットとした国内ツアーを企画している。そこで，現状を把握するため平成29年3月に日本の大学を卒業した女性全員を調べた結果，4年次での国内旅行の回数は**表 1.1**のようになった。知りたいことは285360人の国内旅行回数の分布だから，この旅行会社はそのための完全なデータを持っていることになる。ここで分布を知るために使う統計学が記述統計学である。

もちろん，これは非現実的な話であり，一企業が285360人の女子卒業生を実際に調査できるはずはない。できたとしても全員が調査に協力してくれるとは限らない。通常は無作為に選んだ何人かの女子卒業生を調べ，その結果から285360人の国内旅行回数の分布について推論するという方法が用いられる。推測統計学はここで必要となる。**第6章**で説明するが，この問題のように全体から一部を取ってきて，その一部から全体を推論する構造の問題を標本調査という。

このように分布を知るための完全なデータを持っている場合に使うのが記述統計学で，持っていないときに使うのが推測統計学となる。どちらも知りたいことは調査項目の分布で同じだが，この違いのため学習する内容にも大きな違いがある。推測統計学では全体と一部の関係を常に考えなければならないため，確率という概念が必要となる。数学的には格段に難しくなる。推測統計学で学習する内容は記述統計学の続きとはならないことを注意しておく。本書では**第5章**まで記述統計学を扱い，**第6章**からは推測統計学について説明する。

■表 1.1　女子卒業生 285360 人の年間国内旅行回数

No.	回　数	No.	回　数	No.	回　数
1	1	11	1	21	2
2	0	12	1	22	2
3	3	13	3	（省略）	
4	1	14	2		
5	2	15	5	285355	1
6	2	16	4	285356	4
7	5	17	0	285357	5
8	1	18	3	285358	5
9	1	19	3	285359	0
10	5	20	4	285360	2

データはもちろん架空。文部科学統計要覧によれば平成 28 年度に在籍した女子学生の総数は 1141425 人である。この人数を 4 で割った値（一桁目を四捨五入）が本文で言及した 285360 人である。この観測値（年間国内旅行回数）は平成 28 年社会生活基本調査の結果を参考に作成した。

Column 1.1 ● 女子学生による年間国内旅行回数

出典は総務省統計局が公表している平成 28 年社会生活基本調査。国内旅行とは一泊二日以上の観光旅行のことで，帰省などは含まれない。調査対象の女子学生（4 年生だけではない）は 1120 人である。

回　数	比　率
0	23.5%
1	20.1%
2	20.5%
3	12.2%
4	5.1%
5	7.1%
6–7	4.0%
8–9	1.2%
10回以上	6.3%

ポイント 1.2　記述統計学と推測統計学

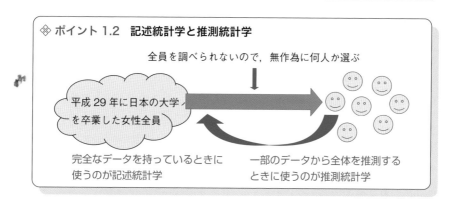

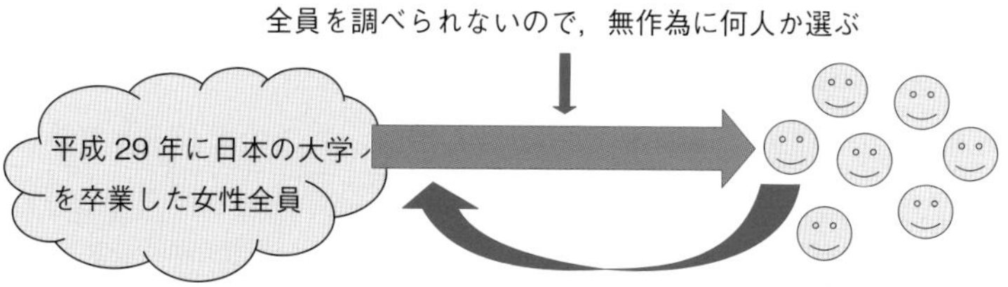
全員を調べられないので，無作為に何人か選ぶ
平成 29 年に日本の大学
を卒業した女性全員

完全なデータを持っているときに使うのが記述統計学

一部のデータから全体を推測するときに使うのが推測統計学

1.3 データと変数

ここではデータと調査項目（変数）について様々な視点から説明する。記述統計学と推測統計学の違いを意識する必要はない。

1.3.1 データと変数

表 1.2 は 1998 年 1 月から 2017 年 12 月までの各月の日経平均株価と対ドル為替レートの終値を載せたものである。このようにいくつかの調査項目について複数の観測値を集めたものを**データ**という。

調査項目や指標といった言い方はこれからも使うが，一般的なことを説明するときは**変数**という数学用語が用いられる。例えば平均の定義式やその性質を説明するときは，変数 x に関する次のようなデータ

$$x_1, x_2, \cdots, x_n$$

を用いて説明をするのである。

1.3.2 多次元データ

複数の変数から成るデータのことを**多次元変数**のデータまたは**多次元データ**という。例えば表 1.2 は日経平均株価と為替レートという 2 個の変数から成る 2 次元データである。多次元データの場合，すべての変数の値を一まとめにしたものが 1 個の観測値となる。観測値は座標のように表せばよい。例えば表 1.2 で 1998 年 1 月の観測値は（16628.47, 127.34）となる。観測値の個数は 480 ではなく，240 であることを注意しておく。ところで，西暦と月は観測値につけられたラベルだから，ここでは変数として扱っていない。これらも分析対象であるのなら変数として扱えばよい。この場合，表 1.2 は 4 次元データとなる。

多次元データの場合，観測値の分布を知るには，変数間の関係を知る必要もある。これは多次元データを分析するときの重要な視点であり，本書では**第 4 章**と**第 5 章**で学習する。

■表 1.2　日経平均株価と対ドル為替レート

西暦・月	日経平均	為替レート	西暦・月	日経平均	為替レート
1998年 1月	16628.47	127.34	（省略）		
1998年 2月	16831.67	126.72			
1998年 3月	16527.17	133.39	2016年11月	18308.48	112.73
1998年 4月	15641.26	131.95	2016年12月	19114.37	117.11
1998年 5月	15670.78	138.72	2017年 1月	19041.34	113.53
1998年 6月	15830.27	139.95	2017年 2月	19118.99	112.31
1998年 7月	16378.97	143.79	2017年 3月	18909.26	111.80
1998年 8月	14107.89	141.52	2017年 4月	19196.74	111.29
1998年 9月	13406.39	135.72	2017年 5月	19650.57	110.96
1998年10月	13564.51	116.09	2017年 6月	20033.43	112.06
1998年11月	14883.70	123.83	2017年 7月	19925.18	110.63
1998年12月	13842.17	115.20	2017年 8月	19646.24	110.49
1999年 1月	14499.25	115.98	2017年 9月	20356.28	112.46
1999年 2月	14367.54	120.32	2017年10月	22011.61	113.09
（省略）			2017年11月	22724.96	112.29
			2017年12月	22764.94	112.65

1998 年 1 月から 2017 年 12 月までの毎月の最終営業日の終値を載せている。為替レートは東京市場におけるインターバンク相場の値である。日経平均株価については日本経済新聞社の公式 HP，対ドル為替レートについては日本銀行の公式 HP から入手した。

◈ ポイント 1.3　観測値の個数と変数の個数

1 個目の変数　　2 個目の変数 ←── この個数が次元

↓　　↓

西暦・月	日経平均	為替レート	
1998 年 1 月	（16628.47,	127.34）	←── 1 個目の観測値
1998 年 2 月	（16831.67,	126.72）	←── 2 個目の観測値
1998 年 3 月	（16527.17,	133.39）	←── 3 個目の観測値
…	…		

1.3.3 連続変数と離散変数

表 1.3 は 1999 年から 2018 年までの，東京の都心部と郊外の八王子における 1 月の日平均気温を表している。ただし，日平均気温とは 1 日を通しての気温の平均のことである。この表では小数点以下第一位までしか書いていない。しかし，実際には測定上の限界があるにしても，概念的には，平均気温は小数点以下第十位だろうと百位だろうと，どれほど細かい値でも取ることができる。このような変数のことを**連続変数**という。重さや長さなど物理的に測定された値は連続変数となる。

これとは反対に表 1.1 の旅行回数やアンケート調査における 5 段階評価のように，数通りの値しか取らない変数を**離散変数**という。変数が個数や回数の場合は必然的に離散変数となる。取りうる値が整数に限定される場合が離散変数という意味ではない。案外間違え易いので注意しておこう。

1.3.4 連続変数と見なす

表 1.4 はあるスーパーの売上データから卵の売上記録を抜粋したものである。期間は 2016 年 1 月 2 日から 2016 年大晦日までである。売上数量と価格は離散変数だが，こうした変数は連続変数として扱われることが多い。

もちろん，何でも連続変数と見なせるわけではない。連続変数と見なすには取ることのできる値の個数がある程度多くなければならない。卵の売上数量と価格は条件を満たしているが，アンケート調査における 5 段階評価を連続変数として扱うのは無理があるだろう。できれば価格のように小数を用いても概念的に不合理が生じなければなおの事望ましい。

離散変数を連続変数と見なす理由はデメリットよりメリットの方が大きいと考えられるからである。連続変数を前提とした手法は種類が多く，易しいものも多い。連続変数と見なせばこうした手法を使えるようになる。反対に問題とは，理論上あり得ない値を想定することにより，誤った結論を導く可能性があることである。グラフの作成や要約統計量を求めるくらいなら，変数が離散か連続かを気にする必要はほとんどない。しかし，母集団分布を仮定する推測統計学は当然として，記述統計学でも**第 5 章**で学習する回帰分析のような高度な分析では十分注意しなければならない。

■表 1.3　東京と八王子の 1 月の日平均気温

西　暦	日	東　京	八王子	西　暦	日	東　京	八王子
1999	1	5.2	1.7	（省略）			
1999	2	6.1	2.8				
1999	3	6.6	3.1	2018	20	6.3	5.0
1999	4	6.5	3.3	2018	21	7.0	4.7
1999	5	5.3	1.8	2018	22	1.7	0.4
1999	6	7.1	4.1	2018	23	3.7	2.6
1999	7	8.2	5.5	2018	24	2.2	1.1
1999	8	3.8	1.6	2018	25	0.0	−2.7
1999	9	3.6	0.4	2018	26	0.5	−2.2
1999	10	4.1	0.7	2018	27	2.6	−0.9
1999	11	5.8	1.9	2018	28	1.7	−1.1
1999	12	6.7	2.5	2018	29	3.7	2.4
（省略）				2018	30	3.3	1.9
				2018	31	3.9	1.9

このデータは気象庁の公式 HP から抜粋した。期間は 1999 年から 2018 年までの 20 年間である。東京の観測地点は 2014 年 11 月までは大手町だが，12 月以降は北の丸公園に変更された。八王子の観測地点は元本郷町である。

八王子市とは，市の公式 HP によれば「東京都心から西へ約 40 キロメートル，新宿から電車で約 40 分の距離に位置しています。地形はおおむね盆地状で，北・西・南は海抜 200 メートルから 800 メートルほどの丘陵地帯に囲まれ，東は関東平野に続いています」という東京都の市である。

■表 1.4　卵の売上記録

日　付	数　量	価　格	日　付	数　量	価　格
1月 2日	77	170	（省略）		
1月 3日	71	170			
1月 4日	59	170	12月20日	58	170
1月 5日	207	120	12月21日	498	100
1月 6日	60	170	12月22日	76	170
1月 7日	113	170	12月23日	66	170
1月 8日	89	170	12月24日	71	170
1月 9日	54	170	12月25日	363	100
1月10日	55	170	12月26日	101	160
1月11日	50	170	12月27日	343	110
1月12日	301	120	12月28日	96	170
1月13日	79	170	12月29日	60	170
（省略）			12月30日	23	170
			12月31日	66	170

中規模の食品スーパーでの売上を模した架空のデータだが，適当に数字を並べたものではない。本物の売上データの“分布”を参考にして作成した。現実の売上データの特徴が上手く再現されている。

1.3.5 量的変数と質的変数

表 1.5 は 1923 年以降に東京で震度 4 以上を観測した地震をまとめた結果である。これまでと違うのは震央地名という数値でない調査項目が含まれていることである。マグニチュードや表 1.3 の気温のように数値となる変数を**量的変数**，震央地名のように数値ではないものは，数でないものを数というのはおかしいが，**質的変数**という。英語では変数を variable という。直訳すると "変化するもの" という意味である。ここに変 "数" という訳語が当てられたため，妙な日本語となってしまったのである。

顧客データやアンケート結果の分析では性別という質的変数を扱うことがある。性別を区別できればいいので，例えば回帰分析では，この質的変数を使う代わりに，女性なら 0，男性なら 1 とする量的変数が用いられる。このような変数を**ダミー変数**という。ダミー変数は質的変数を扱う最も基本的な方法である。質的変数に関する分析手法は数多く提案されているが，数学的に高度なものが多いため，本書では扱わない。

1.3.6 時系列データ，横断面データ，パネルデータ

表 1.2 の日経平均株価と為替レートや表 1.3 の気温など，異なる時点での観測値を集めたデータを**時系列データ**という。過去の値が現在の値にどのような影響を与えているかなど，観測値間の関係に関心がある場合は時系列分析と呼ばれる高度な分析手法が適用される。社会科学では計量経済学や金融工学などで用いられている。

表 1.6 は 2014 年における各都道府県の総人口，人口一人当たりの県民所得と預貯金残高，人口千人当たりの生活保護被保護実人員をまとめたデータである。このように同一時点で異なる地点の観測値を集めたデータを**横断面データ**という。ただし，地点という言葉に地理的な意味はあまりなく，例えば複数の企業について同一時点の経営指標を集めたデータも横断面データという。ある調査項目を業種間や国際間で比較するときは，業種や国毎に集計方法が異なる場合があるので，注意する必要がある。

横断面データを時系列で集めたものを**パネルデータ**という。マーケティングで用いられる ID 付き POS データは典型的なパネルデータである。ID 付

■表 1.5　東京で震度 4 以上を記録した地震

日付	時刻	震央地名	マグニチュード	最大震度 全国	最大震度 東京
1923年 9月 1日	11:58:32	神奈川県西部	7.9	6	6
1923年11月23日	11:33:41	神奈川県東部	6.3	4	4
1924年 1月15日	5:50:15	神奈川県西部	7.3	6	4
1926年 8月 3日	18:26:14	東京都23区	6.3	5	5
1928年 1月 1日	16:17:05	茨城県南部	5.5	4	4
1928年 5月21日	1:29:11	千葉県北西部	6.2	5	5
1929年 7月27日	7:48:15	神奈川県西部	6.3	5	5
1930年 5月 1日	9:57:56	千葉県東方沖	6.3	4	4
1930年 6月 1日	2:58:23	茨城県北部	6.5	5	4
1930年11月26日	4:02:47	静岡県伊豆地方	7.3	6	4
1931年 6月17日	21:09:41	東京都多摩東部	6.3	5	4
1931年 9月21日	11:19:59	埼玉県北部	6.9	5	4
1938年 2月 7日	23:43:00	埼玉県北部	6.1	4	4
1938年11月 5日	17:43:18	福島県沖	7.5	5	4
1944年12月 7日	13:35:40	三重県南東沖	7.9	6	4
1951年 1月 9日	3:32:27	千葉県北西部	6.1	4	4
1953年11月26日	2:48:59	関東東方沖	7.4	5	4
（省略）					
2011年 3月11日	14:46:18	三陸沖	9.0	7	5強
2011年 3月11日	15:15:34	茨城県沖	7.6	6強	4
2011年 4月11日	17:16:12	福島県浜通り	7.0	6弱	4
2011年 4月16日	11:19:32	茨城県南部	5.9	5強	4
2012年 1月 1日	14:27:52	鳥島近海	7	4	4
2012年11月24日	17:59:47	東京湾	5	4	4
2014年 5月 5日	5:18:25	伊豆大島近海	6	5弱	5弱
2014年 9月16日	12:28:31	茨城県南部	5.6	5弱	4
2015年 5月25日	14:28:10	埼玉県北部	5.5	5弱	4
2015年 5月30日	20:23:02	小笠原諸島西方沖	8.1	5強	4
2015年 9月12日	5:49:07	東京湾	5.2	5弱	4

この表は 1923 年から 2017 年までの間に東京で震度 4 以上を記録した地震の一覧である。出典は気象庁の公式 HP である。1923 年 9 月 1 日の地震は有名な関東大震災である。1996 年 10 月から震度階級が変更され，それまでの震度 5 は 5 弱と 5 強に，震度 6 は 6 弱と 6 強に細分化されたことを注意しておく。

き POS データとは，スーパーやドラッグストアで買い物客がポイントカードなどを利用する度に蓄積される売上データのことで，誰がいつどの店で何をいくらで何個買ったかという極めて詳細なデータとなる。情報技術の進歩によりパネルデータの利用は急速に拡大した。パネルデータは情報の宝庫なので，現在多くの企業ではその活用にしのぎを削っている。

1.4 シグマ記号について

高校の数学では数列の和を簡潔に表現し，計算する手段としてシグマ記号を学習する。本書でもシグマ記号を多用するが，手の込んだ数列の和を計算するために使うのではない。**第 3 章**で学習する平均や分散など，様々な公式を書くときにシグマ記号を使うのである。最も基本的な使い方は観測値の合計である。例えば n 個の観測値を次のように書くことにしよう。

$$x_1, x_2, \cdots, x_n$$

観測値の合計 $x_1 + x_2 + \cdots + x_n$ は，シグマ記号を用いれば，

$$\sum_{k=1}^{n} x_k$$

と簡潔に表現することができる。

2 次元データを扱う**第 4 章**では，長方形状に配置した数字の和を求めることがある。足し算だから計算は簡単である。問題はこの計算式を数式で表現するにはどのようにすればいいのかということである。

図 1.1 は長方形状に配置した数字を表しているとしよう。この配置で横に並んだ要素は行，縦に並んだ要素のことを列という。要素を配置内での位置を明示して表すには，行と列を意味する二つの添字を使う必要がある。その場合，行，列の順に添字を配置するルールである。例えば上から j 行目の左から k 番目（要するに k 列目）の要素であれば y_{jk} と書けばよい。

このように配置された JK 個の要素の和は，シグマ記号を二回用いて書かなければならない。まず，行毎に K 個の要素を合計すると，

■表 1.6　2014 年度調査による 47 都道府県のすがた

県　名	人　口	県民所得	預貯金	生活保護	県　名	人　口	県民所得	預貯金	生活保護
北海道	540	256.0	401.7	31.64	滋　賀	142	312.6	490.7	8.23
青　森	132	240.5	398.9	23.02	京　都	261	302.8	588.7	23.79
岩　手	128	271.6	485.1	11.07	大　阪	884	301.3	807.2	34.13
宮　城	233	280.7	546.4	11.94	兵　庫	554	284.4	525.4	19.45
秋　田	104	246.7	437.4	14.83	奈　良	138	253.4	615.1	15.01
山　形	113	258.9	461.2	6.55	和歌山	97	279.8	574.9	15.59
福　島	194	286.1	517.9	8.70	鳥　取	57	233.0	506.7	13.32
茨　城	292	308.8	507.8	8.96	島　根	70	244.0	454.6	8.82
栃　木	198	320.4	510.9	10.78	岡　山	192	271.1	537.9	13.64
群　馬	198	309.2	489.4	7.45	広　島	283	314.5	574.4	16.92
埼　玉	724	290.3	509.0	13.29	山　口	141	312.6	561.3	11.91
千　葉	620	297.0	556.4	13.14	徳　島	76	290.5	741.7	19.07
東　京	1339	451.2	1699.9	22.02	香　川	98	289.0	680.0	11.64
神奈川	910	292.9	540.3	17.31	愛　媛	140	252.0	603.2	15.99
新　潟	231	269.7	490.8	9.12	高　知	74	253.0	463.8	28.30
富　山	107	318.5	612.5	3.28	福　岡	509	275.9	530.9	25.93
石　川	116	294.7	536.2	6.60	佐　賀	84	250.9	403.5	9.64
福　井	79	297.3	539.9	5.19	長　崎	139	235.4	471.2	22.33
山　梨	84	279.7	461.7	8.00	熊　本	179	239.5	435.4	14.94
長　野	211	282.1	475.0	5.47	大　分	117	258.3	438.5	17.53
岐　阜	204	271.7	474.5	5.94	宮　崎	111	238.1	361.0	16.21
静　岡	371	322.0	483.5	8.22	鹿児島	167	238.9	377.2	19.48
愛　知	746	352.7	594.4	10.67	沖　縄	142	212.9	351.1	24.52
三　重	183	314.4	557.8	9.62					

出典は総務省統計局が毎年公刊している「統計でみる都道府県のすがた」である。人口は単位 1 万人で 2016 年度版から抜粋した。県民所得は 2018 年度版に記載されている，人口一人当たり県民所得（単位 1 万円）のこと。預貯金とは人口一人当たりの国内銀行預金残高と郵便貯金残高の合計でいずれも単位は 1 万円である。これは 2016 年度版を用いた。生活保護は人口千人当たり生活保護被保護実人員のことで，2017 年度版に掲載されている。

❖ ポイント 1.4　シグマ記号

$$y_3 + y_4 + y_5 = \sum_{k=3}^{5} y_k$$

- 5 ← 最後の番号（省略する場合もある）
- y_k ← 合計したい観測値
- $k=3$ ← 最初の番号（省略する場合もある）

$$\sum_{k=1}^{K} y_{1k}, \sum_{k=1}^{K} y_{2k}, \cdots, \sum_{k=1}^{K} y_{Jk}$$

となる。ここで1行目の合計 $\sum_{k=1}^{K} y_{1k}$ の添字1や2行目の合計 $\sum_{k=1}^{K} y_{2k}$ における添字2に着目すれば，JK 個の要素の和は，もう一度シグマ記号を適用することで，

$$\sum_{j=1}^{J} \sum_{k=1}^{K} y_{jk}$$

と書けることが分かる。

ところで，この計算法では最初に行毎の和を求め，次にこれらを合計したが，足す順番を変えても和は変わらないので，最初に列毎の和を求め，次にこれらを合計してもいいはずである。すなわち，

$$\sum_{j=1}^{J} \sum_{k=1}^{K} y_{jk} = \sum_{k=1}^{K} \sum_{j=1}^{J} y_{jk}$$

が成立する。言葉で書けば当たり前のことだが，数式の途中で出てくると案外戸惑うこともある。こうしたシグマ記号の表記に慣れることが何よりも肝心である。**公式1.1** に本書で必要となるシグマ記号に関する性質をまとめてある。

練習問題

問題1　以下のシグマ記号を用いた式を足し算の式で表しなさい。

(1) $\displaystyle\sum_{k=1}^{n} (x_k - a)^2$　　(2) $\displaystyle\sum_{j=1}^{J} \sum_{k=1}^{K} \frac{(f_{jk} - g_{jk})^2}{g_{jk}}$

問題2　シグマ記号を用いて以下の式を表しなさい。

(1) $(x_1 - a)(y_1 - b) + (x_2 - a)(y_2 - b) + \cdots + (x_n - a)(y_n - b)$

(2)
$$\begin{aligned} & x_1 y_1 p_{11} + x_1 y_2 p_{12} + \cdots + x_1 y_K p_{1K} \\ & + x_2 y_1 p_{21} + x_2 y_2 p_{22} + \cdots + x_2 y_K p_{2K} \\ & + \cdots \\ & + x_J y_1 p_{J1} + x_J y_2 p_{J2} + \cdots + x_J y_K p_{JK} \end{aligned}$$

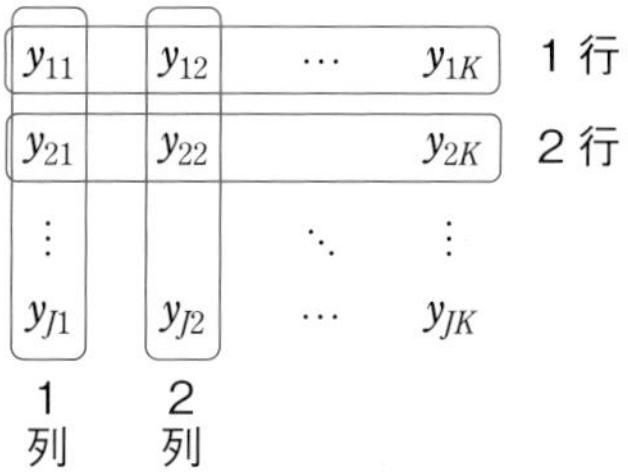

横の並びを行，縦の並びは列という。例えば 1 行目は

$$y_{11} \quad y_{12} \quad \cdots \quad y_{1K}$$

であり，2 列目は

$$\begin{matrix} y_{12} \\ y_{22} \\ \vdots \\ y_{J2} \end{matrix}$$

である。この配置全体は J 行 K 列である。

■図 1.1　長方形状に配置した数字

◎ 公式 1.1　シグマ記号を使った計算

(1) 観測値の定数倍の合計

$$ax_1 + ax_2 + \cdots + ax_n = \sum_{k=1}^{n} ax_k = a\sum_{k=1}^{n} x_k$$

(2) 観測値と定数の和の合計

$$(x_1 + b) + (x_2 + b) + \cdots + (x_n + b) = \sum_{k=1}^{n} (x_k + b) = \sum_{k=1}^{n} x_k + nb$$

(3) 2 次元変数で観測値の和の合計

$$(x_1 + y_1) + (x_2 + y_2) + \cdots + (x_n + y_n) = \sum_{k=1}^{n} (x_k + y_k) = \sum_{k=1}^{n} x_k + \sum_{k=1}^{n} y_k$$

これらを応用すれば，以下の結果も直ぐに分かるだろう。

(4) $\displaystyle\sum_{k=1}^{n} (ax_k + b) = a\sum_{k=1}^{n} x_k + nb$

(5) $\displaystyle\sum_{k=1}^{n} (ax_k + by_k + c) = a\sum_{k=1}^{n} x_k + b\sum_{k=1}^{n} b_k + nc$

◈ ポイント 1.5　量的変数と質的変数，連続変数と離散変数

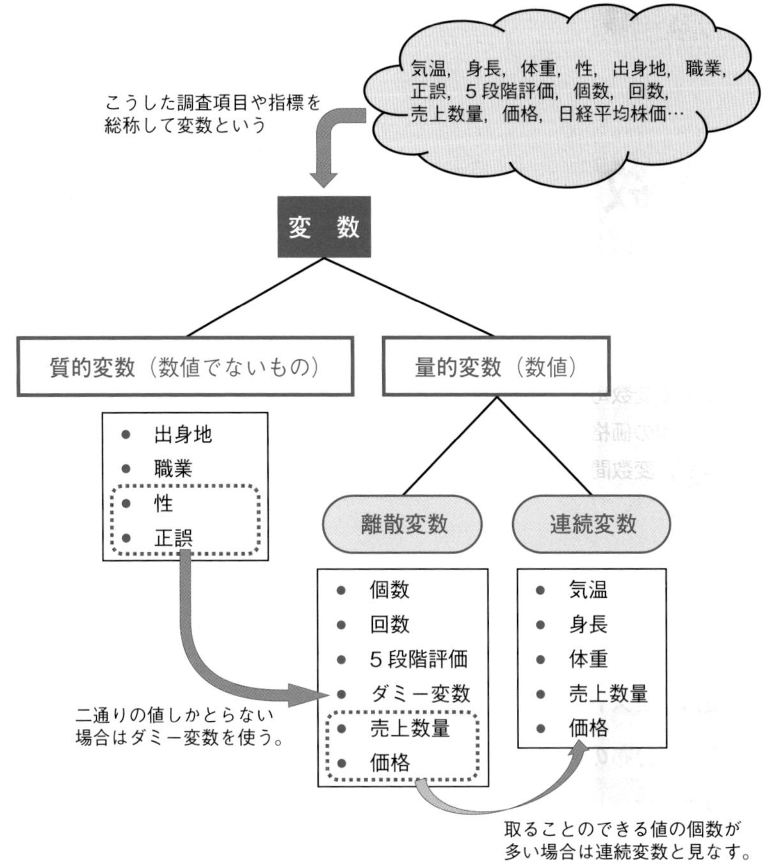

第 2 章

度数分布表とヒストグラム

本章と次章では一つの変数について観測値の分布を知るための方法を説明する。多次元データを分析する場合でも，こうした方法を用いて変数毎に観測値の分布を調べることから始めなければならない。卵の価格と売上数量の関係や東京と八王子の日平均気温の関係など，変数間の関係を考察するのはその次である。

まずは観測値を集計する方法から話を始めよう。その方法が度数分布表とヒストグラムである。

2.1 度数分布表

観測値の分布を知るために最初にすることは**度数分布表**を作成することである。度数分布表とは観測値の定義域をいくつかの範囲に分割し，その範囲毎に観測値の個数を数えて表にしたものである。例えば表 2.1 は東京 1 月の日平均気温（表 1.3）を度数分布表にしたものである。

いくつかの用語を説明しておこう。変数の定義域を分割した個々の範囲のことを**階級**という。例えば表 2.1 では 2°C を超えて 3°C 以下（表 2.1 では簡単のため "2–3" と表記）などが階級となる。階級に含まれる観測値の個数は**度数**という。特殊な理由がない限り，度数分布表は階級の小さい順に作成しなければならない。ある階級までの度数の合計，すなわち，一番小さい階級からその階級までに含まれる観測値の個数のことを**累積度数**という。例えば階級 "2–3" の累積度数は階級 "0–1" から "2–3" までの度数の合計 38 となる。要するに 3°C 以下の日数のことである。最後の階級の累積度数は当然観測値の個数 620 と一致する。**相対度数**とは度数を比率もしくはパーセントに直した値である。**累積相対度数**も同様に定義される。本書とは反対に階級を 2°C 以上 3°C 未満とする場合もあるが，累積度数の意味を考えるなら本書のようにすべきだろう。階級 "2–3" の累積度数に日平均気温 3°C の日が含まれないというのはおかしいではないか。

階級を一つの値で表現する場合は，その中点が用いられる。この値を**階級値**という。例えば階級 "4–5" の階級値は 4.5°C である。階級値はこうした便宜的な役割だけでなく，度数分布表から平均や分散を求める際にも必要となる。具体的には **3.4** 節で説明する。

話を元に戻そう。表 2.1 を見れば，東京の 1 月は平均気温が 5°C から 6°C までの日が最も多いことや，この気温を境に寒いほど，または暖かいほどそうした日が少なくなることは一目瞭然である。このように度数分布表を見ることで，データ（表 1.3）を見ただけでは分からない分布の全体像を容易に把握することができるのである。

表 2.2 は表 1.4 から作成した卵の売上数量の度数分布表である。売上数量

■表 2.1　東京 1 月の日平均気温の度数分布表

階　級	階級値	度　数	相対度数	累積度数	累積相対度数
0–1	0.5	4	0.6%	4	0.6%
1–2	1.5	6	1.0%	10	1.6%
2–3	2.5	28	4.5%	38	6.1%
3–4	3.5	72	11.6%	110	17.7%
4–5	4.5	85	13.7%	195	31.5%
5–6	5.5	134	21.6%	329	53.1%
6–7	6.5	116	18.7%	445	71.8%
7–8	7.5	75	12.1%	520	83.9%
8–9	8.5	50	8.1%	570	91.9%
9–10	9.5	24	3.9%	594	95.8%
10–11	10.5	16	2.6%	610	98.4%
11–12	11.5	7	1.1%	617	99.5%
12–13	12.5	3	0.5%	620	100.0%
	合　計	620	100.0%		

■表 2.2　卵の売上数量の度数分布表

階　級	階級値	度　数	相対度数	累積度数	累積相対度数
0–70	35	136	37.3%	136	37.3%
70–140	105	152	41.6%	288	78.9%
140–210	175	10	2.7%	298	81.6%
210–280	245	12	3.3%	310	84.9%
280–350	315	25	6.8%	335	91.8%
350–420	385	16	4.4%	351	96.2%
420–490	455	8	2.2%	359	98.4%
490–560	525	4	1.1%	363	99.5%
560–630	595	0	0.0%	363	99.5%
630–700	665	2	0.5%	365	100.0%
	合　計	365	100.0%		

の分布は日平均気温の場合と異なり，観測値の約 80％が最初の二つの階級に集中している。つまり，営業日の約 8 割は売上数量が 140 個以下となっている。売上数量が 140 個を超えると度数は徐々に小さくなっていくが，280 個を超えて 350 個以下の階級（売上数量は離散変数なので実際には 281 個以上となる）では度数が一時的に増加する。

表 2.3 は東京で震度 4 以上を記録した地震の年間発生回数の度数分布表である。度数分布表の作成では，**表 1.5** を年間地震発生回数のデータに直したものを用いた。年間地震発生回数は 0 から 5 までの整数値しか取らない離散変数なので，階級は範囲ではなく個々の値である。有り難いことに地震発生回数 0 の年が最も多く，発生回数が増えると度数は小さくなる。ただし，東京で地震が多いことに変わりはない。東京で震度 4 以上の地震が 4 回観測された年は東日本大震災のあった 2011 年である。

度数分布表の作成で悩むのは階級数の決め方と階級の幅を揃えるかどうかである。残念ながら，どちらについても統一的なルールは存在しない。階級の幅を揃えた方が観測値の分布を理解し易いことは確かだが，特定の狭い範囲に観測値が集中しているデータで，その範囲を詳しく見るために階級の幅を狭くすると，観測値の少ない範囲まで細かく分割することになり，無駄な階級が生じてしまう。反対に幅が広すぎると観測値の集中する範囲が一つの階級になってしまうかもしれない。現在は昔と違って度数分布表を簡単に作ることができる。どちらの問題についても，観測値の分布を把握するという目的を意識しながら試行錯誤して決めるのが最善だろう。

2.2 様々なグラフ

度数分布表は分布の全体像を数値的に把握するための方法であった。これに対して視覚的に理解するための方法が**棒グラフ**である。通常，度数分布表を基に作成する。**図 2.1〜2.3** は**表 2.1〜2.3** に対応した棒グラフである。棒の高さが度数に対応している。連続変数（日平均気温）の**図 2.1** と連続変数と見なした売上数量に関する**図 2.2** では棒の間に隙間を開けず，離散変数

■表 2.3　年間地震発生回数の度数分布表

階　級	度　数	相対度数	累積度数	累積相対度数
0	54	56.8%	54	56.8%
1	18	18.9%	72	75.8%
2	18	18.9%	90	94.7%
3	4	4.2%	94	98.9%
4	1	1.1%	95	100.0%
合　計	95	100.0%		

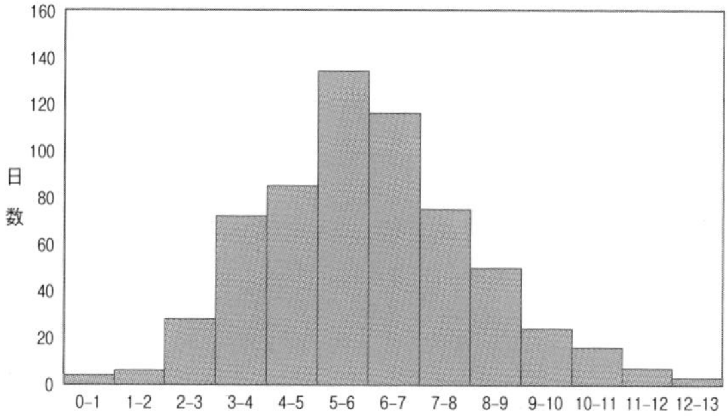

■図 2.1　東京１月の日平均気温の棒グラフ

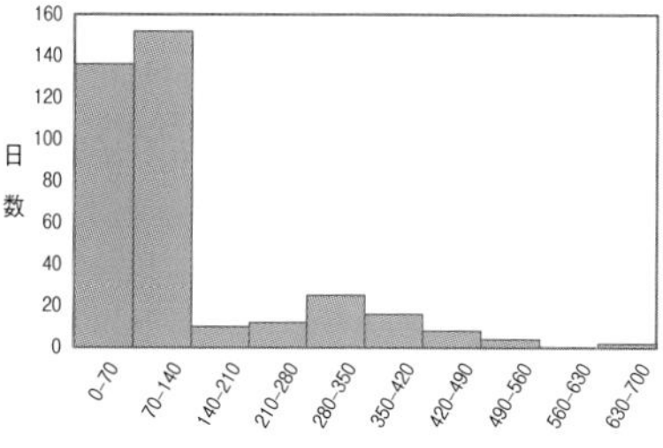

■図 2.2　卵の売上数量の棒グラフ

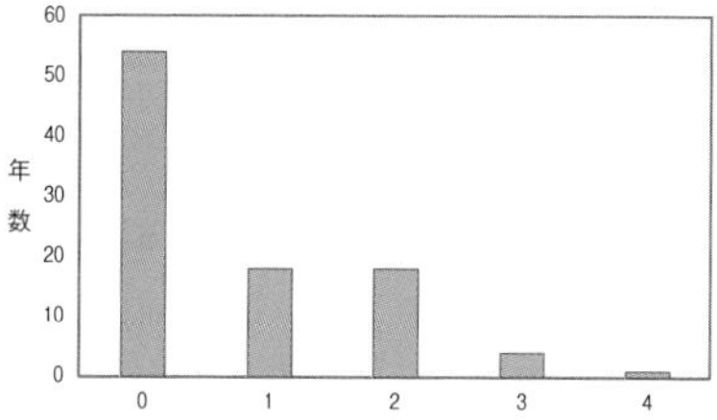

■図 2.3　年間地震発生回数の棒グラフ

(年間地震発生回数)の図 2.3 は棒を離して描いている。このように連続変数と離散変数では棒グラフの描き方が異なるので注意する必要がある。統計学を初めて学ぶ読者は怪訝に思うかもしれないが，これがルールである。その理由は 2.3 節で説明しよう。これらのグラフを見れば，それぞれの度数分布表で説明したことが直ちに分かるだろう。むしろ棒グラフの方が度数分布表よりも分布の全体像を理解し易い。

各階級の相対度数（構成比）を視覚的に把握したい場合は**円グラフ**や**帯グラフ**を用いればよい。作成上の面倒なルールはない。図 2.4 は表 2.3 を基に作成した年間地震発生回数の構成比を表す円グラフ，図 2.5 はその帯グラフである。過去 95 年間の年間地震発生回数の構成比は一目瞭然だろう。

折れ線グラフは観測値の分布ではなく，主に時系列データでその推移を把握するために用いられる。図 2.6 は表 1.2 を用いて作成した各月の日経平均株価の推移を表す折れ線グラフである。日経平均株価は戦後間もない 1949 年から算出されているので，参考として 1949 年以降の推移を図 2.7 に示しておこう。日経平均株価は戦後の復興から高度経済成長を経てバブルの頂点を記録した 1989 年まで一貫して上昇基調にあった。そこから下降に転じ，1992 年にその年の終値で初めて 2 万円を下回ってからは一進一退の状況が長く続いた。ようやく 2 万円を超えた水準で株価が安定するようになったのは，バブル崩壊から四半世紀を経た 2017 年になってからである。

折れ線グラフには複数の変数に関する折れ線を一枚の画面で表現できるという利点がある。例えば図 2.8 は 2017 年における東京と八王子の月平均気温の推移を表す折れ線グラフである。ここから東京の月平均気温は年間を通して常に八王子より高いことが見て取れる。八王子は盆地なので夏は東京より暑いと思われているが，平均気温で見ると実際には東京の方が暑い。ただし，最高気温は東京より八王子の方が僅かに高くなる。

この利点があるため，折れ線グラフは分布を表す棒グラフの代用として用いることもできる。図 2.9 は東京と八王子で 1 月の日平均気温の棒グラフを一枚の画面で表したものだが，決して見易いものではない。しかし，これを折れ線グラフで表現すれば（図 2.10），八王子の日平均気温の分布は東京の分布を約 3℃ 低く平行移動したものであることが直ちに分かるだろう。

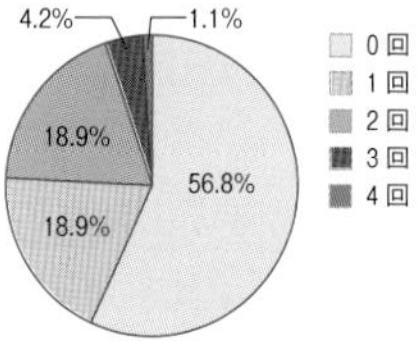

■図 2.4　年間地震発生
回数の円グラフ

■図 2.5　年間地震発生回数の帯グラフ

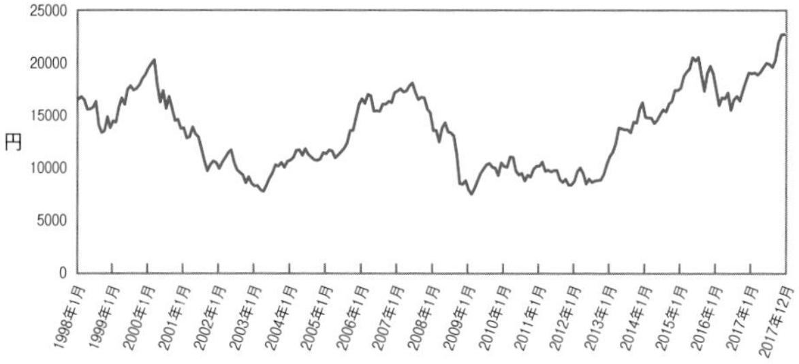

■図 2.6　日経平均株価の折れ線グラフ

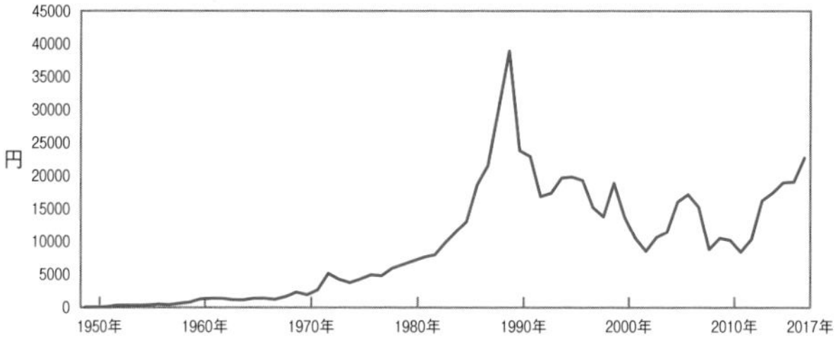

算出開始は 1950 年 9 月 7 日だが，東京証券取引所で取引が再開した 1949 年 5 月 16 日まで遡及計算されている。

■図 2.7　戦後の日経平均株価の推移

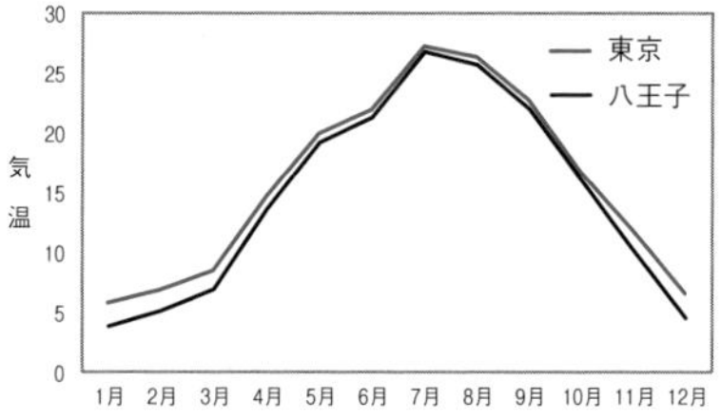

データは気象庁の公式 HP から入手した。

■図 2.8　東京と八王子の月平均気温の推移

2.3 ヒストグラム（柱状グラフ）

表 2.4 はあるスーパーのカード会員 1 万人について一年間の来店回数を集計した度数分布表である。この度数分布表を基に度数を棒の高さとして作成した棒グラフが図 2.11 である。全体的な傾向として，来店回数が多いほど度数は小さくなっているが，細かく見ると例えば 90 回を超えて 150 回以下の棒は 70 回を超えて 90 回以下の棒よりも高くなっている。これでは年間 80 回来店する会員より 120 回来店する会員の方が多いと誤解してしまう。度数の逆転が生じる理由は階級 “90–150” の幅が階級 “70–90” より 3 倍も広いからである。階級を広くとれば含まれる会員が多くなるのは当然だろう。このように図 2.11 は分布の全体像を視覚的に把握するという目的に反した不適切な棒グラフなのである。

こうした誤解を招かないようにするため，統計学では単純な棒グラフではなく，棒の幅を階級の幅とし，面積が度数または相対度数と比例する棒グラフが用いられる。例えば幅 4 の階級 “1–5” を基準とし，棒の高さを度数と等しい 3827 としよう。これに対して階級 “70–90” の幅は基準の 5 倍だから，面積が度数と比例するように，棒の高さを度数の 5 分の 1 とするのである ($388 \div 5 = 77.6$)。基準の棒の面積は 4×3827 であり，階級 “70–90” の棒の面積は $20 \times 77.6 = 20 \times \frac{1}{5} \times 388 = 4 \times 388$ だから，確かに面積は度数と比例している。同様にすれば，階級 “90–150” の棒は高さが約 41.5 となり，二つの階級で棒の高さの逆転は解消する。このようにして作成した棒グラフのことを統計学では**ヒストグラム**（**柱状グラフ**）という。図 2.12 は表 2.4 から作成したヒストグラムである。棒グラフ（図 2.11）との違いに驚いた読者も多いのではないだろうか。

ヒストグラムを見たら，棒の高さではなく，面積が度数に対応していることを常に意識しなければならない。ある範囲に含まれる観測値の相対度数を知りたければ，それが複数の階級にまたがる場合でも，その範囲に挟まれた棒の大きさを見ればおおよその見当がつく。このとき棒の間に隙間があると面積を想像し難い。度数分布表（表 2.4）を見れば，会員の半分は年 10 回以

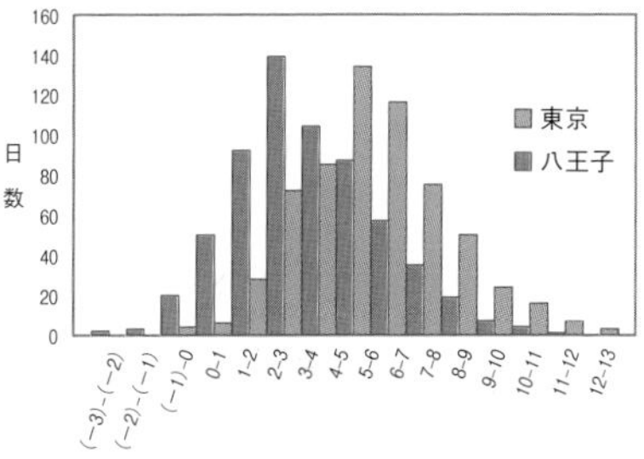

■図 2.9　棒グラフによる表現

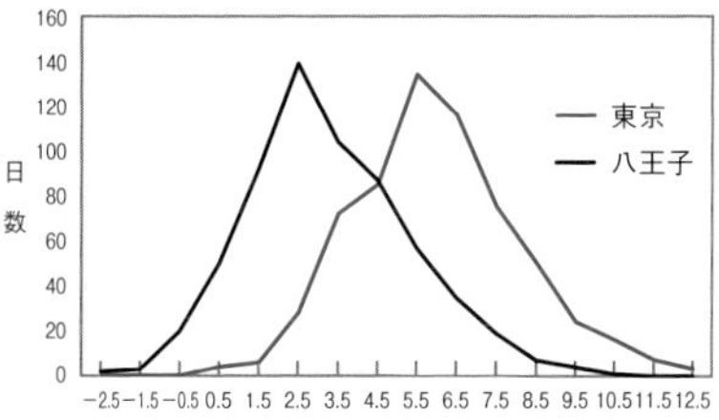

目盛には階級値を用いている。

■図 2.10　折れ線グラフによる表現

■表 2.4　カード会員の年間来店回数の度数分布表

階　級	階級値	度　数	相対度数	累積度数	累積相対度数
1–5	3.0	3827	38.3%	3827	38.3%
5–10	7.5	1168	11.7%	4995	50.0%
10–20	15.0	1179	11.8%	6174	61.7%
20–30	25.0	830	8.3%	7004	70.0%
30–50	40.0	908	9.1%	7912	79.1%
50–70	60.0	568	5.7%	8480	84.8%
70–90	80.0	388	3.9%	8868	88.7%
90–150	120.0	623	6.2%	9491	94.9%
150–210	180.0	291	2.9%	9782	97.8%
210–270	240.0	154	1.5%	9936	99.4%
270–370	320.0	64	0.6%	10000	100.0%

データはもちろん架空。卵の売上記録（**表 1.4**）と同様に，本物のデータを参考にして作成した。あまりに極端で不自然に思うかもしれないが，現実のデータとはこんなものである。

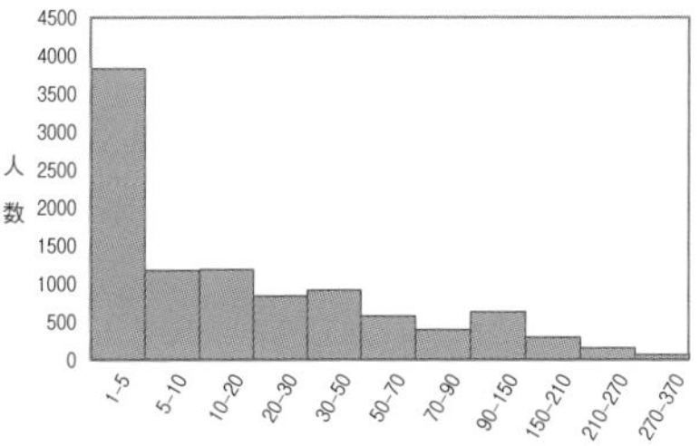

■図 2.11　棒グラフによる表現

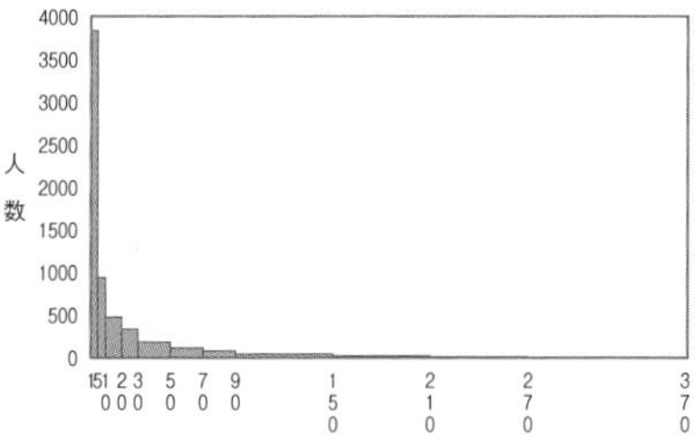

■図 2.12　ヒストグラムによる表現

下の来店で，約 8 割は年 50 回以下であることが分かる。これはヒストグラム（図 2.12）から受ける印象と一致する。しかし，棒グラフ（図 2.11）ではここまで理解するのは難しいだろう。数学上の理屈はともかくとして，これが連続変数の棒グラフ（ヒストグラム）で棒の間に隙間を開けない実用上の理由である。

図 2.13 と図 2.14 はカード会員の年間利用金額を集計した表 2.5 から作成した不適切な棒グラフとヒストグラムである。ただし，ここでは年間利用金額の単位を百円としている。表 2.6 は階級の取り方を変えて作り直した度数分布表で，図 2.15 と図 2.16 は対応する不適切な棒グラフとヒストグラムである。二つの棒グラフは全く異なる形をしているが，二つのヒストグラムはよく似ていて，階級の取り方にあまり影響されないことが分かる。これはヒストグラムの利点である。

年間来店回数と年間利用金額のように，観測値が定義域と比べて狭い範囲に集中していると，ヒストグラムを見ても細かいことはよく分からない。このような場合は観測値の多い範囲に限定してヒストグラムを追加で作成すればよい。

2.4 分布の形状

度数分布表とヒストグラムを作成するのは分布の全体像を把握するためであった。これに対して次章で学習する**要約統計量**は観測値の分布を客観的な数値で表現するために用いられる。要約統計量とは分布の特徴を表す数値のことであり，よく知られている平均は要約統計量の一つである。こうした要約統計量を用いる場合は，分布の形状に応じて適切なものを用いなければならない。ここで分布の形状とはヒストグラムが描く形のことである。例えば東京 1 月の日平均気温のヒストグラム（図 2.1）は山型であり，カード会員の年間来店回数の場合（図 2.12）は右下がりというよりも極端な L 字型となっている。この節では分布の形状について整理しておこう。

■表 2.5　カード会員の年間利用金額の度数分布表

階　級	階級値	度　数	相対度数	累積度数	累積相対度数
0-50	25	2926	29.3%	2926	29.3%
50-100	75	1160	11.6%	4086	40.9%
100-300	200	1656	16.6%	5742	57.4%
300-500	400	807	8.1%	6549	65.5%
500-700	600	535	5.4%	7084	70.8%
700-1500	1100	1240	12.4%	8324	83.2%
1500-2500	2000	739	7.4%	9063	90.6%
2500-3500	3000	394	3.9%	9457	94.6%
3500-4500	4000	221	2.2%	9678	96.8%
4500-6500	5500	204	2.0%	9882	98.8%
6500-15000	10750	118	1.2%	10000	100.0%

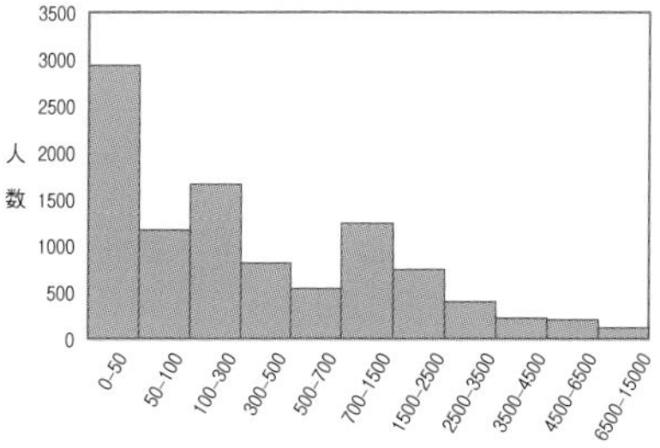

■図 2.13　棒グラフによる表現

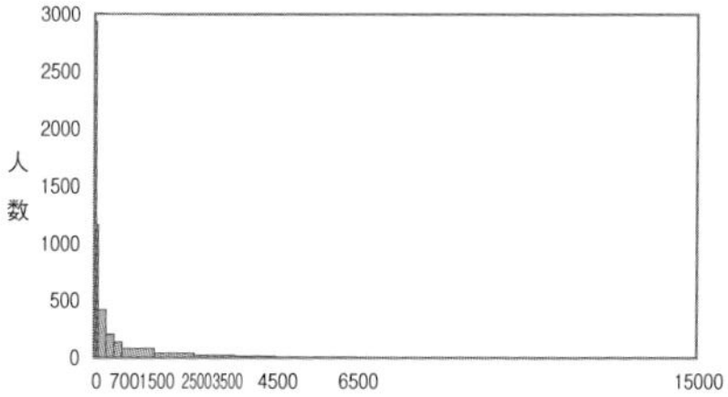

■図 2.14　ヒストグラムによる表現

■表 2.6　年間利用金額の度数分布表（階級を変更）

階　級	階級値	度　数	相対度数	累積度数	累積相対度数
0-10	5	759	7.6%	759	7.6%
10-20	15	708	7.1%	1467	14.7%
20-40	30	1028	10.3%	2495	25.0%
40-80	60	1209	12.1%	3704	37.0%
80-150	115	1007	10.1%	4711	47.1%
150-300	225	1031	10.3%	5742	57.4%
300-1000	650	1930	19.3%	7672	76.7%
1000-4000	2500	1921	19.2%	9593	95.9%
4000-7000	5500	322	3.2%	9915	99.2%
7000-10000	8500	76	0.8%	9991	99.9%
10000-15000	12500	9	0.1%	10000	100.0%

2.4.1 単峰型の分布

峰が一つの山型の形状を**単峰型**の分布，二つ以上ある場合は**多峰型**の分布という。これまで見てきた例では東京と八王子 1 月の日平均気温が単峰型の分布となる。

単峰型の中でも特に左右対称のベル型を**釣鐘型**の分布という。図 2.17 は正確な釣鐘型の分布である。これは**第 8 章**で学習する標準正規分布のヒストグラムとその密度関数を描いたものである。やや崩れてはいるものの，東京と八王子 1 月の日平均気温は釣鐘型に近い形状である。例えば二点間の距離を測定する問題を考えてみよう。現在は測量技術が進んだため極めて精度の高い測定が可能だが，それでも測定誤差が生じることは避けられない。つまり，測定値は正確な距離と測定誤差の和で表現することができる。測定を何回も実施したとき，測定値の分布はきれいな釣鐘型の形状となることが知られている。工場で生産された製品の長さや重さの分布も釣鐘型となる。釣鐘型の分布は主に自然科学の分野に見られる形状で，社会科学で扱うデータが釣鐘型の分布となることはほとんどない。

総務省公表の平成 26 年全国消費実態調査には家族構成が二人以上の勤労者世帯（27073 世帯）の年収に関する度数分布表が掲載されている。ここで勤労者世帯とは世帯主が会社，官公庁，学校，工場，商店などに勤めている世帯のことである。図 2.18 はこの度数分布表から作成したヒストグラムである。ただし，度数分布表で最小の階級は 200 万円未満，最大は 2000 万円以上なので，ここでは年収の最小値を 100 万円，最大値は 2500 万円と仮定した。社会科学で見られる分布の多くは，このように単峰型ではあるものの片側はなだらかで，もう一方は急傾斜となっている形状である。このような形状を**歪んだ分布**という。東京と八王子 1 月の日平均気温の分布も厳密には歪んだ分布である。歪みが強くなると，単峰型というよりも右下がりの形状となる。やはり平成 26 年全国消費実態調査に基づいて作成した勤労者世帯（家族構成は二人以上）の貯金現在高の分布（図 2.19）は右下がりの形状である。カード会員の年間来店回数と年間利用金額の分布は，ヒストグラムが L 字型の極端に歪んだ形状である。山の右側がなだらかな形状ばかりではなく，女性の死亡年齢の分布（図 2.20）のように，反対に山の左側がなだらかな形

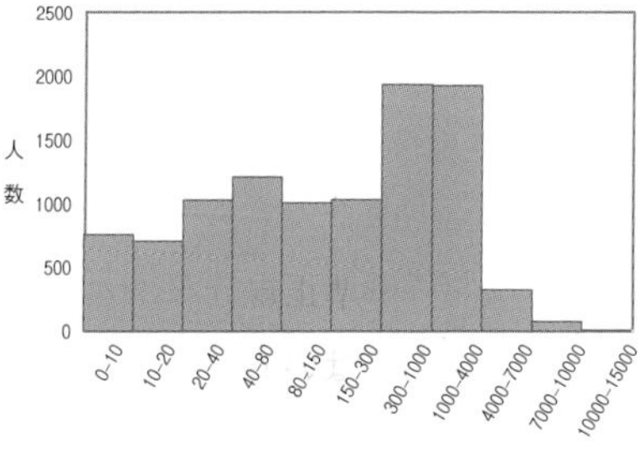

■図 2.15　棒グラフによる表現

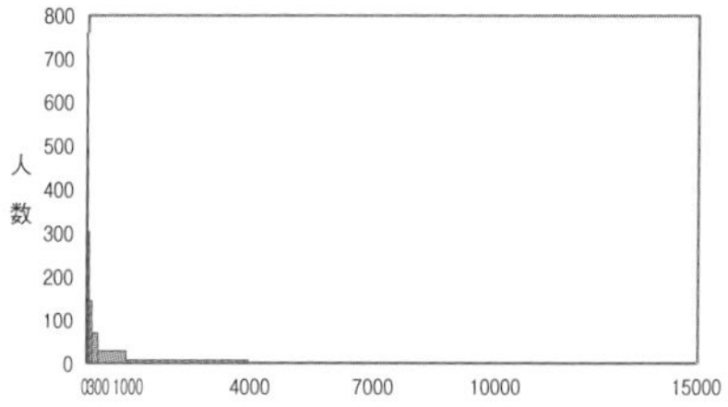

■図 2.16　ヒストグラムによる表現

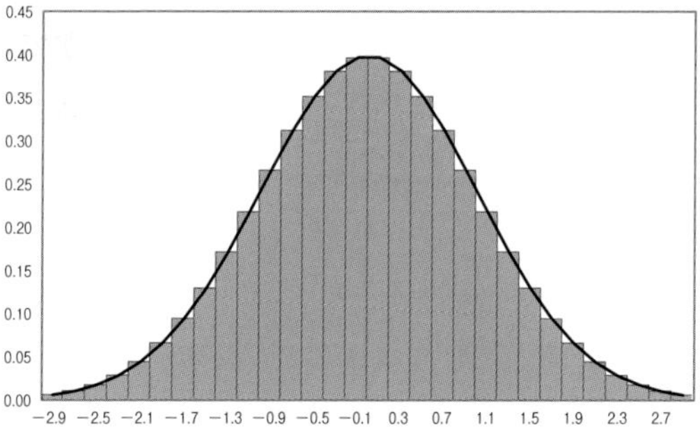

折れ線は標準正規分布の密度関数を表している。正規分布や密度関数といった用語は第 8 章で学習する。

■図 2.17　釣鐘型の分布

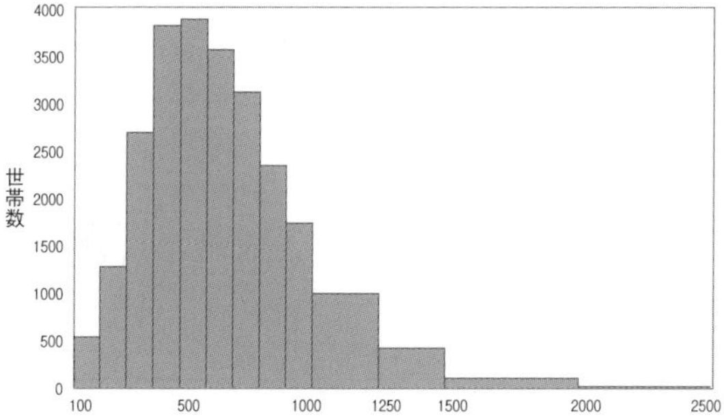

年収の単位は 1 万円である。

■図 2.18　勤労者世帯年収（家族構成は二人以上）のヒストグラム

状となる場合もある。

観測値が定義域の上限もしくは下限に近いところに集中するほど，その分布は必然的に歪んだ形状となる。勤労者世帯の年収であれば，最大度数の階級は 500 万円以上 600 万円未満だが，この階級は定義域の上限 2500 万円より下限 100 万円にずっと近いところに位置している。女性の死亡年齢の場合は寿命の上限に近い 85 歳以上 89 歳以下が最大度数の階級となっている。

2.4.2 多峰型の分布

最も厄介な分布の形状は卵の売上数量の分布（図 2.2）のような多峰型である。売上数量の分布が二峰型となる理由ははっきりしている。異なる価格の下での売上数量を一緒にしているからである。安くすればたくさん売れるし，高ければ売れないのは当然だろう。最大度数の階級は 71 個以上 140 個以下であるが，この階級に含まれる観測値のほとんどは価格の高かった日である。二つ目の山で度数が最大の階級 281 個以上 350 個以下に含まれる観測値はすべて価格が安かった日である。そこで，価格が 120 円以下と 130 円以上の日に分けてヒストグラムを作成すると（図 2.21 と図 2.22），いずれも単峰型で歪んだ形状となる。この例から分かるように，性質の異なる観測値が混ざっていると，その分布は多峰型となり易い。多峰型の分布となった場合は観測値を適切にグループ分けすれば，個々のグループの中では単峰型の分布となることが予想される。

そもそも性質の異なる観測値が混じったデータを，違いを無視して分析しても意味はない。データが多峰型の分布となった場合は観測値を適切にグループ分けすることを最初に考えなければならない。この手続きを**層別**にするという。層別に分析することは統計学の最も基本的な原則である。ここでは卵の売上数量を価格が 120 円以下の日かどうかで分けただけだが，もっと細かく分ければ，より正確な分析が可能となるはずである。**第 5 章**では売上数量を価格で説明する回帰分析を取り上げるが，これはすべての価格で層別に分析する手法なのである。言うまでもないことだが観測値を適切に層別とするには，その変数について正確な知識を持っていることが前提となる。

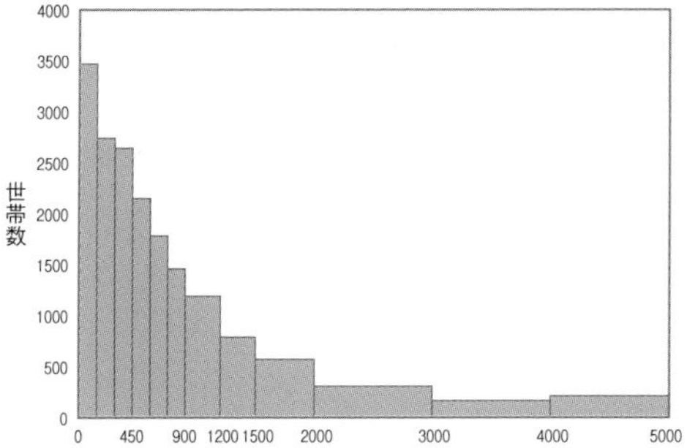

このヒストグラムの調査対象は 24389 世帯である。貯金の単位は 1 万円である。度数分布表の最大の階級は 4000 万円以上なので，ここでは上限を便宜的に 5000 万円とした。ただし，階級 “4000–5000” の棒は階級 “3000–4000” より高いので，上限はもっと大きくした方が良いかもしれない。

■図 2.19　勤労者世帯貯金現在高（家族構成は二人以上）のヒストグラム

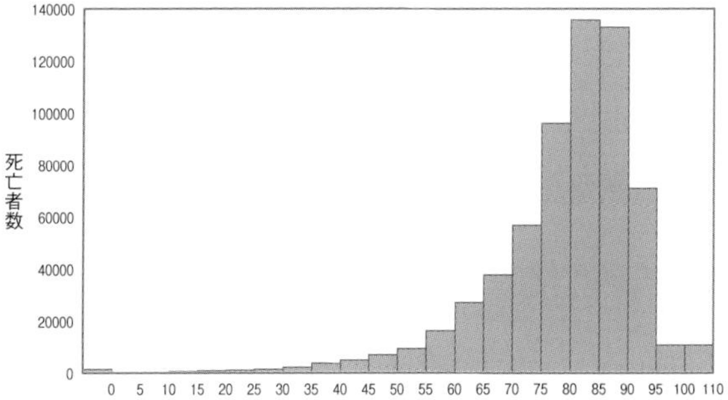

出典は厚生労働省公表の厚生統計要覧（平成 28 年度）。平成 27 年度に死亡した日本人女性の年齢の分布である。死亡者の最も多い階級は 85 歳以上 89 歳以下である。若い年齢からこの階級まで徐々に度数は増加しているように見えるが，実はそうではない。このヒストグラムでは分かり難いが，4 歳以下の死亡者数が 1219 人であるのに対し，5 歳以上 9 歳以下の死亡者数は 199 人である。現在でも未就学児の死亡率は依然として高いのである。

■図 2.20　女性死亡年齢のヒストグラム

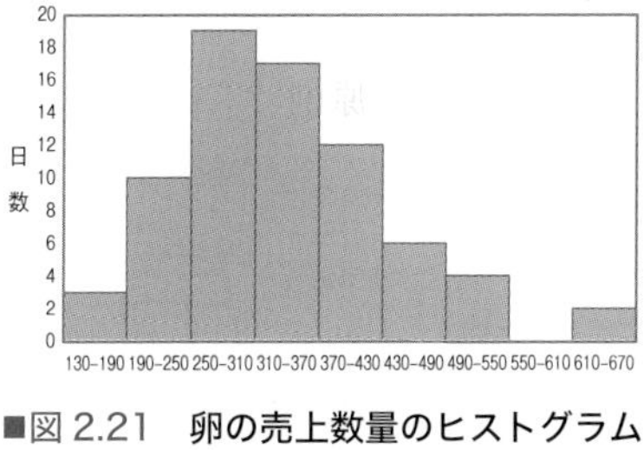

■図 2.21　卵の売上数量のヒストグラム（価格が 120 円以下）

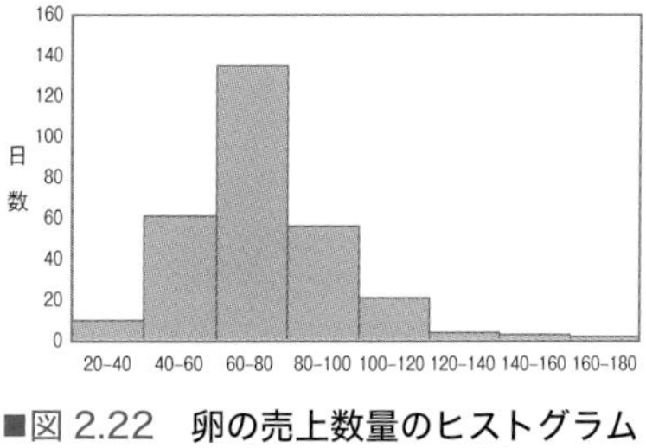

■図 2.22　卵の売上数量のヒストグラム（価格が 130 円以上）

2.5 度数分布表の応用

カード会員の年間利用金額に関する度数分布表（**表 2.5**）で階級値×度数を計算すれば，各階級での年間利用金額合計を求めることができる。**表 2.7** はこの値に加えて累積値と累積比率を載せたものである。この表を見ると年間利用金額の少ない約 83%（40 万円以下）のカード会員による利用金額は全体の 30%に過ぎない。逆に言うと，売上の 70%を上位 17%の会員に依存しているということでもある。上位顧客のつなぎ止めがいかに重要であるかが分かるだろう。ただし，売上に貢献のない下位 40%（2000 円以下）の会員は無視すればいいと思うのは短絡的である。長い目で見れば，こうした会員の利用を少しでも増やすことが結果的に業績向上につながるからである。マーケティング担当者の腕の見せ所である。以上は架空のデータを用いた話だが，およそ客商売と言われるものは同様の傾向があると指摘しておく。

図 2.23 は累積相対度数を横軸，年間利用金額合計の累積比率を縦軸とした折れ線グラフである。これが経済学で重要な**ローレンツ曲線**である。経済学で重要とされる理由を示すため，このデータとは反対にカード会員の年間利用金額がほとんど同じ場合を考えてみよう。例えば下位 30%の会員の利用金額合計は全体の約 30%，下位 70%の会員は全体の 70%くらいになるはずだから，ローレンツ曲線が原点と点（1, 1）を結ぶ直線に近い折れ線となることは明らかだろう。つまり，年間利用金額が均等であるほど，ローレンツ曲線はこの直線に近くなるわけである。そこで，この直線を**均等配分線**というのである。一方，元のデータのように不均等なほど，ローレンツ曲線は右下方向に引っ張られた形状となる。

こうした特徴から，ローレンツ曲線は資産や所得の不平等や格差を示すときに用いられる。**図 2.24** は勤労者世帯（家族構成は二人以上）の貯金現在高から求めたローレンツ曲線である（ヒストグラムは**図 2.19**）。これを見ると下位 80%の勤労者世帯が保有する貯金総額は全体の半分に過ぎない。カード会員の例ほどではないにせよ，勤労者世帯の貯金現在高はかなり不均等であることが分かる。

■表 2.7　会員数と利用金額合計の累積比率

階　級	階級値	度　数	相対度数	累　積	金額合計	比　率	累　積
0-10	25	2926	29.3%	29.3%	73150	0.9%	0.9%
10-20	75	1160	11.6%	40.9%	87000	1.0%	1.9%
20-50	200	1656	16.6%	57.4%	331200	3.9%	5.8%
50-100	400	807	8.1%	65.5%	322800	3.8%	9.7%
100-200	600	535	5.4%	70.8%	321000	3.8%	13.5%
200-400	1100	1240	12.4%	83.2%	1364000	16.2%	29.6%
400-600	2000	739	7.4%	90.6%	1478000	17.5%	47.2%
600-800	3000	394	3.9%	94.6%	1182000	14.0%	61.2%
800-1000	4000	221	2.2%	96.8%	884000	10.5%	71.7%
1000-1200	5500	204	2.0%	98.8%	1122000	13.3%	85.0%
1200-1500	10750	118	1.2%	100.0%	1268500	15.0%	100.0%

表 2.5 を基にして作成した。年間利用金額の単位は百円である。

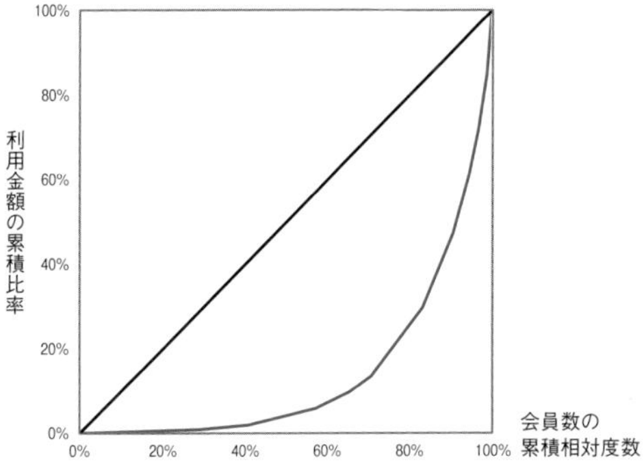

■図 2.23　カード会員による年間利用金額のローレンツ曲線

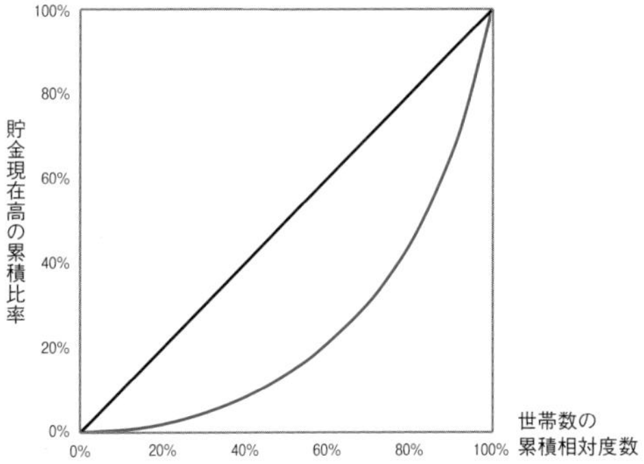

■図 2.24　勤労者世帯貯金現在高（家族構成は二人以上）のローレンツ曲線

調査対象が異なるので単純な比較はできないが，**表 1.6** の一人当たり預貯金残高を用いて都道府県のローレンツ曲線を求めてみよう。これは度数分布表でないので，最初に都道府県を一人当たり預貯金残高の小さい順に並べ替えなければならない。ここでは都道府県が階級，一人当たり預貯金残高が階級値となる。**表 2.8** は各都道府県の預貯金総額（一人当たり預貯金残高×人口）とその累積値，累積比率である。都道府県内で預貯金残高の不均等を考慮していないので，ローレンツ曲線（**図 2.25**）は勤労者世帯の貯金現在高の場合ほど右下方向に引っ張られた形状とはならないが，都道府県間での預貯金残高の不均等は小さくない。例えば預貯金総額が 6 番目に大きい富山県までの人口累積比率は 80.1% と国全体の約 8 割に相当するが，預貯金総額については 61.9% と 6 割強に過ぎない。

こうした不均等の程度は**ジニ係数**を用いて数値的に示すことができる。**発展 2.1** で説明しているので，興味があれば目を通せばいいだろう。ジニ係数はローレンツ曲線と一緒に使われることが多い。

練習問題

問題 1　中堅スーパーの 3 年分の売上金額のデータがある。このデータの分布を簡潔かつ正確に説明しなさい*。

*　データと詳しい内容，Excel 操作についての説明が，新世社ホームページ（https://www.saiensu.co.jp/）の本書紹介ページの「サポート情報」からダウンロードできます。

■表 2.8　人口と預貯金総額の累積比率

県　名	人　口	比　率	累積比率	預貯金	預貯金総額	比　率	累積比率
沖　縄	142	1.1%	1.1%	351.1	49856.2	0.6%	0.6%
宮　崎	111	0.9%	2.0%	361.0	40071.0	0.5%	1.1%
鹿児島	167	1.3%	3.3%	377.2	62992.4	0.8%	1.8%
青　森	132	1.0%	4.3%	398.9	52654.8	0.6%	2.4%
北海道	540	4.2%	8.6%	401.7	216918.0	2.6%	5.0%
佐　賀	84	0.7%	9.3%	403.5	33894.0	0.4%	5.4%
熊　本	179	1.4%	10.7%	435.4	77936.6	0.9%	6.4%
秋　田	104	0.8%	11.5%	437.4	45489.6	0.5%	6.9%
大　分	117	0.9%	12.4%	438.5	51304.5	0.6%	7.5%
島　根	70	0.6%	12.9%	454.6	31822.0	0.4%	7.9%
省　略							
和歌山	97	0.8%	70.2%	574.9	55765.3	0.7%	53.0%
京　都	261	2.1%	72.2%	588.7	153650.7	1.8%	54.9%
愛　知	746	5.9%	78.1%	594.4	443422.4	5.3%	60.1%
愛　媛	140	1.1%	79.2%	603.2	84448.0	1.0%	61.1%
富　山	107	0.8%	80.1%	612.5	65537.5	0.8%	61.9%
奈　良	138	1.1%	81.1%	615.1	84883.8	1.0%	62.9%
香　川	98	0.8%	81.9%	680.0	66640.0	0.8%	63.7%
徳　島	76	0.6%	82.5%	741.7	56369.2	0.7%	64.4%
大　阪	884	7.0%	89.5%	807.2	713564.8	8.5%	72.9%
東　京	1339	10.5%	100.0%	1699.9	2276166.1	27.1%	100.0%

人口の単位は1万人，預貯金の単位は1万円である。

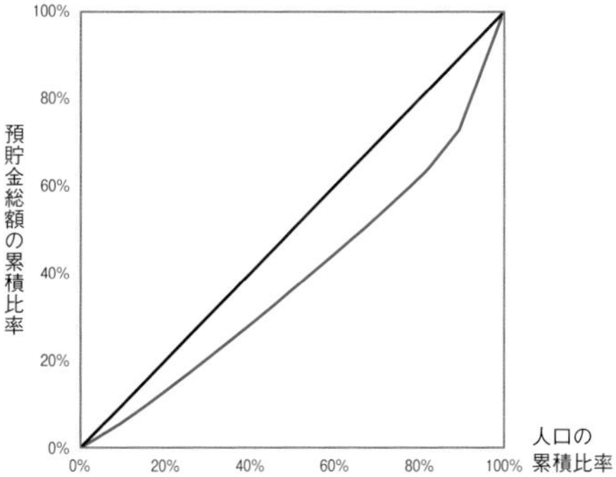

■図 2.25　一人当たり預貯金のローレンツ曲線

□発展 2.1　ジニ係数

ジニ係数とは不均等の程度を表す要約統計量である。勤労者世帯貯金現在高（家族構成は二人以上）のローレンツ曲線（以下は図 2.24 の再掲）を用いて説明しよう。

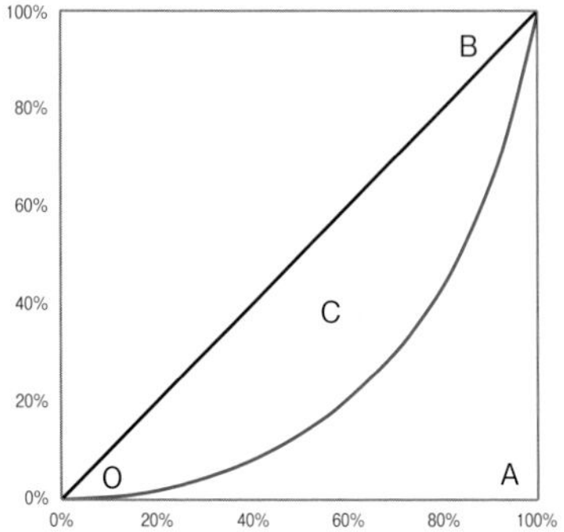

ジニ係数はローレンツ曲線と均等配分線で囲まれた三日月形の図形 C の面積と直角二等辺三角形 OAB の面積の比として定義される。

$$\text{ジニ係数} = \frac{\text{図形 C の面積}}{\text{OAB の面積}} = 2 \times \text{図形 C の面積}$$

実際に求めてみると，ジニ係数は 0.527 となる。

勤労者世帯における貯金現在高が不均等なほど，ローレンツ曲線は右下に引っ張られ，図形 C は直角二等辺三角形 OAB に近づいていく。当然，ジニ係数は 1 に近い値となる。反対に貯金現在高が均等であるほどローレンツ曲線は均等配分線に近づくため，図形 C は小さくなり，ジニ係数は 0 に近い値となる。

都道府県間での預貯金現在高（図 2.25）のジニ係数は 0.224 である。調査対象が異なるので単純に比較はできないが，いわゆる“資産格差”は都道府県間よりも世帯間での方がはるかに大きいことが分かる。カード会員の年間利用金額（図 2.24）の場合は 0.721 となる。これはかなり大きな値である。参考までに書いておくと，平成 26 年全国消費実態調査によれば，総世帯における等価可処分所得のジニ係数は 0.281 であった。等価可処分所得とは世帯の年間可処分所得（年間収入から税金と社会保険料を除いた金額）を当該世帯の世帯人員数で調整した値のことである。詳細は全国消費実態調査で解説されている。

第 3 章

代表値と散らばりの尺度

前章では観測値の分布の全体像を把握する方法として度数分布表とヒストグラムを学習した。次に学習しなければならないのは，分布を客観的な数値で表現するための方法である。分布の特徴を表す指標のことを要約統計量という。1 次元データの場合，主なものとして代表値と散らばりの尺度がある。

3.1 代表値

すべての観測値をただ一つの値で表現するときに用いる指標のことを**代表値**という。代表値は何らかの意味で“真ん中”の値となっている。最大値や最小値に代表となる資格はないのである。代表値には“真ん中”の意味に応じて平均，中央値，最頻値がある。

1.3.1 項で説明したように，要約統計量を数式で書くときは n 個の観測値から成る量的変数 x のデータを用いることにする。

$$x_1, x_2, \cdots, x_n$$

ただし，右下にある添え字は観測値の番号を意味している。例えば x_1 は 1 番目の観測値であり，x_n は n 番目，つまり最後の観測値ということである。

3.1.1 平　均

最も広く使われている代表値が**平均**である。平均とは観測値の合計をその個数で割った値のことである。変数 x の平均は $\bar{x}$ と書くことにする。

$$\bar{x} = \frac{1}{n}\sum_{i=1}^{n} x_i \tag{3.1}$$

データから求めた平均の値は平均値と呼ぶこともある。

平均の意味は次のように考えると分かり易い。例えば 5 人のグループが合計 15000 円を募金したとする。募金額の平均が 3000 円であることは言うまでもない。募金額の内訳は，

1000 円，2000 円，3000 円，4000 円，5000 円

であるとしよう。募金額は人によって多かったり少なかったり様々だが，合計金額を一人当たりに直せば，言い換えると全員が同じ額を募金したと考えると，一人 3000 円を募金したことになる。これが平均の意味である。

平均は次のように導くこともできる。すべての観測値を見渡した上で真ん中にある値が代表値である。そこで代表値の候補を c と書くことにして，観測値と c の差の合計

$$(1000-c)+(2000-c)+(3000-c)+(4000-c)+(5000-c)$$

❖ ポイント 3.1　代表値

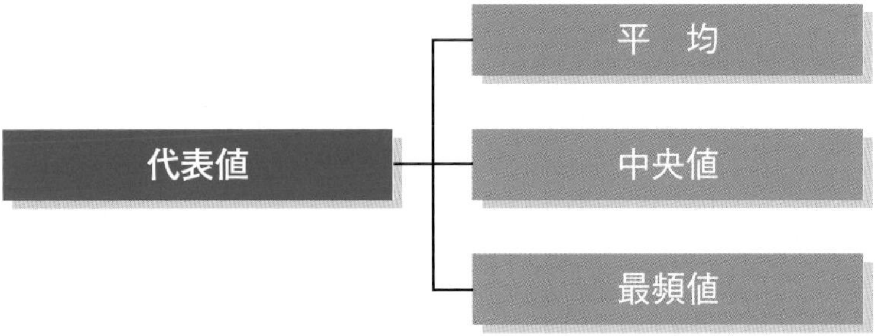

□発展 3.1　二乗誤差と平均

本文では代表値の候補 c と観測値の差の合計を考えたが，ここでは差の二乗（二乗誤差）の合計を考えてみよう。

$$\sum_{i=1}^{n}(x_i-c)^2$$

1.4 節で説明したシグマ記号に関する公式 1.1 の(5) を適用すると，この二乗誤差合計は次のようになる。

$$\sum_{i=1}^{n}(x_i-c)^2=\sum_{i=1}^{n}(c^2-2cx_i+x_i^2)=nc^2-2\left(\sum_{i=1}^{n}x_i\right)c+\sum_{i=1}^{n}x_i^2$$

平均の定義から $\sum_{i=1}^{n}x_i=n\bar{x}$ であることに注意すると，

$$\sum_{i=1}^{n}(x_i-c)^2=nc^2-2n\bar{x}+\sum_{i=1}^{n}x_i^2=n(c-\bar{x})^2+\sum_{i=1}^{n}x_i^2-n\bar{x}^2$$

となる。ここから二乗誤差合計は $c=\bar{x}$ のときに最小となることが分かる。このように“真ん中”を「観測値との二乗誤差の合計が最小」と考えたときの代表値が平均なのである。

ところで，二乗誤差合計の最小値，すなわち，$c=\bar{x}$ であるときの二乗誤差合計は $\sum_{i=1}^{n}(x_i-\bar{x})^2$ となる。これを観測値の個数 n で割ったものが **3.2** 節で学習する分散である。分散の定義式 (3.2) と見比べて見よう。

を考えてみる。候補の値 c が小さすぎれば差の合計は正になり，大きすぎれば負になってしまうから，観測値の真ん中の値とは差の合計がちょうどゼロになる c の値と考えることができる。差の合計が $c=3000$ のときにゼロとなることは明らかだろう。このようにして定めた値が平均なのである。

意味が分かり易いこと，それから合理的に導かれた値であることが平均の利点である。しかし，平均の意味や導出方法から想像できるように，観測値の多くが集まる範囲から大きく外れた観測値があると，平均はその影響を受け易いという欠点を持つ。特に歪んだ分布の場合は定義域の片側だけに大きく外れた観測値が存在するため，この欠点が看過できない問題となる。

3.1.2 中央値

もう一つの重要な代表値は**中央値**（メディアン）である。中央値とは観測値を小さい順に並べたときに，ちょうど真ん中に位置する観測値のことである。文字通り“真ん中”の値である。中央値は以下の条件を満たす値と理解してもよい。

- 観測値の半分は中央値より大きい。
- 観測値の半分は中央値より小さい。

このように中央値の意味は非常に分かり易い。

それでは真ん中とは小さい順に何番目のことなのか。自分の手を見れば分かるはずである。片手を見れば3番目であり，両手を見れば5番目と6番目の間ということが直ぐに分かるだろう。観測値が5個のときは小さい順に3番目の観測値が中央値ということで問題ないが，10個のときはどうするのかと言えば，5番目と6番目の観測値の平均が中央値となる。

正確に説明しよう。中央値の求め方は観測値の個数 n が奇数か偶数かに応じて次のように求めればよい。

- 観測値の個数 n が奇数の場合は小さい方から $\frac{n+1}{2}$ 番目の観測値が中央値となる。
- 観測値の個数 n が偶数の場合は小さい方から $\frac{n}{2}$ 番目と $\frac{n}{2}+1$ 番目の観測値の平均が中央値となる。

中央値は該当する観測値を除くと，観測値の大小関係のみ用いて，その値

❖ ポイント 3.2　中央値は何番目の観測値か

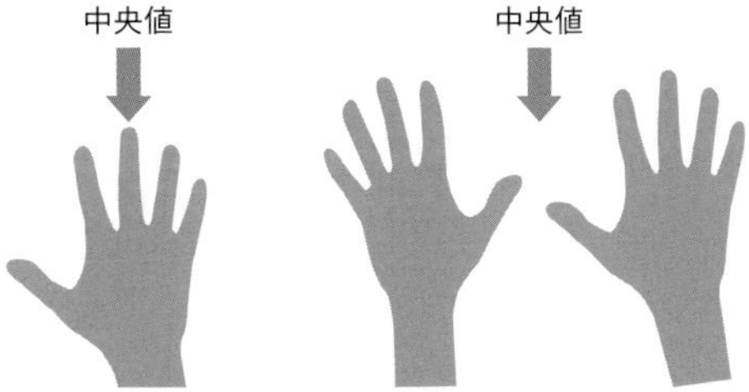

□発展 3.2　絶対誤差と中央値

平均は二乗誤差合計を最小にする値であったが（**発展 3.1**），中央値の場合は絶対誤差合計を最小にする値となっている。

$$\sum_{i=1}^{n} |x_i - c|$$

厳密な証明は面倒なので，ここでは観測値が 7 個の場合で説明しよう。観測値は小さい順に並んでいるものとする。

$$x_1 \leq x_2 \leq x_3 \leq x_4 \leq x_5 \leq x_6 \leq x_7$$

もちろん，中央値は x_4 である。このときの絶対誤差合計を S_4 と書くことにする。観測値の大小関係に注意すれば，

$$S_4 = \sum_{i=1}^{7} |x_i - x_4| = (x_5 + x_6 + x_7) - (x_1 + x_2 + x_3)$$

であることが分かる。一方，$c = x_5$，つまり x_5 を中央値の候補としたときの絶対誤差合計 S_5 は次のようになる。

$$S_5 = \sum_{i=1}^{7} |x_i - x_5| = (2x_5 + x_6 + x_7) - (x_1 + x_2 + x_3 + x_4)$$

ここで $S_5 - S_4 = x_5 - x_4 \geq 0$ であるから，x_5 に対応する絶対誤差合計 S_5 の方が確かに大きくなっている。中央値の候補を他の観測値としても，x_4 と x_5 の中点のような観測値以外の値としても結果は同じである。

最大値が極端に大きいと，中央値もそれに合わせて大きくしないと絶対誤差合計を最小にできないと思うのが普通の感覚だろう。しかし，実際にはそのようなことは全くない。最大値がどれほど大きくても，または最小値がどれほど小さくても，絶対誤差合計の最小化とは無関係なのである。

自体は利用していない。そのため，平均とは異なり，大きく外れた観測値があっても，中央値がその影響を受けることはほとんどない。これは中央値の優れた利点である。

3.1.3 最頻値（モード）

ヒストグラムで棒が最も高い階級の階級値を**最頻値**という。度数分布表で最も度数の多い階級の階級値と考えてもよいが，この場合は階級の幅が等しいという条件が必要となる。その理由はカード会員の年間利用金額に関する表 2.5 と表 2.6 を見れば一目瞭然だろう。単純に度数だけ見ると，表 2.5 では 2500 円，表 2.6 では 65000 円が最頻値となってしまう。

最頻値は観測値の最も多い階級を分布の“真ん中”と見なすので，分布の形状をイメージし易いという利点を持つ。一方，平均と中央値は分布の形状とは無関係に定義されるため，このような特徴はない。歪んだ分布の場合，平均と中央値は観測値の最も多い階級には含まれないのが普通である。

多峰型の分布の場合は最頻値にあまり意味がないことは，その定義から明らかだろう。最頻値は単峰型の分布を前提とした代表値なのである。もっとも分布が多峰型の場合は観測値をグループ内では単峰型の分布となるように層別にすることが原則だから，これは欠点というほどのことではない。むしろ最頻値の欠点は，その値が階級の取り方に依存することである。卵の売上数量で価格が 130 円以上の場合，図 2.22 を見ると最頻値は 70 個だが，階級の取り方を変えた図 3.1 では 60 個が最頻値となってしまう。この欠点のため，最頻値が代表値として利用されることは少なく，平均や中央値を補完するために使われることが多い。

具体例は表 3.1 にまとめたが，それ以外の例も紹介しておこう。表 2.3 を見ると，東京における震度 4 以上の年間地震発生回数の最頻値は幸いなことに 0 回である。1923 年以降 95 年間で 54 年は震度 4 以上の地震が起きていない。表 1.5 によれば，震央地の最頻値は 70 年で 9 回発生した“茨城県南部”となる。このように最頻値は質的変数に対しても定めることができる。

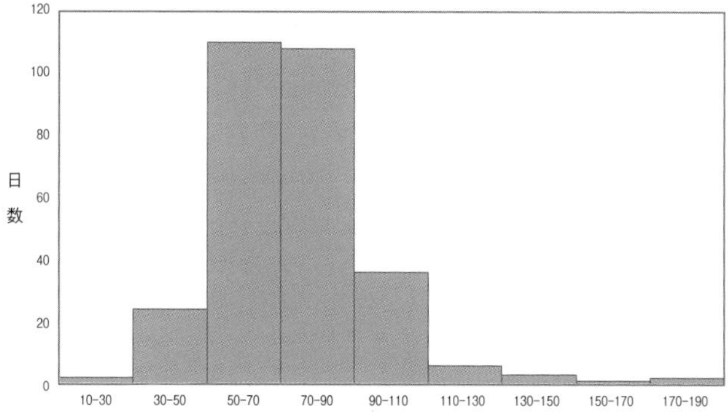

図 2.22 とは階級の取り方が異なることに注意する。

■図 3.1　卵の売上数量のヒストグラム（価格が 130 円以上）

■表 3.1　代表値のまとめ

釣鐘型に近い分布

	平　均	中央値	最頻値
東京 1 月の日平均気温	6.0	5.9	5.5
八王子 1 月の日平均気温	3.3	3.1	2.5

歪んだ分布

	平　均	中央値	最頻値
卵の売上数量（120 円以下）	340.3	327.0	280.0
卵の売上数量（130 円以上）	73.8	72.0	70.0
勤労者世帯の年収	697.4	635.6	550.0
女性の死亡年齢	84.7	87.4	87.0

右下がりの形状の分布

	平　均	中央値	最頻値
勤労者世帯の貯金現在高	1148.2	703.2	75.0
カード会員の年間来店回数	35.0	11.0	3.0
カード会員の年間利用金額	788.7	179.4	25.0

年間収入と貯金現在高の単位は 1 万円，カード会員の年間利用金額は単位百円である。カード会員の年間利用金額の最頻値を求めるときは図 2.14（ヒストグラム）を用いた。

3.1.4　平均と中央値の比較

これまでに紹介したデータから平均と中央値，参考として最頻値を求めた結果が表 3.1 である。

東京と八王子 1 月の日平均気温は釣鐘型に近い分布である（図 2.10）。これらの平均と中央値は同じような値となる。卵の売上数量は二峰型の分布となるが（図 2.2），120 円以下と 130 円以上で層別にすると，いずれも歪んだ単峰型の分布となった（図 2.21 と図 2.22）。どちらの場合も中央値より平均が大きいのは，120 円以下の場合であれば 610 個を超えて 670 個以下の階級に含まれる観測値など，相対的に大きい観測値が平均を押し上げた結果である。この程度の歪みであれば平均と中央値にそれほどの違いは生じないが，勤労者世帯（家族構成は二人以上）の年収（図 2.18）のようにもう少し歪んだ分布では，平均と中央値の違いが目立つようになる。

女性の死亡年齢（図 2.20）の場合は，他の歪んだ分布の例と異なり，平均の方が中央値より小さい値となる。これは相対的に小さい観測値（若くして死亡した女性の年齢）が平均を押し下げた結果である。ただし，平均と中央値の差はヒストグラムから受ける歪んだ分布という印象ほど大きいとはいえない。

既に説明したように，大きく外れた観測値があると，平均はその影響を受け易い。そのため，観測値の分布が右下がりの形状になると，平均と中央値は大きく異なる値となる。定義から明らかなように，中央値より小さい観測値は全体のちょうど半分であるが，平均以下の観測値は，勤労者世帯（家族構成は二人以上）の貯金現在高（図 3.2）では全体の約 66.8%に達する。カード会員の年間来店回数（図 3.3）では観測値の約 71.8%，年間利用金額の場合は約 73.0%が平均以下である。これだけ上振れしてしまうと，平均を観測値の真ん中と見なすことは難しいだろう。

このように大きく歪んだ分布の場合，代表値として適切なのは平均ではなく中央値である。観測値の真ん中を把握するためには，中央値と補足的に最頻値が分かれば十分であろう。歪みが小さい場合は平均を代表値として使えばよい。歪みが大きいかどうかはヒストグラムの形状と，平均と中央値を比べることで判断することができる。

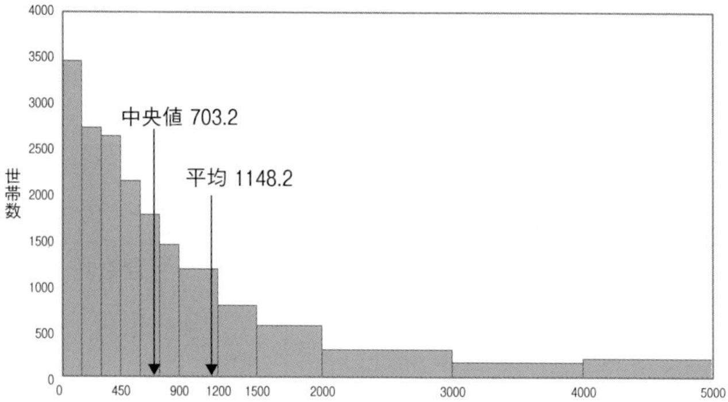

■図 3.2　勤労者世帯貯金現在高（家族構成は二人以上）の平均と中央値

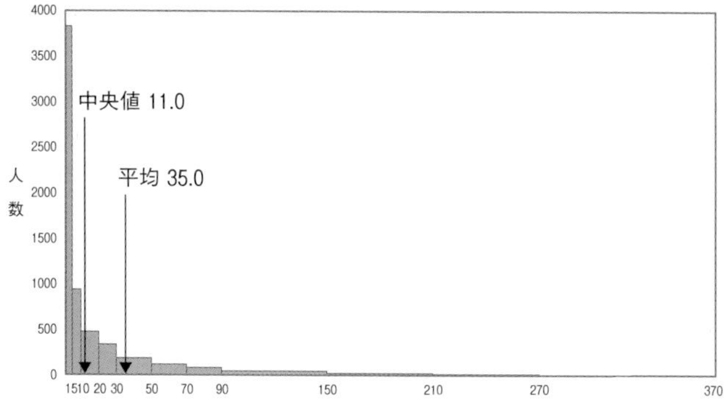

■図 3.3　カード会員の年間来店回数の平均と中央値

□発展 3.3　移動平均

日経平均株価のデータから（表 1.2），日々発生する偶発的な変動を除いた長期的な傾向を調べたいとしよう。このようなときに使う代表値が**移動平均**である。ただし，代表値といってもデータ全体の代表値ではない。具体的に説明しよう。例えば 2016 年 12 月の後方 12 か月移動平均であれば 2016 年 1 月から 12 月までの平均となる。つまり，後方 12 か月移動平均は自分自身を含む過去 1 年間の代表値となっているのである。移動平均を計算できるのは過去一年分の観測値が存在する 1997 年 12 月以降となる。以下は後方 12 か月移動平均の折れ線グラフである。

ところで，勤労者世帯（家族構成は二人以上）の年収と貯金現在高，女性の死亡年齢は元のデータが公開されていないため，平均と中央値は度数分布表から計算した。具体的な方法については **3.4** 節で説明する。

3.2 散らばりの尺度

統計学の試験の結果，平均が 50 点だったとしよう。しかし，これだけの情報では学生全員が 50 点前後で平均が 50 点となったのか，反対に良い点と悪い点に二極化した結果が平均 50 点なのかを区別することができない。そこで必要となるのが観測値の散らばり具合を表す指標である。**散らばりの尺度**には分散や分位点などがある。

3.2.1 分散と標準偏差

散らばりの尺度を定める考え方の一つは，個々の観測値が平均からどのくらい離れているのかを 1 個当たりに換算するというものである。これは非常に自然な考え方だろう。そこで必要となるのが観測値と平均の差である。この差を（平均からの）**偏差**という。あまり深く考えなければ，偏差の平均を散らばりの尺度とすればいいと思うかもしれない。

$$\frac{1}{n}\sum_{i=1}^{n}(x_i - \bar{x})$$

しかし，この方法では残念ながら上手く行かない。**3.1.1** 項で説明した平均の定義を思い出してみよう。偏差の正負が相殺されるため，この値はデータによらず常にゼロとなるからである。このように，偏差を用いて散らばりの尺度を定義するには，マイナスの偏差をプラスに直すことを考えなければならない。

マイナスの偏差をプラスにする最も自然なアイデアは偏差の絶対値を用いることである。偏差の絶対値の平均を**平均偏差**という。

$$\text{平均偏差} = \frac{1}{n}\sum_{i=1}^{n}|x_i - \bar{x}|$$

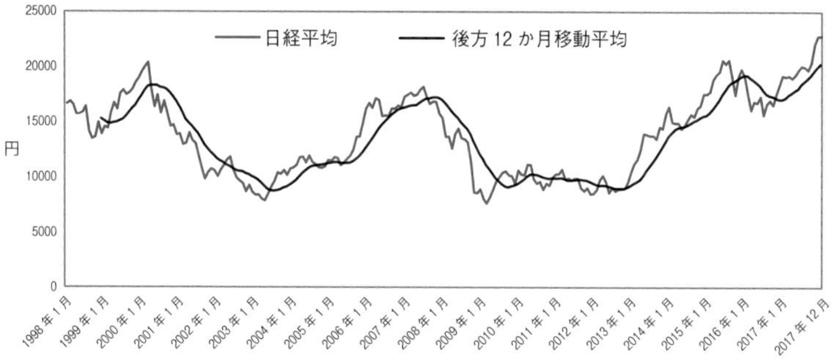

移動平均を毎月求めて，その推移を調べれば，長期的な傾向を理解することができる。移動平均の折れ線グラフは，元の観測値の持つ不規則な変動がなくなり滑らかな曲線状になる。時系列データの分析では，移動平均は広く用いられている。

移動平均は後方 12 か月だけではない。過去 10 年間の観測値を用いて長期的な傾向を調べる場合もあるし，日別の時系列データでは過去 30 日の観測値を用いた移動平均を使うこともある。

時系列データを $x_1, x_2, \cdots, x_n$ と書くことにする。後方 K 期移動平均を考えると，当然，K 番目の観測値から定義できるわけである。定義式を具体的に書くと次のようになる。

$$\bar{x}_t = \frac{1}{K}(x_{t-K+1} + x_{t-K+2} + \cdots + x_t) = \frac{1}{K}\sum_{i=t-K+1}^{t} x_i, \quad t = K, K+1, \cdots, n$$

過去の観測値ほど重みを小さくした移動平均を用いることもある。

❖ ポイント 3.3　散らばりの尺度

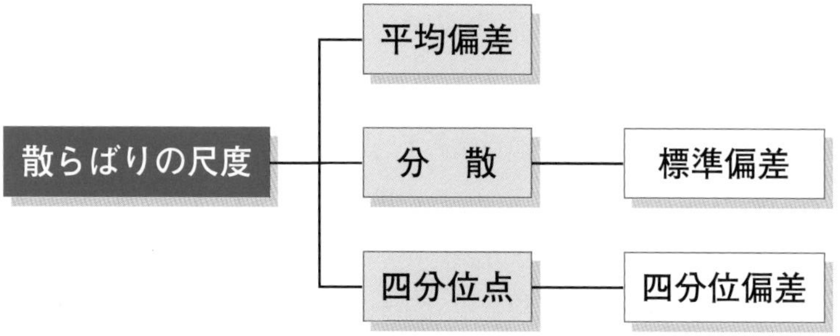

偏差の絶対値とは観測値と平均の距離だから，その平均である平均偏差は観測値の散らばり具合を直接指標化した合理的かつ分かり易い要約統計量である。しかし，実際に利用される散らばりの尺度は分散と標準偏差であることが圧倒的に多く，平均偏差が使われることは残念ながらあまりない。

かなり強引なやり方だが，偏差を二乗すればマイナスの値をなくすことができる。この方法で定義した散らばりの尺度を**分散**という。つまり，分散とは偏差の二乗の平均である。変数xの分散をs_x^2と書くことにすれば，

$$s_x^2 = \frac{1}{n}\sum_{i=1}^{n}(x_i - \bar{x})^2 \tag{3.2}$$

となる。分散が散らばりの尺度であることは間違いないのだが，誰の目にも明らかなように，分散はおかしな指標である。偏差を二乗するため，分散の単位は観測値の単位の二乗となる。長さのデータであれば，分散は面積ということになる。そのため，分散の値を見ても散らばり具合をイメージできないことが多い。こうした問題から，通常は分散の正の平方根が散らばりの尺度として用いられる。

$$s_x = \sqrt{s_x^2}$$

この値を**標準偏差**という。平方根を取ることで，二乗された偏差は元の単位に戻り，その値を観測値と同じ土俵で評価できるようになる。

実際に分散を求める場合は，定義式ではなく，次の式を用いると計算が楽になる。

$$s_x^2 = \frac{1}{n}\left\{\sum_{i=1}^{n}x_i^2 - n\bar{x}^2\right\} \tag{3.3}$$

この式の導出は**補足 3.1** で説明してある。二乗の合計$\sum_{i=1}^{n}x_i^2$さえ求めてしまえば，後は簡単な計算で分散を求めることができる。観測値は整数でも平均は小数を含む可能性が高い。こうした場合に偏差の二乗を計算することを想像すれば，この計算式を使う方がいかに楽であるか分かるだろう。

観測値の散らばり具合を平均からの偏差で測るのだから，ここで紹介した散らばりの尺度を，カード会員の年間利用金額のように平均が代表値として適切でないデータに用いても意味はない。分散や平均偏差は平均が代表値と

❖補足 3.1　式 (3.3) の証明（分散の計算式の証明）

1.4 節で説明したシグマ記号に関する公式 1.1 の (5) を適用すると，分散の定義式 (3.2) は，

$$s_x^2 = \frac{1}{n}\sum_{i=1}^{n}(x_i - \bar{x})^2 = \frac{1}{n}\sum_{i=1}^{n}(x_i^2 - 2\bar{x}x_i + \bar{x}^2) = \frac{1}{n}\sum_{i=1}^{n}x_i^2 - \frac{2\bar{x}}{n}\sum_{i=1}^{n}x_i + \bar{x}^2$$

となる。最後の式の第二項で，$\frac{1}{n}\sum_{i=1}^{n}x_i = \bar{x}$ を代入すればよい。

$$s_x^2 = \frac{1}{n}\sum_{i=1}^{n}x_i^2 - 2\bar{x}^2 + \bar{x}^2 = \frac{1}{n}\left\{\sum_{i=1}^{n}x_i^2 - n\bar{x}^2\right\}$$

■表 3.2　散らばりの尺度：分散，標準偏差，平均偏差

	平　均	分　散	標準偏差	平均偏差
東京 1 月の日平均気温	6.0	4.29	2.1	1.6
八王子 1 月の日平均気温	3.3	4.29	2.1	1.7
卵の売上数量（120 円以下）	340.3	10285.90	101.4	78.2
卵の売上数量（130 円以上）	73.8	450.35	21.2	15.2

□発展 3.4　標準偏差と観測値の個数

平均±標準偏差の範囲に含まれる観測値の比率が分かると便利なのだが，残念ながらこの比率は分布の形状によって異なる値となる。例えば分布が釣鐘型（図 2.17）の場合は約 68.3%となる。範囲を平均±2×標準偏差とした場合は約 95.5%，平均±3×標準偏差まで広げると約 99.7%となる。いずれも正規分布の性質を用いて計算した結果である（**第 8 章**）。釣鐘型の分布に近い東京 1 月の日平均気温の場合，これらの比率は順に 68.7%，94.8%，99.7%となる。ほぼ理論通りの結果といえるだろう。

分布が釣鐘型でない場合は，**13.1** 節で学習するチェビシェフの不等式を利用することができる（確率を比率に読み替える）。見積もりは甘くなるが，平均±2×標準偏差に含まれる比率は全体の $\left(1-\frac{1}{2^2}\right)$ 以上，平均±3×標準偏差の場合は $\left(1-\frac{1}{3^2}\right)$ 以上（約 88.9%以上）となる。分布の形状によらず適用できることは確かに利点だが，平均と標準偏差が想定しているのは歪みの小さい分布である。このような比率を考える機会はあまりないかもしれない。

して相応しいデータに適用することが前提なのである。つまり，釣鐘型か歪みの小さい分布のデータである。

釣鐘型の分布に近い東京と八王子1月の日平均気温と，歪んだ分布ではあるが平均と中央値に大きな違いのなかった，価格で層別した卵の売上数量で分散と標準偏差，平均偏差を求めた結果が表3.2であり，ヒストグラム上に図示したものが図3.4〜3.6である。

実際に分散の値を見れば，観測値の散らばり具合をイメージできないことは納得できるだろう。これに対して，平均偏差を見れば観測値の散らばり具合をかなり明確に理解することができる。例えば東京1月の日平均気温であれば，平均気温6.0℃くらいの日が毎日続いて20年間の平均が6.0℃になったのではない。暖かい日（6.0＋1.6＝7.6℃）と寒い日（6.0－1.6＝4.4℃）があって，20年間の平均が6.0℃なのである。標準偏差も平均偏差と同様で，東京の1月は6.0±2.1℃の日があって，20年間の平均が6.1℃になったと解釈すればよい。

3.2.2 四分位点

四分位点は分散と並ぶ重要な散らばりの尺度である。四分位点には第1四分位点から第3四分位点まであり，**第1四分位点**は以下の条件を満たす観測値として定義される。

- 観測値の4分の3は第1四分位点より大きい。
- 観測値の4分の1は第1四分位点より小さい。

第3四分位点は，これとは反対に，

- 観測値の4分の1は第3四分位点より大きい。
- 観測値の4分の3は第3四分位点より小さい。

と定義される。この説明から想像できるように，四分位点は中央値と同じ考え方に基づいている。第2四分位点とは中央値のことである。

四分位点の定義から明らかなように，観測値のちょうど半分は第1四分位点と第3四分位点の間に含まれる。平均±標準偏差の間にどのくらいの観測値が含まれるのかについて何も言えなかったことを考えると，これがどれほど有益な情報であるかが分かるだろう。

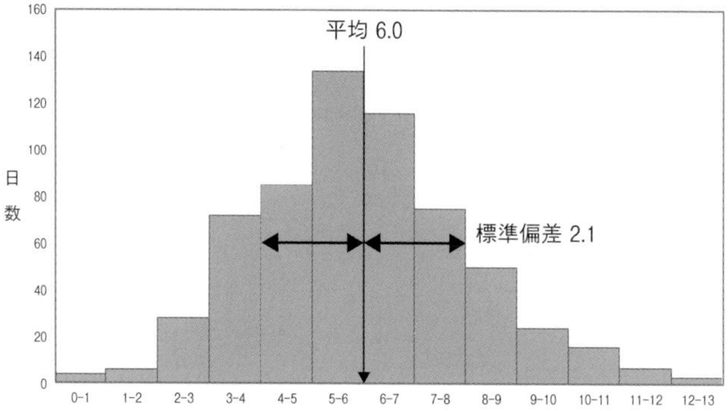

■図 3.4　東京 1 月の日平均気温の平均と標準偏差

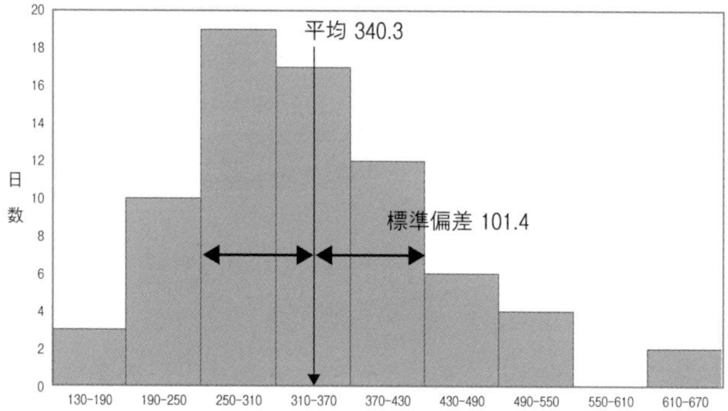

■図 3.5　卵の売上数量（価格が 120 円以下）の平均と標準偏差

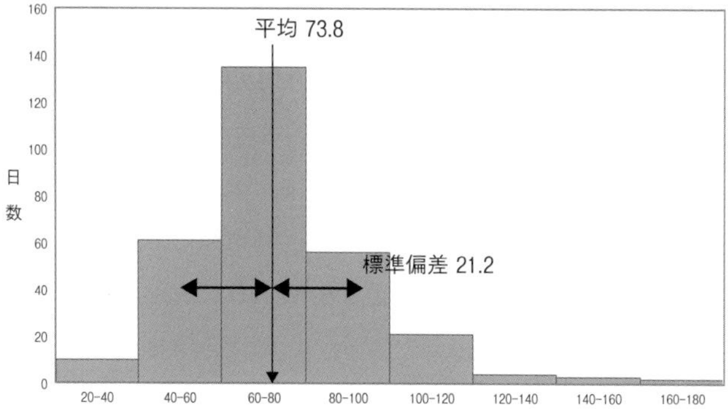

■図 3.6　卵の売上数量（価格が 130 円以上）の平均と標準偏差

観測値の個数 n が 4 で割り切れるなら，四分位点は簡単に求めることができる。例えば $n=100$ であれば，観測値は 25 個ずつ 4 つのグループに分けることができるので，小さい順に 25 番目と 26 番目の観測値の平均が第 1 四分位点となる。しかし，いつも 4 で割り切れるとは限らないので，統計学では番号を連続的な数値と見なし，数直線上で 1 から n までの範囲を 4 等分する方法が用いられる。この結果を図示した図 **3.7** を見れば，小さい方から 4 分の 1 に対応する点 N_1 は，

$$N_1 = 1 + \frac{n-1}{4} = \frac{3+n}{4}$$

であることが分かる。番号 N_1 が自然数の場合は N_1 番目の観測値が第 1 四分位点である。自然数でない場合は

$$m < N_1 < m+1$$

を満たす自然数 m を取り，m 番目と $m+1$ 番目の観測値の平均が第 1 四分位点となる。例えば $n=100$ の場合は $N_1 = \frac{3+100}{4} = 25.75$ だから，$m=25$ となる。この結果は最初の説明と一致する。

第 3 四分位点も同様に求めればよい。図 **3.7** を見れば，第 3 四分位点に対応する観測値の番号 N_3 は，

$$N_3 = 1 + 3 \times \frac{n-1}{4} = \frac{1+3n}{4}$$

であることは明らかだろう。番号 N_3 が自然数の場合は小さい方から N_3 番目の観測値，そうでない場合は前後の観測値の平均が第 3 四分位点となる。

四分位点はどのようなデータにも適用できるが，やはり代表値として平均が不適切な大きく歪んだ分布のデータで使うことに意味がある。**表 3.3** は勤労者世帯（家族構成は二人以上）の貯金現在高，カード会員の年間来店回数と年間利用金額，参考として釣鐘型の分布に近い東京と八王子 1 月の日平均気温の四分位点をまとめた表である。図 **3.8**〜**3.10** にはヒストグラム上に四分位点を図示してある。貯金現在高の四分位点は度数分布表を用いて計算した。具体的な方法は **3.4** 節で説明する。

表 3.3 を見ると，分布の形状が右下がりの場合，各分位点はその形状を上手く表現していることが分かる。カード会員の年間来店回数であれば，

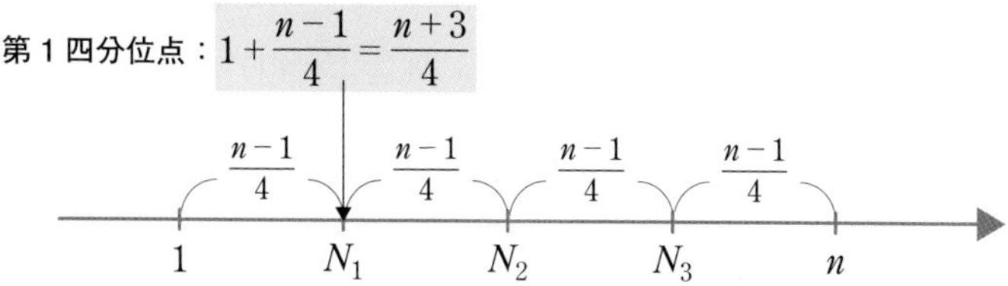

数直線上で 1 から n までの長さは n ではなく，$n-1$ であることに注意する。図にあるように，この幅の 4 分の 1 は $(n-1)/4$ である。

■図 3.7　番号 N_1 の求め方

■表 3.3　散らばりの尺度：第 1 四分位点と第 3 四分位点

右下がりの形状の分布

	第 1 四分位点	中央値	第 3 四分位点
勤労者世帯の貯金現在高	294.8	703.2	1545.3
カード会員の年間来店回数	4.0	11.0	42.0
カード会員の年間利用金額	40.1	179.4	885.7

釣鐘型に近い分布

	第 1 四分位点	中央値	第 3 四分位点
東京 1 月の日平均気温	4.6	5.9	7.3
八王子 1 月の日平均気温	1.5	3.1	4.7

貯金現在高の単位は 1 万円，カード会員の年間利用金額は単位百円である。

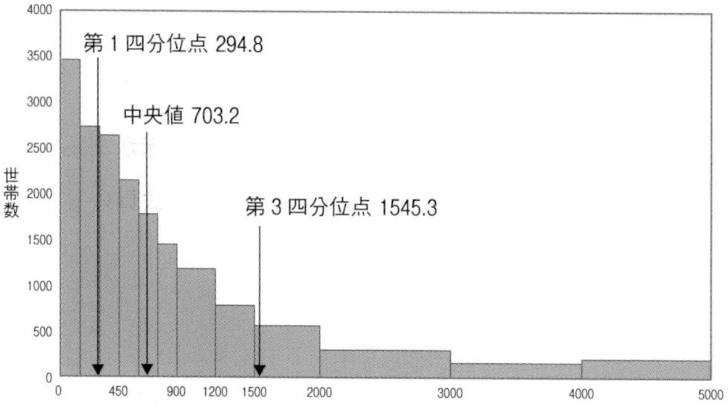

■図 3.8　勤労者世帯貯金現在高（家族構成は二人以上）の中央値と四分位点

カード会員の半数は年間来店回数が4回（第1四分位点）以上42回（第3四分位点）以下である。しかし，カード会員はこの範囲に均等に分布しているわけではない。四分位点は順番に4回，11回（中央値），42回だから，四分位点間の幅はだんだんと広くなっている。1回から4回という非常に狭い範囲にカード会員の4分の1が集中し，最頻値3回もこの範囲に含まれる一方で，年間来店回数が11回以上でカード会員の4分の1を集めるには範囲を42回まで広げなければならない。この結果は年間来店回数別にカード会員数を調べたとき，年間来店回数が11回を超えると，その人数が急激に少なくなることを示唆している。四分位点から読み取れることは，ヒストグラムから把握できる分布の形状をかなり正確に記述しているといえるだろう。

3.3 平均と分散の応用

3.3.1 平均と分散の性質

ある中学校で健康診断を実施したところ，2年生男子の身長（単位m）は平均1.6m，分散0.0064であった。観測値をすべて100倍して単位をcmに変えたとき，平均が160cmになるのは明らかだろう。分散については次のように考えればよい。観測値だけでなく平均も100倍されるので，平均からの偏差の二乗は元の値の100^2倍となる。したがって，単位をcmとしたときの分散は$100^2 \times 0.0064 = 64$となる。

次は募金の例（**3.1.1**項）を考えてみよう。全員が募金額を1000円増やせば，平均が元の平均より1000円多い4000円となるのは当然だろう。観測値も平均もちょうど1000円多くなるので，平均からの偏差は変化しない。つまり，分散の値は変わらないということである。

これらの性質は非常に重要なので，**公式3.1**にまとめてある。最初の説明で十分だと思うが，**補足3.2**で正確に証明した。ところで，変数をc倍したときの標準偏差が元の標準偏差の$|c|$倍であることに注意してほしい。標準偏差は分散の正の平方根だから，定数cが負の場合でも標準偏差は正でなければならないのである。絶対値を必要とする理由である。

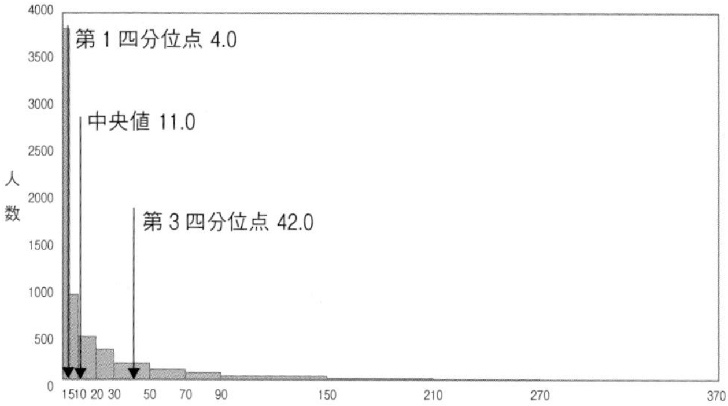

■図 3.9　カード会員の年間来店回数の中央値と四分位点

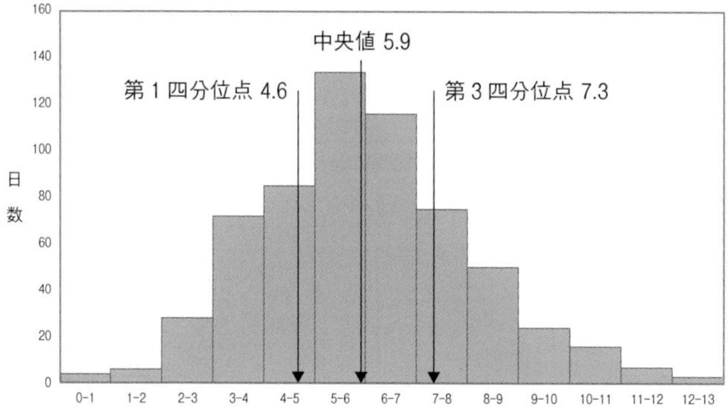

■図 3.10　東京 1 月の日平均気温の中央値と四分位点

◎公式 3.1　平均と分散の性質

(1) 変数の定数倍

- 観測値：$cx_1,\ cx_2,\ \cdots,\ cx_n$
- 平均：$c\bar{x}$
- 分散：$c^2s_x^2$
- 標準偏差：$|c|s_x$

(2) 変数と定数の和

- 観測値：$x_1+d,\ x_2+d,\ \cdots,\ x_n+d$
- 平均：$\bar{x}+d$
- 分散：s_x^2

(3) 変数の一次関数

- 観測値：$cx_1+d,\ cx_2+d,\ \cdots,\ cx_n+d$
- 平均：$c\bar{x}+d$
- 分散：$c^2s_x^2$
- 標準偏差：$|c|s_x$

ここで説明した例のように変数の単位を変えたときや一定の値を加算したとき，これらの性質を使えば改めて計算し直さなくても，対応する平均と分散を求めることができる。しかし，実用上の理由だけでこれらの性質を紹介したのではない。統計学の学習を進めていくと，様々な場面でこうした知識が必要になってくるからである。最初に必要となるのは次に学習する変動係数と標準化である。

3.3.2 変動係数

人口一人当たり預貯金残高（表 3.4）の都道府県間格差は標準偏差を用いて表すことができる。預貯金残高が極端に多い東京都を除くと，2007 年の標準偏差 87.0 万円に対して 2014 年は 89.3 万円だから，数字だけ見れば預貯金残高の都道府県間格差は僅かに拡大したということになる。しかし，この 7 年間に預貯金残高の平均も 449.5 万円から 514.9 万円と増えていることに注意しなければならない。本当に都道府県間格差は拡大したといえるのだろうか。このような場合に使う指標が散らばり具合を相対的に評価する**変動係数**である。変動係数は標準偏差と平均の比として定義される。

$$\text{変動係数} = \frac{s_x}{\bar{x}}$$

変動係数は百分率で表しても構わない。人口一人当たり預貯金残高の変動係数を求めると，2007 年の 19.4％に対して 2014 年は 17.3％となり，相対的な都道府県間格差はむしろ縮小していることが分かる。また，変動係数の解釈は標準偏差と同じである。2014 年の場合は，人口一人当たり預貯金残高が平均より 17.3％多い県と 17.3％少ない県があって，平均が 514.9 万円であることを意味している。

人口千人当たり生活保護被保護実人員についても調べてみよう。変動係数は 2007 年の 55.1％（平均 10.37 人，標準偏差 5.71 人）に対して 2014 年は 49.3％（平均 14.45 人，標準偏差 7.12 人）だから，相対的な都道府県間格差は縮小したことが分かる。しかし，この縮小は残念ながら望ましい状況ではない。被保護実人員が全都道府県で増加しただけでなく，2007 年に少なかった地域ほど増えたのである。この結果として都道府県間での格差が縮小した

❖補足 3.2　平均と分散の性質の証明

“変数の一次関数”だけ証明すれば十分だろう。ここでも **1.4** 節で説明したシグマ記号の性質を使う。まず，平均を計算すると，

$$平均 = \frac{1}{n}\sum_{i=1}^{n}(cx_i + d) = \frac{c}{n}\sum_{i=1}^{n}x_i + \frac{1}{n}\times nd = c\bar{x} + d$$

となる。分散は，平均が $c\bar{x}+d$ であることに注意すれば，

$$分散 = \frac{1}{n}\sum_{i=1}^{n}\{(cx_i + d) - (c\bar{x} + d)\}^2 = \frac{1}{n}\sum_{i=1}^{n}(cx_i - c\bar{x})^2 = \frac{c^2}{n}\sum_{i=1}^{n}(x_i - \bar{x})^2 = c^2 s_x^2$$

であることが分かる。分散は

$$\frac{1}{n}\sum_{i=1}^{n}\{(cx_i + d) - \bar{x}\}^2$$

ではないので勘違いしないように。

■表 3.4　預貯金残高と生活保護被保護実人員の比較

	2014 年		2007 年	
	預貯金	生活保護	預貯金	生活保護
平　均	514.85	14.45	449.46	10.37
標準偏差	89.32	7.12	87.01	5.71
第 1 四分位点	461.58	8.82	390.75	5.85
中央値	508.40	13.29	442.50	9.06
第 3 四分位点	558.68	19.07	493.00	14.48
変動係数	17.3%	49.3%	19.4%	55.1%

人口一人当たり預貯金残高については，どちらの年も極端に預貯金残高が多い東京都を除いている。

からである。

変動係数は実際に利用されることが多い。しかし，標準偏差が散らばりの尺度として適切なデータでなければ，変動係数は本来の意味を持たないことに注意しなければならない。人口一人当たり預貯金残高（東京都を除く）と人口千人当たり生活保護被保護実人員は歪んだ分布となるが，標準偏差が不適切になるほどの歪みではない（図 3.11 と図 3.12）。

定義式から明らかなように，平均がゼロに近いと変動係数の値は非常に不安定となる。もちろん，平均がゼロだと求めることはできない。変動係数は観測値が正であることを前提としているのである。東京と八王子 1 月の日平均気温くらいなら何とかなるかもしれないが，月平均気温が 0°C 前後となる青森市のデータに変動係数を使うのは不適切だろう。

3.3.3 標準化

人口一人当たり預貯金残高が最大なのはいずれの調査でも東京都で，2007 年は 1396.4 万円，2014 年は 1699.9 万円である。どちらも他の道府県と比較して極端に大きい。それでは 2007 年と 2014 年では，どちらの方が他の観測値から離れているといえるだろうか。こうした疑問に対しては**標準得点**を用いればよい。

ある観測値の標準得点とは平均からの偏差を標準偏差で割った比のことである。式で書くと，観測値 x_i の標準得点 z_i は次のようになる。

$$z_i = \frac{x_i - \bar{x}}{s_x}$$

すべての観測値を標準得点に直すことを**標準化**（基準化）するという。

標準得点 $z_1, z_2, \cdots, z_n$ の平均は 0，分散は 1 となる。この性質を示すには公式 3.1 の (3) で，

$$c = \frac{1}{s_x}, \quad d = -\frac{\bar{x}}{s_x}$$

とすればよい。これは非常に重要な標準得点の性質である。分布の真ん中を平均，散らばり具合は標準偏差で評価するならば，標準化することで，観測値の分布は真ん中が 0，散らばり具合は 1 に文字通り標準化されることを意

❖補足 3.3　四分位点の計算で面倒な式が必要な理由

四分位点の計算はもっと簡単にできるのではないかと思った読者もいるのではないか。例えば，小さい順に半分の観測値（中央値以下の観測値）の中央値を第 1 四分位点と定義しても実用上の問題はない。

実は，四分位点とは数ある分位点の一つに過ぎない。特に観測値が数万もあるような大きなデータでは，分布を表現するために十分位点や百分位点なども普通に使われる。第 1 十分位点，つまり，小さい方から 10 分の 1 番目の観測値を冒頭で説明した方法で求めることはできない。しかし，本文で説明した方法を応用すれば，小さい方から 10 分の 1 番目が，

$$N_1 = 1 + \frac{n-1}{10} = \frac{9+n}{10}$$

であることは直ちに分かる。

四分位点と他の分位点で計算方法が異なるのはやはりまずいだろう。本文で紹介した面倒な計算方法を用いる理由である。

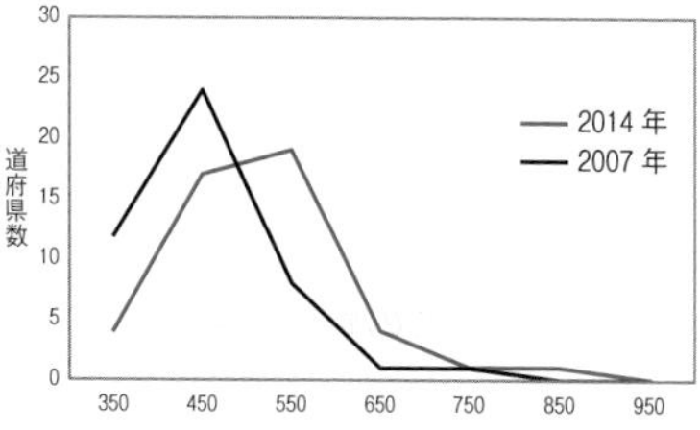

■図 3.11　預貯金残高のヒストグラム（折れ線グラフで代用）

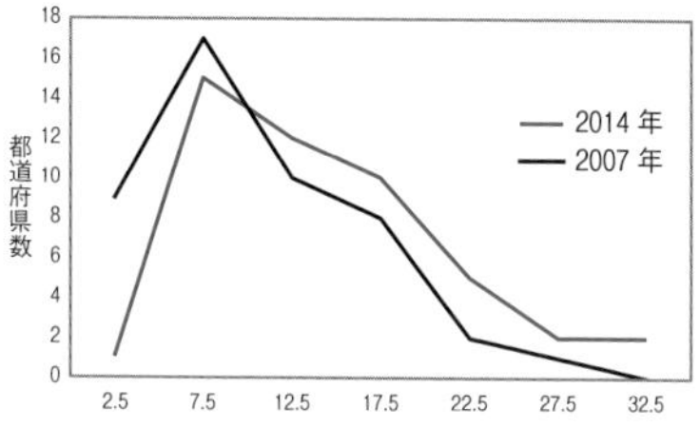

■図 3.12　生活保護被保護実人員のヒストグラム（折れ線グラフで代用）

味している。そして標準化された分布における観測値の位置を示す数値が標準得点なのである。だから，異なるデータ間でも標準得点を用いれば観測値の大きさを比較できるわけである。

標準化の目的は分布の形状を表現することではなく，観測値の分布を形式的に“標準化”することにある。したがって，平均と標準偏差の応用ではあるものの，それらが代表値や散らばりの尺度として適切かどうかを気にする必要は全くない。大きく歪んだ分布であっても標準化は可能である。例えばカード会員の年間利用金額で最大値 1485400 円の標準得点を求めると，平均は 78870 円，標準偏差は 138589 円だから，10.15 となる。この値は尋常でない大きさである。

預貯金残高の例では，2007 年の平均は 469.6 万円，標準偏差は 161.5 万円だから，東京都の預貯金残高の標準得点は 5.74 となる。2014 年の標準得点は 6.03 なので，2014 年の方が他の観測値から離れていることが分かる。

観測値の相対的な大きさを求めるという目的に照らせば，標準得点を用いれば十分である。しかし，標準得点を 10 倍して 50 を足した値を用いることも多い。これが有名な**偏差値**である。標準得点 z_i の偏差値を T_i と書くことにすれば，定義式は次のようになる。

$$T_i = 10z_i + 50$$

公式 3.1 の (3) から，偏差値の平均は 50，分散は 100 となる。偏差値は 100 点満点の試験の得点と同じ感覚で理解できるため，標準得点よりはるかに分かり易い。特に教育の分野で偏差値が普及した理由の一つである。

最後に標準化の活用法を一つ紹介しておこう。**図 2.8** で東京と八王子の月平均気温の折れ線グラフを一枚の画面にまとめられたのは，月平均気温は東京も八王子も同じような値だからである。しかし，日経平均株価と対ドル為替レート（**表 1.2**）では，観測値の大きさが全く異なるため，折れ線グラフを一つの画面に重ねることはできない。このような場合は標準得点を用いればよい（**図 3.13**）。この折れ線グラフを見れば，日経平均株価と対ドル為替レートは 2005 年頃まで反対の動きをしていたのが，それ以降は連動するようになったことが読み取れる。

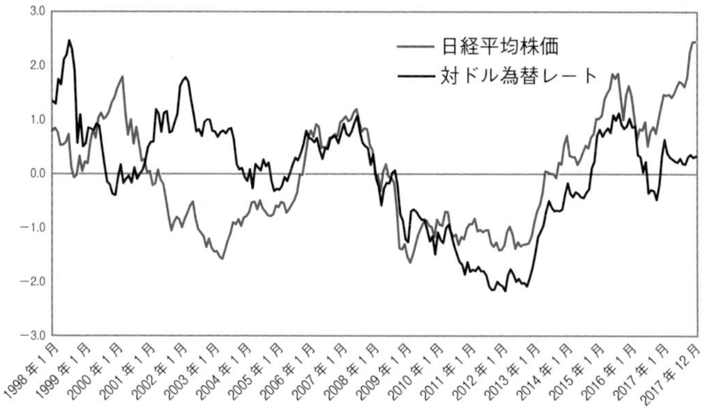

■図 3.13　日経平均株価と対ドル為替レートの推移（標準得点）

❖補足 3.4　四分位偏差

本書では散らばりの尺度として第 1 四分位点と第 3 四分位点を紹介したが，二つの値を一つにまとめることも可能である。この散らばりの尺度を**四分位偏差**という。四分位偏差は中央値と第 1 四分位点の差と，第 3 四分位点と中央値の差の平均と定義される。第 1 四分位点を Q_1，中央値は Q_2，そして第 3 四分位点を Q_3 と書くことにすれば，四分位偏差の定義式は，

$$\text{四分位偏差} = \frac{(Q_2 - Q_1) + (Q_3 - Q_2)}{2} = \frac{Q_3 - Q_1}{2}$$

となる。ただし，分布を理解するという観点から言うと，四分位偏差はあまり役に立たないだろう。カード会員の年間来店回数の例では，第 3 四分位点 42 回と中央値 11 回の差が中央値と第 1 四分位点 4 回の差よりはるかに大きいことから，右下がりという分布の形状を理解することができた。四分位点間の差という有益な情報を捨ててまで，一つの尺度に直す必要はないということである。

□発展 3.5　連続的に測定した観測値の平均

ある地点で午前 0 時から 24 時間連続して気温を測定した。例えば午前 1 時から 1 時間おきに気温を抜き出して平均を求めれば，この日の平均気温を求めることができる。正確な平均気温を求めるには抜き出す観測値を増やせばよい。このように考えると，連続的に観測した気温をすべて使って求めた平均が最も

3.4 度数分布表を用いた平均，分散，中央値の計算

これまで紹介した具体例の中で勤労者世帯の年収と貯金現在高，女性の死亡年齢については，元のデータは公開されていない。平均（表 3.1）や四分位点（表 3.3）はいずれも公表されている度数分布表を用いて計算した。個人情報の問題など様々な理由から度数分布表のみの公表で，元のデータは非開示ということは意外と多い。こうした状況で役に立つのが度数分布表を用いた要約統計量の計算方法である。もちろん，元のデータから求めた平均や分散が正しい値であり，度数分布表から求めた値はその近似値となる。

東京 1 月の日平均気温の度数分布表（表 2.1）を用いて計算方法を説明しよう。例えば階級 “2–3” の度数は 28 だが，度数分布表しかなければ，個々の観測値は分からない。そこで，階級値 2.5℃ の日が 28 日あったと便宜的に考えるわけである。このようにして平均を計算すると，

$$(0.5 \times 4 + 1.5 \times 6 + 2.5 \times 28 + \cdots + 12.5 \times 3) \div 620 = 5.98$$

となる。元のデータから求めた平均は 6.05℃ だから（表 3.1），本当の値を十分に再現できているといえるだろう。

分散の場合も 2.5℃ の日が 28 日あったと考えて計算すればよい。言うまでもないことだが，この計算では元のデータから求めた平均 6.05 ではなく，度数分布表から求めた平均 5.98 を使うことになる。

$$\{(0.5 - 5.98)^2 \times 4 + (1.5 - 5.98)^2 \times 6 + \cdots + (12.5 - 5.98)^2 \times 3\} \div 620 = 4.40$$

元のデータから求めた分散は 4.29 なので（表 3.2），これもそう悪い値ではないだろう。

東京における震度 4 以上の年間地震発生回数を表す度数分布表（表 2.3）のように，範囲ではなく観測値そのものを階級とした場合，この方法で求めた平均と分散は元のデータから直接求めた値と当然等しくなる。平均と分散はそれぞれ次のようになる。

$$平均 = (0 \times 54 + 1 \times 18 + 2 \times 18 + 3 \times 4 + 4 \times 1) \div 95 = 0.74$$

$$分散 = \{(0 - 0.74)^2 \times 54 + (1 - 0.74)^2 \times 18 + \cdots + (4 - 0.74)^2 \times 1\} \div 95 = 0.95$$

度数分布表（表 3.5）を用いて，平均と分散の計算式を正確に書くと，

正確な平均ということになる。しかし，“連続的に観測した気温”を用いて平均を定義するにはどのようにすればいいのだろうか。

ここで思い出してほしいのは，本文で書いた平均の意味である。観測値と平均の差の合計はちょうどゼロであった。以下は募金の例を図示した結果だが，この図で募金額と平均の差の正負は相殺されている。

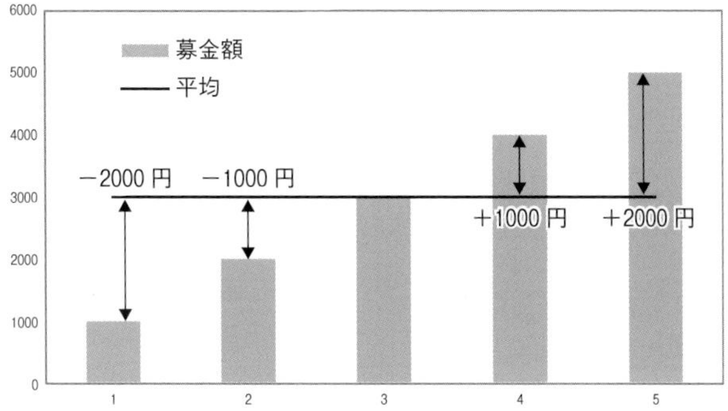

この性質を気温の例に応用してみよう。気温を時刻 t の関数として，

$$y = h(t), \quad 0 \leq t \leq 24$$

と書くことにする。以下のグラフの曲線はこの気温を示している。

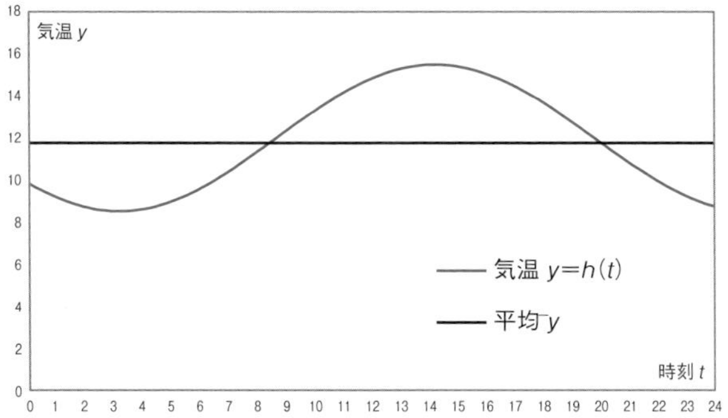

連続的に観測した気温をすべて用いた平均を $\bar{y}$ と書くことにすれば，このグラフで平均 $\bar{y}$ より大きい部分の面積と小さい部分の面積は等しくなるはずである。つまり，曲線 $y = h(t)$ と t 軸で囲まれた面積と，幅が 24 で高さは $\bar{y}$ の長方形の面積 $24\bar{y}$ は等しいということである。面積とは定積分のことだから，

$$\bar{x} = \frac{1}{n}\sum_{j=1}^{J} a_j f_j = \sum_{j=1}^{J} a_j p_j \tag{3.4}$$

$$s_x^2 = \frac{1}{n}\sum_{j=1}^{J}(a_j - \bar{x})^2 f_j = \sum_{j=1}^{J}(a_j - \bar{x})^2 p_j \tag{3.5}$$

となる。ただし，実際の計算では，式(3.3)に対応した

$$s_x^2 = \frac{1}{n}\sum_{j=1}^{J} \tilde{a}_j^2 f_j - \bar{x}^2$$

を用いればよい。計算が楽になるはずである。

ところで，相対度数 $p_1, p_2, \cdots, p_J$ は以下の条件を満たしている

$$\sum_{j=1}^{J} p_j = 1, \quad p_j \geq 0, \quad j = 1, 2, \cdots, J \tag{3.6}$$

平均(3.4)のように，J 個の観測値に条件(3.6)を満たす係数を掛けて合計した値のことを**加重平均**という。もちろん，分散は偏差の二乗の加重平均ということになる。加重平均による平均と分散の表現は，**7.2** 節で確率変数の平均と分散を定義するときに必要となる。

度数分布表から中央値を求めるには次のようにすればよい。カード会員の年間利用金額（表 2.5）であれば，階級 "50–100" で 40.9% に過ぎなかった累積相対度数は階級 "100–300" で 50% を超える。したがって，中央値はこの階級に含まれるはずである。そこで，累積相対度数を描いた折れ線グラフ（図 3.14）で，点 C に対応した横軸の値を中央値と考えればよい。ここで線分 AB の式は以下で与えられる。

$$y = \frac{0.574 - 0.409}{300 - 100}(x - 100) + 0.409$$

この式で $y = 0.5$ に対応する x の値 210.3 が度数分布表から求めた中央値となる。元のデータから求めた値は 179.4 だから（表 3.1），この例はあまり良い近似ではない。四分位点を求める場合も同様に考えればよい。

表 3.5 を用いて中央値の式を書いておく。階級 "$A_{j-1} - A_j$" で累積相対度数が初めて 50% を超えるとすれば，中央値は次のようになる。

$$\text{中央値} = \frac{A_j - A_{j-1}}{r_j - r_{j-1}}(0.5 - r_{j-1}) + A_{j-1}$$

$$\int_0^{24} h(t)dt = 24\bar{y}$$

と表すことができる。したがって，すべての気温を用いた平均とは，

$$\bar{y} = \frac{1}{24}\int_0^{24} h(t)dt$$

であることが分かる。

平均が定積分で定義されるという考え方は非常に重要である。**第 8 章**で連続型確率変数を学習するときに必要となる。

■表 3.5　度数分布表の一般的な表記

以下は変数 x の n 個の観測値を集計した度数分布表とする。

階　級	階級値	度　数	相対度数	累積相対度数
A_0-A_1	a_1	f_1	p_1	$r_1=p_1$
A_1-A_2	a_2	f_2	p_2	r_2
⋮	⋮	⋮	⋮	⋮
$A_{j-1}-A_j$	a_j	f_j	p_j	r_j
⋮	⋮	⋮	⋮	⋮
$A_{J-1}-A_J$	a_J	f_J	p_J	$r_J=1$

度数の合計は当然 n である（$\sum_{j=1}^{J} f_j=n$）。相対度数 $p_j=f_j/n$ の合計は 1 となる（$\sum_{j=1}^{J} p_j=1$）。累積相対度数は $r_j=r_{j-1}+p_j$, $j=2, 3, \cdots, J$ である。階級値とは階級の中点だから，階級 “$A_{j-1}-A_j$” の場合は $a_j=(A_{j-1}+A_j)/2$ となる。

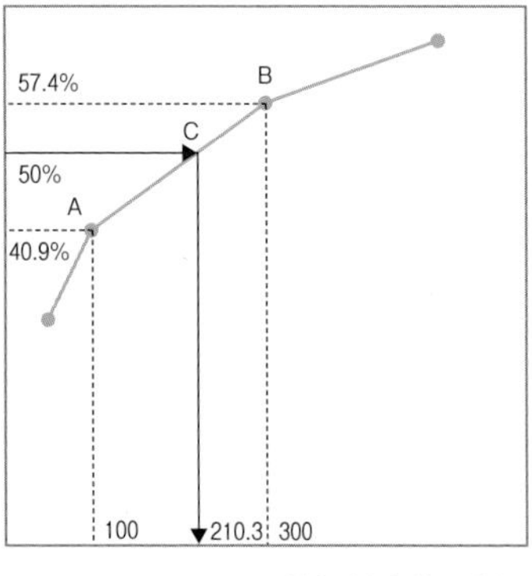

表 2.5 から作成した。階級 “50–100” から “300–500” の累積相対度数のみ表示している。

■図 3.14　累積相対度数の折れ線グラフ（カード会員の年間利用金額）

度数分布表から平均と分散を求める場合は失われた観測値を階級値で代用しなければならない。階級の幅が広いほど近似精度が低下するのは明らかだろう。しかし，年間利用金額の例で見たように，観測値を直接使わない中央値も近似の精度は低くなるのである。実は中央値を含む階級の幅が広いと，近似の精度低下は避けられないのである。理由は簡単である。カード会員を年間利用金額の少ない順に並べたデータから正確な累積相対度数を求めることができる。この正確な累積相対度数の折れ線グラフ（階級の幅が狭いため曲線のようになっている）を図 3.14 に重ねた結果が図 3.15 である。正確な累積相対度数の折れ線は度数分布表の累積相対度数に対応した線分 AB より上方に膨らんでいる。この膨らみがある限り，度数分布表から求めた中央値の近似精度が低下してしまうのは，累積相対度数が 50%となる点 C と D の位置を比べれば明らかだろう。

練習問題

問題 1　第 2 章の練習問題のデータを用いて，曜日と年末に関して層別に基本的な要約統計量を求めなさい*。

問題 2　月，火，木，金曜日の売上数量を集計した度数分布表から売上数量の平均と分散，標準偏差，中央値を求め，元のデータから求めたこれらの値と比較しなさい*。

*　データと詳しい内容，Excel 操作についての説明が，新世社ホームページ（https:// www.saiensu.co.jp/）の本書紹介ページの「サポート情報」からダウンロードできます。

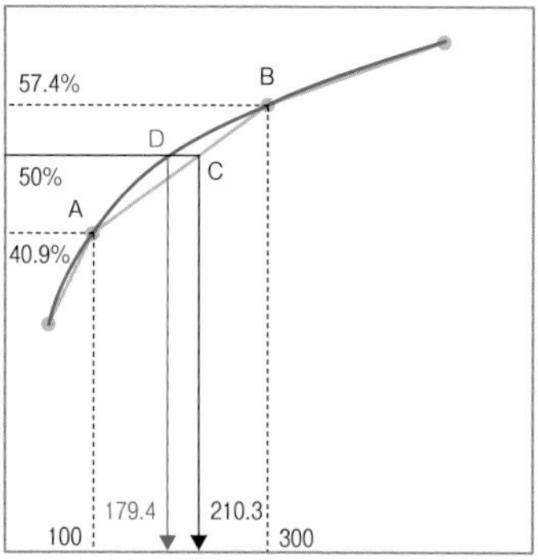

この図で点 D の横軸の値が正確な中央値 179.4 となる。一方，表 2.5 の累積相対度数では点 C が中央値であった。
正確な累積相対度数の折れ線が上方もしくは下方にカーブしていると，度数分布表から求めた中央値の精度低下は避けられない。

■図 3.15　正確な累積相対度数の折れ線グラフ

Column 3.1 ● ビッグデータ

ニュースや新聞などでこの言葉を耳にしたことがある読者は多いのではないか。文字通り大きなデータのことだが，変数や観測値が多いというだけではビッグデータといわない。明確な定義はまだないようだが，**ビッグデータ**は次のような特徴を持っていることが多い。簡単に説明しておこう。

ビッグデータとは機械学習（**Column** 10.2）で使われ始めた言葉である。機械学習の適用場面では，標準的な統計学と異なり，データは継続的に収集されることが多く，分析して終わりという状況を想定していない。このような状況では，観測値は際限なく増え続けることになる。これをデータの連続性という。もう一つの著しい特徴は，観測値が増える毎に新しい変数も増えていくという性質である。この特徴をデータの非構造性という。通常の多次元データでは，変数がどれほど多くても，その個数は固定されていた。単に変数が多いだけではビッグデータといわない理由である。例えば本書で用いたような特定の商品に関する売上データは構造的なデータである。しかし，全商品を網羅した売上データを扱う場合，それは非構造的なビッグデータとなる。販売中止の商品がある一方で新商品も次々と投入されるため，日々の売上記録を蓄積していくと，新商品に関する変数がどんどん増えていくことになるからである。

非構造性と連続性を持つデータが巨大なデータとなることは容易に想像できるだろう。文書や音声，画像データなどもビッグデータの典型的な例である。これらの情報（質的変数）をどのように数値（量的変数）で表現するかということも重要な作業となる。

Column 3.2 ● テキストマイニング

文書データを分析する統計手法を総称して**テキストマイニング**という。マイニング（mining）とは採掘という意味である。文書を統計的に分析して何に使うのだろうと思うかもしれないが，実はその活用は現在急速に拡大している。例えばサポートセンターに寄せられる情報（音声データであれば文書データに変換する）を分析し，製品開発やマニュアルの改善に利用する。大量の研究論文や記事を話題に応じて分類し，指定した話題に関する文書を検索する。最近では世界的に批判の的となっているが，SNS で発信したメッセージなどからユーザーの関心や興味を予想し，全く別のことに利用するというのも適用事例の一つである。

テキストマイニングで得られる知見は文書を読めば分かるものであることが多い。だからと言って，テキストマイニングを無意味なことと判断するのは早計である。大量の文書データを人の代わりにコンピューターに処理させることがテキストマイニングの目的の一つだからである。平凡な結論となるのは当然なのである。

テキストマイニングでは単語の出現頻度をデータとすることが多い。例えば n 個の文書があり，全体で J 種類の単語が出現したとしよう。この場合は n 個の観測値から成る J 次元データとなる。文書が長い場合は当然として，短い場合でも文書の個数 n が多いと単語数 J は大きな値となり易い。同時に一部の文書にしか使われない単語が多いので，このような頻度データは変数が極端に多く，観測値はゼロばかりという特徴を持つ。ところで，単語の出現頻度を使うだけでは，文法や語順といった言語の特性を活かしているとは言い難い。高度な分析では単語を個別に見るのではなく，語順を考慮して単語の連なりを用いることもある。

第 4 章

2 次元のデータ

多次元データを分析する目的も 1 次元データの場合と同じで，観測値の分布を知ることにある。最初にしなければならないのは変数毎に分布を調べることだが，1 次元データの分析を繰り返すことが多次元データの分析ではない。変数間の関係という視点が必要となるからである。ただし，変数の次元にかかわらず，基本となるのは二つの変数間の関係であることを注意しておく。この章を“2 次元のデータ”とした所以である。

変数間の関係と言っても，これから考察するのは観測値に成立する全体的な傾向のことである。卵の売上数量と価格の 2 次元データであれば，価格が安い日ほど売上数量は多いという関係のことである。物理学や化学で学習する公式のような数式で完全に表現できる関係のことではないので注意してほしい。

4.1 分割表

2次元データで度数分布表を作成する場合は，変数毎に定義域をいくつかの階級に分割し，その階級の組み合わせ毎に度数を数えなければならない。このように作成した度数分布表を**分割表**という。

表4.1は卵の売上数量と価格に関する分割表である。階級の分け方はかなり大雑把だが，それでも変数間に強い関係があることは読み取れる。価格が120円以下の日のほとんどは売上げが201個以上であるのに対し，130円以上の場合はほとんどが100個以下となっている。

これは非常に分かり易い状況だが，いつもそうとは限らない。次は牛乳の売上記録を見てみよう。この牛乳の通常価格は170円だが，毎週水曜日は特売で160円となる。当然水曜日の売上数量は多くなるのだが，来店客数の多い日曜日はこれを上回る売上を記録する。そのため，全営業日で分割表を作成すると（**表4.2a**），売上数量の多い日曜日（52日）はすべて170円に分類されることから，170円の日（313日）は売上数量に関する3つの階級の度数がほとんど等しくなり，売上数量と価格の関係は非常に分かり難いものとなってしまう。日曜日を除いた分割表を作成すると（**表4.2b**），卵の場合ほど明確ではないが，売上数量と価格の間に本来あるべき関係を見ることができる。**2.4**節では層別に分析する重要性を説明したが，牛乳の例は日曜日かどうかで層別に分析した結果に他ならない。

分割表は質的変数に関して作ることもできる。実際の分析ではむしろこの方が多いかもしれない。**表4.3a**はあるドラッグストアのカード会員5000人を風邪薬の購買の有無と性別で分類した結果である。しかし，この分割表を見ても，性別と風邪薬の購買に関係があるかどうかはよく分からない。こうした場合に手っ取り早く関係の有無を調べるには，購買ありの相対度数を性別で比較すればよい。女性の場合であれば相対度数は購買あり837人を合計4664人で割った値となる。男性の場合と同様に計算すると，購買ありの相対度数（風邪薬の購買率）はどちらも約18%とほとんど同じ値である。性別で購買率に違いがないということは，性別と風邪薬の購買が無関係であるこ

■表 4.1　卵の売上数量と価格に関する分割表

	120 円以下	130 円以上	合　計
100 個以下	0	262	262
101-200 個	4	30	34
201 個以上	69	0	69
合　計	73	292	365

■表 4.2a　牛乳の売上数量と価格に関する分割表（全営業日）

	160 円	170 円	合　計
160 個以下	9	104	132
161-220 個	22	105	135
221 個以上	21	104	98
合　計	52	313	365

■表 4.2b　牛乳の売上数量と価格に関する分割表（日曜日を除く）

	160 円	170 円	合　計
160 個以下	9	104	113
161-220 個	22	105	127
221 個以上	21	52	73
合　計	52	261	313

■表 4.3a　風邪薬の購買と性別に関する分割表

	購買あり	購買なし	合　計
女　性	837	3827	4664
男　性	63	273	336
合　計	900	4100	5000

あるドラッグストアのカード会員 5000 人が 2017 年 8 月 1 日から 11 月 30 日までの間に風邪薬(製薬会社は問わない）を買ったかどうかと性別で分類した結果，としておこう。卵の売上データと同様に現実の売上データを再現したものである。

とを示唆している。この結果は表 4.3b にまとめてある。

表 4.4a は風邪薬の代わりにメイクアップ用品（口紅，チーク，ファンデーションなど）で作成した分割表である。メイクアップ用品を購入する顧客のほとんどが女性であることは分かり切った話だが，分割表をちょっと見ただけではよく分からない。そこで購買率を性別で比較すると（表 4.4b），確かにメイクアップ用品の購買率は女性の方が高くなっている。

4.2 変数の独立性

変数の独立性とは推測統計学で必要とされる概念なので，記述統計学で使うことはない。しかし，推測統計学で学習するのは変数ではなく，確率変数の独立性である。これは確率現象の話となるため，相対度数を用いて変数の独立性を説明するよりも，ずっと分かり難いものとなる。ここで変数の独立性を取り上げるのは，そのための準備である。

4.2.1 独立性の定義

統計学では二つの変数に関係がないことを**独立**という。独立性の定義は私たちの常識的な考えに基づいているので，別に難しい話ではない。カード会員を風邪薬の購買と性別で分類した分割表で，男性で風邪薬を購入した人数など，その内訳が分からない状況を考えてみよう（表 4.5a）。この状況で風邪薬を購入した男性の人数を予想するには次のようにすればよい。風邪薬の購買と性別は無関係（独立）と考えられるから，男性 336 人の 18%（カード会員全体での風邪薬購買率）は風邪薬を買っているはずである。つまり，

$$\text{男性の風邪薬購買者数} = 336 \times 0.180 = 60.48 \qquad (4.1)$$

となる。実際には 63 人だから，この推論は正しいといえるだろう。他の組み合わせについても人数を計算した結果が表 4.5b である。

それではメイクアップ用品の例で同じ推論は成立するだろうか。当然，成立するはずはない。メイクアップ用品の購買と性別は独立ではないからである。参考までに男性でメイクアップ用品を購入した人数を計算すると，

■表 4.3b　性別で求めた相対度数

	購買あり	購買なし	合　計
女　性	17.9%	82.1%	100.0%
男　性	18.8%	81.3%	100.0%
合　計	18.0%	82.0%	100.0%

小数点以下第 2 位で四捨五入したため，合計しても 100% とはならない。

■表 4.4a　メイクアップ用品の購買と性別に関する分割表

	購買あり	購買なし	合　計
女　性	814	3850	4664
男　性	19	317	336
合　計	833	4167	5000

■表 4.4b　性別で求めた相対度数

	購買あり	購買なし	合　計
女　性	17.5%	82.5%	100.0%
男　性	5.7%	94.3%	100.0%
合　計	16.7%	83.3%	100.0%

■表 4.5a　風邪薬の購買と性別の例で内訳が分からない場合

	購買あり	購買なし	合　計
女　性	?	?	4664
男　性	?	?	336
合　計	900	4100	5000

■表 4.5b　推論した人数

	購買あり	購買なし	合　計
女　性	839.52	3824.48	4664
男　性	60.48	275.52	336
合　計	900	4100	5000

$$男性のメイクアップ用品購買者数 = 336 \times 0.1666 = 55.98$$

となる。実際の人数（19 人）とは大きくずれている。他の組み合わせで人数を計算した結果は**表 4.6** にまとめてある。

このように二つの変数が独立であれば，分割表のすべてのセルで式 (4.1) がほぼ成立する（風邪薬の例）。反対に独立でなければ成立しない（メイクアップ用品の例）。そこで，統計学では分割表のすべてのセルで式 (4.1) が成立することを独立性の定義とするのである。

表 4.7a を用いて独立性の定義を正確に説明しておく。分割表は卵の売上数量と価格のような量的変数でも（**表 4.1**），風邪薬の購買と性別のような質的変数（**表 4.5**）であっても構わない。この分割表では変数 x が a_j で変数 y は b_k の度数（観測値の個数）を f_{jk} と表記している。度数の配置は **1.4** 節で説明した**図 1.1** と同じである。分割表（**表 4.7a**）において以下の式が成立するとき，変数 x と y は独立であるという。

$$\frac{1}{n} f_{j+} f_{+k} = f_{jk}, \quad j = 1, 2, \cdots, J, \quad k = 1, 2, \cdots, K \tag{4.2}$$

両辺を観測値の個数 n で割れば（**表 4.7b**），独立性の定義式は相対度数で表現することができる。

$$p_{j+} p_{+k} = p_{jk}, \quad j = 1, 2, \cdots, J, \quad k = 1, 2, \cdots, K \tag{4.3}$$

この定義式は **7.3** 節で確率変数の独立性を学習するときに必要となる。

4.2.2 独立性の指標

風邪薬の購買と性別の例では定義式 (4.2) の両辺を比較してほとんど差がないことを確認した。しかし，もう少し厳密に議論するのであれば，両辺のずれを評価するための指標が必要となる。

表記を簡単にするため，定義式 (4.2) の左辺を $\hat{f}_{jk}$ と書くことにする。

$$\hat{f}_{jk} = \frac{1}{n} f_{j+} f_{+k}$$

観測度数 f_{jk} に対して，$\hat{f}_{jk}$ は変数 x と y が独立であるときに予想される観測値の個数なので，この値を**期待度数**という。観測度数と期待度数のずれは，これらの差の二乗を期待度数で割ることにより評価することができる。

■表 4.6　メイクアップ用品で推論した人数

	購買あり	購買なし	合　計
女　性	777.02	3886.98	4664
男　性	55.98	280.02	336
合　計	833	4167	5000

■表 4.7a　2 次元変数 (x, y) の分割表（度数）

x ＼ y	b_1	b_2	$\cdots$	b_K	合計
a_1	f_{11}	f_{12}		f_{1K}	f_{1+}
a_2	f_{21}	f_{22}		f_{2K}	f_{2+}
$\vdots$			$\ddots$		$\vdots$
a_J	f_{J1}	f_{J2}		f_{JK}	f_{J+}
合計	f_{+1}	f_{+2}	$\cdots$	f_{+K}	n

■表 4.7b　2 次元変数 x と y の分割表（相対度数）

x ＼ y	b_1	b_2	$\cdots$	b_K	合計
a_1	p_{11}	p_{12}		p_{1K}	p_{1+}
a_2	p_{21}	p_{22}		p_{2K}	p_{2+}
$\vdots$			$\ddots$		$\vdots$
a_J	p_{J1}	p_{J2}		p_{JK}	p_{J+}
合計	p_{+1}	p_{+2}	$\cdots$	p_{+K}	1

表 4.7a との関係は次のようになる。

$$p_{jk} = \frac{1}{n} f_{jk}, \quad j = 1, 2, \cdots, J, \quad k = 1, 2, \cdots, K$$

$$p_{j+} = \frac{1}{n} f_{j+}, \quad j = 1, 2, \cdots, J, \qquad p_{+k} = \frac{1}{n} f_{+k}, \quad k = 1, 2, \cdots, K$$

$$\frac{(f_{jk}-\hat{f}_{jk})^2}{\hat{f}_{jk}}$$

観測度数と期待度数の差が等しくても，期待度数の大きさが異なれば同じずれと見なすことはできない。差の二乗を期待度数で割る理由である。この値をすべてのセルで合計したものが分割表全体で観測度数と期待度数のずれを評価する指標となる。この指標は χ^2（カイ二乗と読む）と表記する。

$$\chi^2=\sum_{j=1}^{J}\sum_{k=1}^{K}\frac{(f_{jk}-\hat{f}_{jk})^2}{\hat{f}_{jk}} \tag{4.4}$$

二重のシグマ記号については，**1.4** 節を参考にしてほしい。

独立と考えられる風邪薬の購買と性別の場合で指標 χ^2 の値を計算すると非常に小さな値となる。

$$\chi^2=\frac{(837-839.52)^2}{839.52}+\frac{(3827-3824.48)^2}{3824.48}+\frac{(63-60.48)^2}{60.48}+\frac{(273-275.52)^2}{275.52}=0.14$$

しかし，独立でないことが明らかなメイクアップ用品の場合は $\chi^2=31.42$ となり，風邪薬の例と比べてはるかに大きな値となる。

分割表でセルの個数（JK 個）が多いほど指標 χ^2 が大きな値になり易いことは明らかだろう。そのため，指標 χ^2 の値を見ても基準がなければ，それが大きいかどうかを判断することはできない。しかし，議論がここまで来ると，これはもう記述統計学ではなく，**11.4** 節で学習する独立性の検定で説明する内容である。独立性の説明は一先ずここで終わりにしておこう。

4.3 散布図

2 次元データで変数間の関係を視覚的に理解するには分割表よりも**散布図**を見た方がよい。この辺りの事情は 1 次元データで度数分布表よりヒストグラムの方が分布の全体像を視覚的に把握し易いことと同じである。散布図とは，片方の変数を横軸，もう一方の変数を縦軸とした座標平面上に観測値を点で表したグラフのことである。

これまでに取り上げたデータで散布図を作成してみよう。**図 4.1** は東京と

□発展 4.1　幾何平均

代表値としての意味はあまりないが，時系列データで変動比の“平均”として使われることが多い**幾何平均**を紹介しよう。以下は日経平均株価（表 1.2）の前月比をまとめた表である。

西暦・月	日経平均	前月比	西暦・月	日経平均	前月比
1998年 1月	16628.47		（省略）		
1998年 2月	16831.67	1.01222			
1998年 3月	16527.17	0.98191	2016年11月	18308.48	1.05070
1998年 4月	15641.26	0.94640	2016年12月	19114.37	1.04402
1998年 5月	15670.78	1.00189	2017年 1月	19041.34	0.99618
1998年 6月	15830.27	1.01018	2017年 2月	19118.99	1.00408
1998年 7月	16378.97	1.03466	2017年 3月	18909.26	0.98903
1998年 8月	14107.89	0.86134	2017年 4月	19196.74	1.01520
1998年 9月	13406.39	0.95028	2017年 5月	19650.57	1.02364
1998年10月	13564.51	1.01179	2017年 6月	20033.43	1.01948
1998年11月	14883.70	1.09725	2017年 7月	19925.18	0.99460
1998年12月	13842.17	0.93002	2017年 8月	19646.24	0.98600
1999年 1月	14499.25	1.04747	2017年 9月	20356.28	1.03614
1999年 2月	14367.54	0.99092	2017年10月	22011.61	1.08132
（省略）			2017年11月	22724.96	1.03241
			2017年12月	22764.94	1.00176

前月比の平均は 1.00290 である。ヒストグラムは割愛するが，この値は代表値として不適切なわけではない。しかし，前月比の“平均”というからには，1998 年 1 月から日経平均株価を毎月 1.00290 倍すれば，239 か月後の 2017 年 12 月には 22764.94 円とならなければおかしいだろう。実際に計算してみると，

$$16628.47 \times 1.00290^{239} = 33192.38$$

となり，22764.94 円とはかけ離れた値となってしまう（計算では四捨五入していない正確な値を用いている）。

それでは幾何平均を説明する。変数 x は正の値しか取らないものとし，時系列データを $x_1, x_2, \cdots, x_n$ と書くことにする。一つ前の観測値との変動比を，

$$r_t = \frac{x_t}{x_{t-1}}, \quad t = 2, 3, \cdots, n$$

とすれば，変動比の幾何平均 $\bar{r}_G$ は積 $r_2 r_3 \cdots r_n$ の $n-1$ 乗根と定義される。

$$\bar{r}_G = \sqrt[n-1]{r_2 r_3 \cdots r_n}$$

日経平均株価の場合，幾何平均は 1.00132 となる。1998 年 1 月の日経平均株

八王子 1 月の日平均気温に関する散布図である。この散布図は東京が暖かかった日は八王子も暖かく，寒かった日は八王子も寒いという明確な関係を示している。**図 4.2** は卵の売上数量と価格に関する散布図である。散布図を見れば，分割表（表 4.1）で確認した価格が高い日は売上数量が少なく，安い日は多いという関係を一層はっきりと理解することができる。

図 4.3 は**表 1.6** から作成した人口一人当たりの県民所得と預貯金残高の散布図である。他の点から離れて右上にぽつんとある点は東京都である。県民所得が多い地域は預貯金残高も多いと予想されるが，東京都を除くとそうはっきりとした関係は見出せないことが分かる。

図 4.4a は日経平均株価と対ドル為替レートの月次データ（表 1.2）から作成した散布図である。しかし，散布図を見てもこれらの関係はよく分からない。円安（対ドル為替レートの値が大きい）だと日経平均株価が高いように見える程度である。しかし，2005 年 5 月以降で作成した散布図（図 4.4b）を見ると，この傾向は明確になる。このような長期にわたる時系列データの場合，二つの変数間の関係は徐々に変化していくのが普通である。日経平均株価と対ドル為替レートの関係は，生産の海外移転など企業活動の変化や資源価格の変動，国内外の政治経済の情勢に大きく影響される。そもそも日経平均株価を算出する採用銘柄自体が 1998 年と 2017 年では異なっている。折れ線グラフ（図 3.13）を見れば，日経平均株価と対ドル為替レートに関係があることは明らかだが，その関係が 20 年間変化しないことはあり得ないのである。散布図では変数間の関係を把握できないことがあるので注意しなければならない。この考察は **2.4** 節で議論した層別の分析でもある。

4.4 相関係数

4.4.1 相関関係

相関関係とは統計学で最も基本的な変数間の関係である。広辞苑で相関関係と調べると「一方が他方との関係を離れては意味をなさないようなものの間の関係」とあり，例として父と子，右と左とある。日常用語としてはその

価を毎月 1.00132 倍すると，239 か月後には，

$$16628.47 \times 1.00132^{239} = 22764.94$$

となり（この計算でも正確な値を用いた），2017 年 12 月の日経平均株価と一致する。幾何平均とは 1998 年 1 月から 2017 年 12 月まで 20 年間の日経平均株価の変動比を一か月当たりに換算した値なのである。幾何平均の持つこの性質は簡単に証明することができる。

幾何平均は時系列データの変動比を前提とした指標である。経済成長率を複数の国で比較するような，変動比の横断面データに対して幾何平均を使う意味は全くない。このような場合は分布の形状に応じて，**3.1** 節で学習した平均や中央値を用いなければならない。

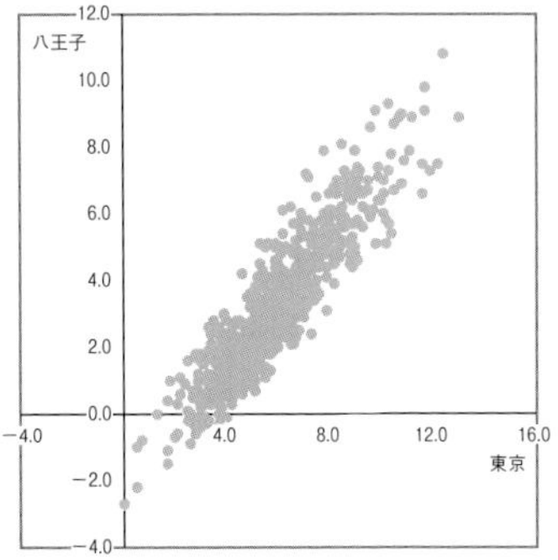

■図 4.1　東京と八王子の 1 月の日平均気温の散布図

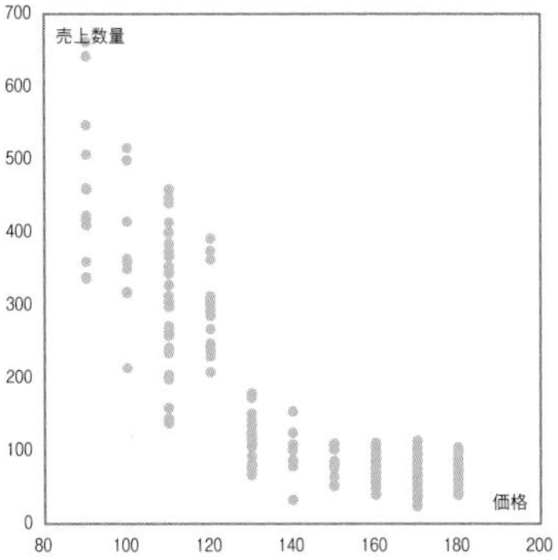

■図 4.2　卵の売上数量と価格の散布図

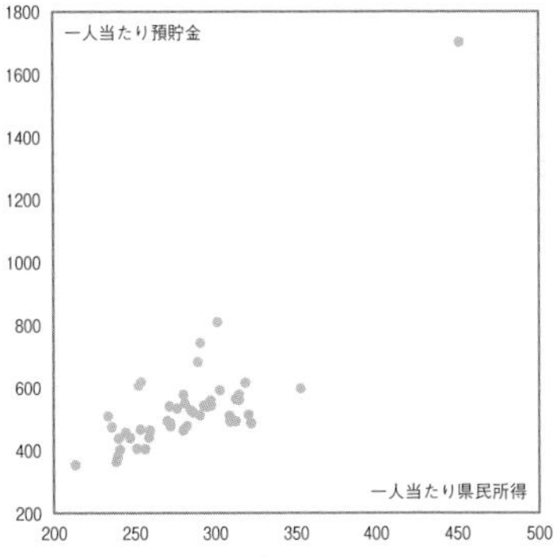

■図 4.3　人口一人当たりの県民所得と預貯金残高の散布図

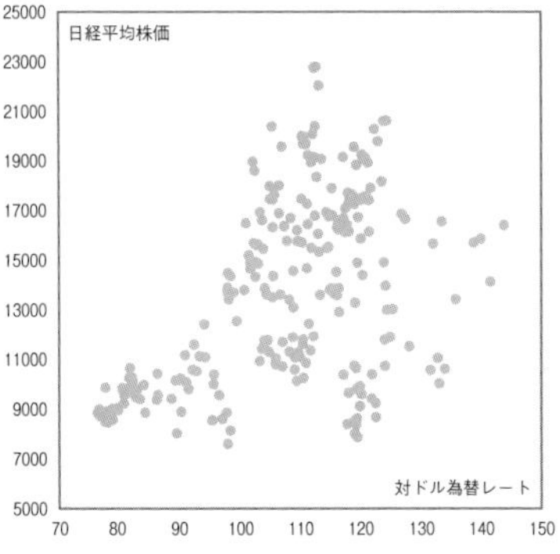

■図 4.4a　日経平均株価と対ドル為替レートの散布図

通りだが，統計学ではずっと限定された意味で用いられるので，専門用語として理解しなければならない。

散布図で点の集まりが細長い楕円状，もっと明確な場合は直線状になっているとき，二つの変数の間には**相関関係がある**という。これまで見てきた例では東京と八王子 1 月の日平均気温（図 4.1）の関係が典型的な相関関係である。卵の売上数量と価格の関係も，散布図（図 4.2）の点は直線というより曲線を描いているが，一応，相関関係と言えるだろう。

相関関係を表現する場合は，その**強弱**と**正負**をいえばよい。散布図の点が直線に近いほど**強い相関**があるという。気温と卵の売上数量の例はいずれも強い相関ということができる。反対に散布図の点が多少細長いものの，膨らんだ楕円状に散らばっている場合は**弱い相関**という。全期間での日経平均株価と対ドル為替レートの関係（図 4.4a）は弱い相関の例である。2005 年 4 月以前の散布図（図 4.4c）のように，点が丸く散らばっている場合は**無相関**という。ただし，無相関とは二つの変数が独立という意味ではないので注意しなければならない。**4.3** 節で考察したように，日経平均株価と対ドル為替レートが独立であるはずはないのである。

次に相関関係の正負について説明する。強い相関があり散布図の点が直線に近づいたとき，その直線（一次関数）の傾きは，右上がりの場合は正であり，右下がりであれば負となる。相関関係の正負はこの考え方を用いて定義される。すなわち，点の描く楕円が右上がりの場合は**正の相関**，右下がりの場合は**負の相関**という。東京と八王子 1 月の日平均気温の間には強い正の相関がある。日経平均株価と対ドル為替レートの関係も，2005 年 5 月以降であれば強い正の相関といえるだろう。一方，卵の売上数量と価格の関係は強い負の相関である。

4.4.2 共分散

散布図を見ただけでは相関関係の強弱や正負を客観的に判断することはできない。いつものように指標で表すことを考えよう。結論から言えば，相関関係は相関係数を用いて評価するのだが，その前に**共分散**という指標を説明しなければならない。

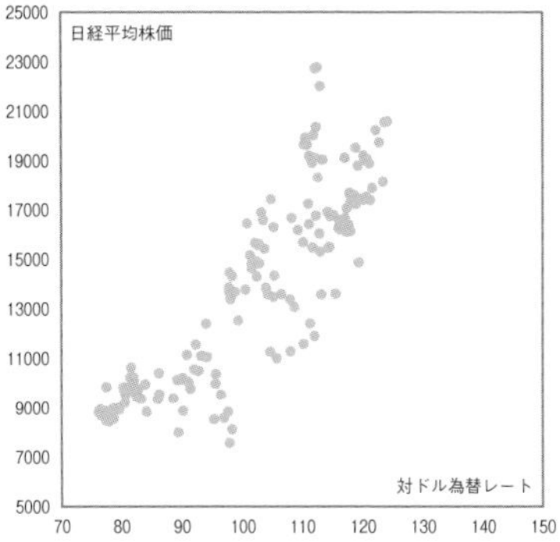

■図 4.4b　日経平均株価と対ドル為替レートの散布図（2005 年 5 月以降）

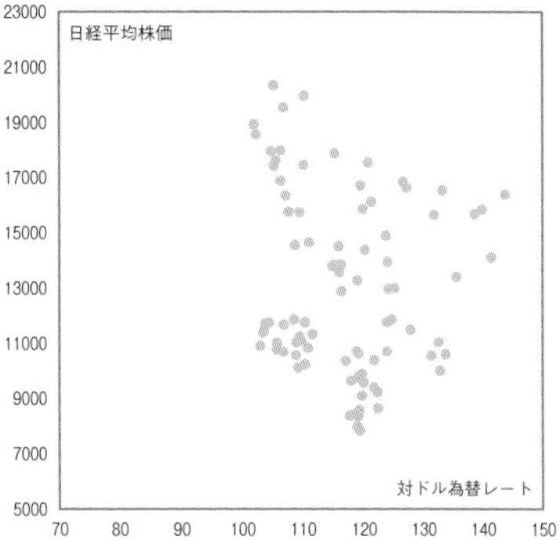

■図 4.4c　日経平均株価と対ドル為替レートの散布図（2005 年 4 月以前）

Column 4.1　クロス集計表

分割表と似て非なるものに**クロス集計表**がある。以下は平成 29 年 1 月に内閣府が実施した特殊詐欺に関する世論調査から抜粋した「あなたは特殊詐欺の被害防止対策として警察や自治体などに今後特に力を入れて欲しいことは何ですか」という質問への回答を性別で集計したクロス集計表である。回答者は男性 859 人，女性 1019 人である。

選択肢	（ア）	（イ）	（ウ）	（エ）	（オ）	（カ）	（キ）	合　計
男　性	590	480	440	335	342	248	208	2643
女　性	689	602	570	494	482	357	238	3432

選択肢左から（ア）犯人の検挙，（イ）犯人が使う銀行口座や携帯電話を使えなくする対策，（ウ）継続的な情報発信，（エ）金融機関やコンビニなどの店内での声掛け，（オ）相談窓口の充実，（カ）防犯機能を備えた電話用機器の普及，（キ）防犯講習会や啓発イベントの開催，である（その他，特にない，わからないという回答は省略）。

質問内容から想像できると思うが，この調査では選択肢をいくつ選んでもいいことになっている。表の合計が実際の回答者数より多い理由である。これが分割表との違いなのである。カード会員の商品カテゴリー毎の売上数量を性別など個人属性で集計した表もクロス集計表となる。クロス集計表を活用する場面は非常に多い。しかし，**11.4** 節で学習するような分割表を前提とした分析手法を適用することは通常できないので注意しなければならない。

ここでは2次元変数(x,y)に関する以下のデータを用いて，共分散について説明する。

$$(x_1,y_1),(x_2,y_2),\cdots,(x_n,y_n)$$

変数xとyの共分散をs_{xy}と書くことにする。以下が定義式である。

$$s_{xy}=\frac{1}{n}\sum_{i=1}^{n}(x_i-\bar{x})(y_i-\bar{y}) \tag{4.5}$$

もちろん，$\bar{x}$と$\bar{y}$は各変数の平均である。ただし，分散の計算で式(3.3)が用いられるのと同様に，実際の計算では以下の式が使われる。

$$s_{xy}=\frac{1}{n}\left\{\sum_{i=1}^{n}x_iy_i-n\bar{x}\bar{y}\right\} \tag{4.6}$$

この式から，共分散を求めるときに必要なのは積の合計$\sum_{i=1}^{n}x_iy_i$であることが分かる。具体例で共分散の値を求めると，東京と八王子1月の日平均気温の共分散は3.86であり，卵の売上数量と価格の場合は-2656.13となる。

共分散がどうして相関関係の指標なのか。式(4.5)を見ても分からないだろうから，少し詳しく説明しよう。着目するのは共分散が偏差積の平均になっていることである。偏差積とは$(x_i-\bar{x})(y_i-\bar{y})$のことである。ここで散布図を偏差積の正負に応じて四つの領域に分割する（図4.5）。

図4.6は東京と八王子1月の日平均気温について四つの領域を明示して描いた散布図である。領域ⅠとⅢに含まれる観測値の点は青，領域ⅡとⅣの点はグレーで表示している。この図から明らかなように，正の相関が強いほど，すなわち，点の集まりが右上がりの細長い楕円状であるほど，領域ⅠとⅢに含まれる観測値が多くなるはずである。領域ⅠとⅢに含まれる観測値の偏差積は正であり，領域ⅡとⅣに含まれる観測値の偏差積は負だから，その平均である共分散は必然的に正となる。反対に共分散が正ということは，偏差積が正となる観測値の影響が強いということである。これは散布図で領域ⅠとⅢに含まれる点が，領域ⅡとⅣに含まれる点より多いことを意味している。このとき点の集まりは，楕円になるとは限らないが，少なくとも右上がりの細長い図形にはなるはずである。すなわち，正の相関となる。

図4.7は卵の売上数量と価格について図4.6と同様に作成した散布図である。気温の例と同様に考えれば，共分散が負であることと負の相関は同じ意

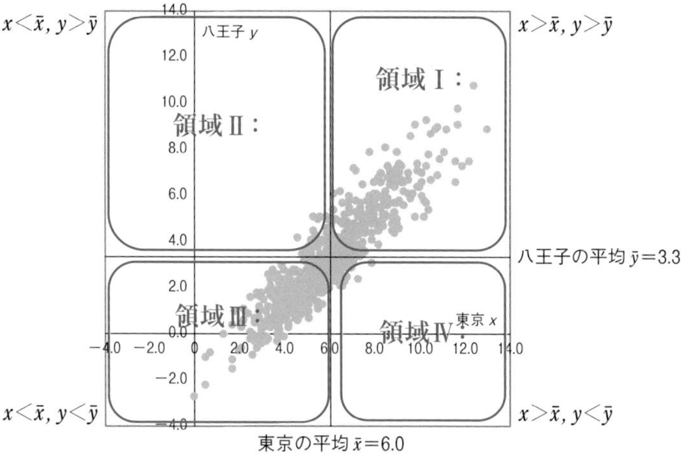

■図 4.5　偏差積と四つの領域

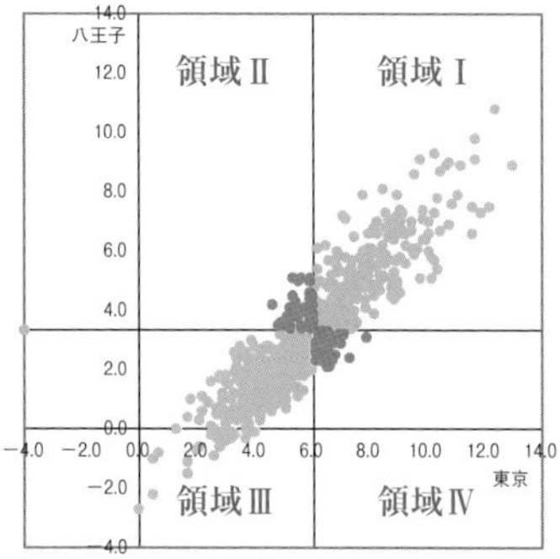

■図 4.6　偏差積の正負で色分けした東京と八王子の日平均気温の散布図

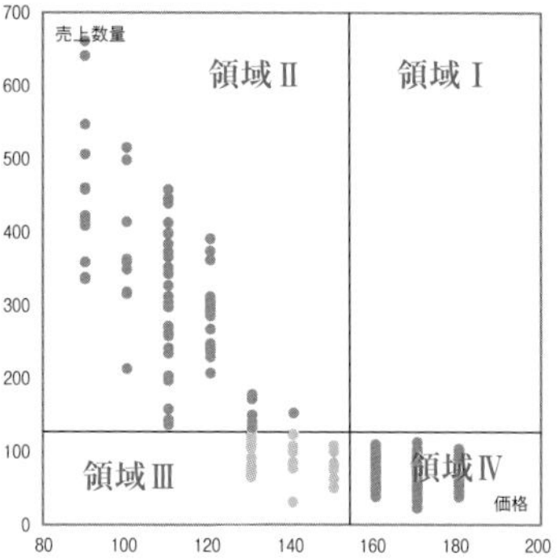

■図 4.7　偏差積の正負で色分けした卵の売上数量と価格の散布図

味であることが分かる。

二つの変数が無相関の場合，観測値を表す点は四つの領域に均等に散らばるはずである。2005 年 4 月以前の日経平均株価と対ドル為替レートで作成した散布図（図 4.8）は，領域Ⅲでの散らばりはやや小さいが，予想通りの結果といえるだろう。

このように，共分散は相関関係の正負を表しているのである。正確に言うと，相関関係の正負は共分散の正負によって定義される。一方で共分散は二つの変数の単位に依存するため，その大きさを評価できないという欠点を持つ。共分散では相関関係の強弱を判断できないのである。例えば 2005 年 4 月以前の日経平均株価と対ドル為替レートの場合，共分散は－3502.29 となる。この数字を見ても，これらが無相関とまでは分からないだろう。この問題を解決する指標が次項で解説する相関係数である。

4.4.3 相関係数

3.3.3 項で学習した標準化の議論を思い出してほしい。標準得点とは偏差を標準偏差で割った値のことであった。どのようなデータであっても標準得点の平均は 0，分散は 1 に“標準化”される。このアイデアを使えば，変数の単位に依存しない相関関係の指標を求めることができる。

共分散をそれぞれの変数の標準偏差で割った値を**相関係数**という。正式には**ピアソンの積率相関係数**というのだが，このような名称を使うのは**順位相関係数**（**発展 4.2**）と区別するときだけである。相関係数を r_{xy} と書くことにすれば，

$$r_{xy} = \frac{s_{xy}}{s_x s_y} \tag{4.7}$$

となる。ただし，s_x と s_y はそれぞれの標準偏差である。この定義式に共分散の定義式 (4.5) を代入すると，次のように書き直すことができる。

$$r_{xy} = \frac{1}{n s_x s_y}\sum_{i=1}^{n}(x_i - \bar{x})(y_i - \bar{y}) = \frac{1}{n}\sum_{i=1}^{n}\frac{(x_i - \bar{x})}{s_x}\frac{(y_i - \bar{y})}{s_y} \tag{4.8}$$

相関係数は変数毎に求めた標準得点の積の平均なのである。

相関係数の最も重要な性質は絶対値が 1 以下ということである。

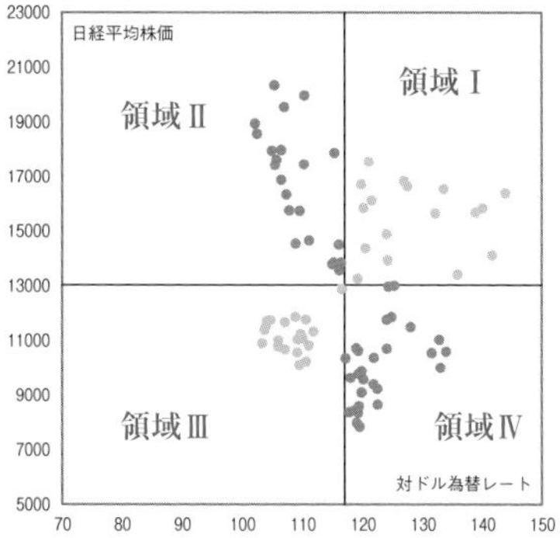

■図 4.8　偏差積の正負で色分けした日経平均株価と対ドル為替レートの散布図（2005 年 4 月以前）

❖補足 4.1　式 (4.9) の証明（相関係数の絶対値が 1 以下であることの証明）

式 (4.8) で示したように，相関係数は標準得点の積の平均である。

$$r_{xy} = \frac{1}{n}\sum_{i=1}^{n} u_i v_i, \quad u_i = \frac{x_i - \bar{x}}{s_x}, \quad v_i = \frac{y_i - \bar{y}}{s_y}, \quad i = 1, 2, \cdots, n$$

ここで標準得点の分散は 1 であることに注意する（**3.3.3** 項）。

$$s_u^2 = \frac{1}{n}\sum_{i=1}^{n}(u_i - \bar{u})^2 = \frac{1}{n}\sum_{i=1}^{n} u_i^2 = 1, \quad s_v^2 = \frac{1}{n}\sum_{i=1}^{n} v_i^2 = 1$$

かなり技術的な方法となるが，相関係数の絶対値が 1 以下であること証明するには，以下の式を評価すればよい。

$$\frac{1}{n}\sum_{i=1}^{n}(u_i - v_i)^2 \geq 0$$

左辺を展開し，整理すると次のようになる。

$$\begin{aligned}\frac{1}{n}\sum_{i=1}^{n}(u_i - v_i)^2 &= \frac{1}{n}\sum_{i=1}^{n}(u_i^2 + v_i^2 - 2u_i v_i) \\ &= \frac{1}{n}\sum_{i=1}^{n} u_i^2 + \frac{1}{n}\sum_{i=1}^{n} v_i^2 - \frac{2}{n}\sum_{i=1}^{n} u_i v_i = s_u^2 + s_v^2 - 2r_{xy} = 2 - 2r_{xy}\end{aligned}$$

ここから，$r_{xy} \leq 1$ であることが分かる。同様に，$\frac{1}{n}\sum_{i=1}^{n}(u_i + v_i)^2 \geq 0$ を評価すれば，$r_{xy} \geq -1$ を得る。以上をまとめると，

$$-1 \leq r_{xy} \leq 1$$

が成立する。

$$-1 \leq r_{xy} \leq 1 \tag{4.9}$$

証明は**補足 4.1** に載せたので，興味のある読者は読んでほしい。標準偏差は正なので，相関係数と共分散の正負は一致する。このことに注意すると，相関係数が 1 に近いときは強い正の相関で，－1 に近ければ強い負の相関ということが分かる。相関係数が 0 に近い場合は無相関となる。

これまでに取り上げた例で相関係数を求めてみる。東京と八王子 1 月の日平均気温の相関係数は 0.91 だから，数字の上でも強い正の相関であることが分かる。強い負の相関であることが分かっている卵の売上数量と価格の相関係数は－0.88 となり，確かに－1 に近い値となる。2005 年 4 月以前の日経平均株価と対ドル為替レートの相関係数は－0.11 なので，僅かながら負の相関関係とはなっているが，これも予想通りの結果といえるだろう。

4.4.4 相関係数の限界

相関係数は非常に使い易い便利な指標であるが，万能ではない。相関係数だけで相関関係を判断するのは危険である。具体的にどのような問題があるのか紹介しておく。

最初の問題は相関係数の大きさと散布図から受ける印象が必ずしも一致しないことである。例えば全期間での日経平均株価と対ドル為替レートの相関係数は 0.47 である。絶対値が 1 以下という性質を考えると，あたかも中程度の相関関係があると思ってしまう。しかし，散布図（**図 4.4a**）を見れば明らかなように，これらの間にはっきりとした相関関係があるわけではない。

第二の問題は相関係数を見ただけでは，変数間の関係が相関関係なのか曲線的な関係であるのかが分からないことである。典型的な例は卵の売上数量と価格の関係である。相関係数は－0.88 だから，これだけ見ると強い負の相関だが，既に述べたように実際には曲線的な関係である。

平均や分散の問題と同じだが，観測値の多くが集まる範囲から大きく外れた観測値があると，相関係数はその影響を受け易い。例えば人口一人当たりの県民所得と預貯金残高の散布図（**図 4.3**）で東京都は正しく大きく外れた観測値である。全体での相関係数は 0.77 と中程度の相関となるが，東京を外すと相関係数は 0.56 となり，それほど強い相関関係はないことが分かる。

❖ ポイント 4.1　相関係数と相関関係

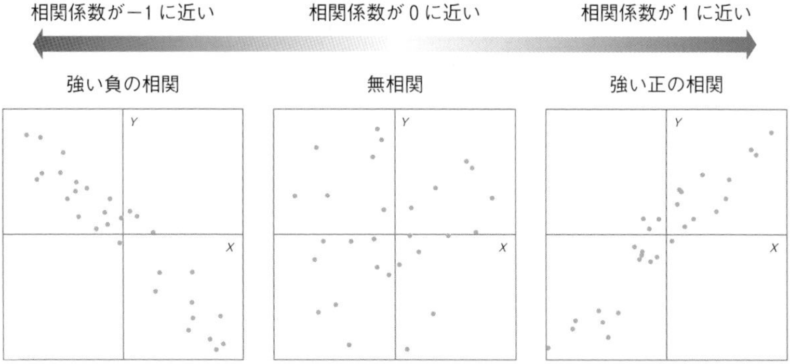

Column 4.2 ● 形態素解析

テキストマイニング（*Column* 3.2）に触れたついでに，形態素解析を紹介しておこう。単語を並べて書いたものが文章だが，形態素解析とは反対に入力した文書を単語に分解する技術のことである。形態素解析がなければテキストマイニングは不可能であり，この技術がいかに重要であるかが分かるだろう。

単語間に切れ目がなく活用の多い日本語の形態素解析は正反対の性質を持つ英語と比べて格段に難しい。しかし，現在では平仮名で「すもももももももものうち」と入力すると，最初の“すもも”は名詞，次の“も”は助詞など，正確に分解できるレベルに達している。開発者にはただただ脱帽するばかりである。

形態素解析の目的の一つは平仮名で書かれた文書を漢字仮名交じり文に変換することである。入力する文書が「李も桃も桃のうち」であれば，形態素解析ははるかに簡単である。上記の例のように平仮名だけの文書でも正確に形態素解析できるということが重要なのである。日本でワープロ（パソコンによる文書作成が一般化する前に商品化された文書作成専用機）が普及した頃の変換は文節単位であった。この作業がどれほど煩わしいかは実際に文節毎に漢字変換してみれば分かるだろう。現在は文書全体を一度にとまではいわないが，連文節（複数の連続した文節）の一括変換が普通である。ここにも形態素解析の進歩を見ることができる。

形態素解析の仕組みをここで解説することはできないが，そこでは統計学が使われているとだけ記しておこう。

二次関数 $y=0.1x^2$ のグラフは放物線となる。図 4.9 はこの放物線上の点の座標を 2 次元データとして作成した散布図である。二つの変数の間には厳密な関数関係があるにもかかわらず，相関係数はちょうどゼロ，つまり無相関となってしまう。相関係数（共分散）がゼロとなるのは，散布図を見れば明らかなように，絶対値は等しいが符号の異なる偏差積のペアができるように変数 x の値を選んでいるからである。この例は相関係数がゼロであっても二つの変数は独立とは限らないことを示している。無相関だと二つの変数間に関係はないと勘違いし易いので十分に注意してほしい。ただし，二つの変数が独立である場合は必ず無相関になる。この重要な性質は確率変数の性質として改めて説明する（**7.5** 節）。

以上が相関係数を過信したときに予想される問題である。どれも散布図を描けば避けられることばかりである。これを以て，わざわざページを割くほどの問題ではないと思った読者もいるのではないだろうか。しかし，現実のデータを分析する場合，変数は 2 個ではなく，もっとたくさんあることを忘れてはならない。散布図は変数の組み合わせの数だけ必要となるため，作成するのも検証するのも非常に面倒な作業となる。誰もが相関係数で済ませてしまいたいと思うはずである。こうした誘惑に負けないためにも，相関係数に頼った分析の危険性は十分に理解しておこう。

4.5 共分散の性質

共分散が相関関係の指標として使われることはほとんどない。しかし，共分散に関連した話題の中には統計学を学習していく上で重要なものが少なくない。本章の最後にそうした話題をまとめておく。

4.5.1 共分散と相関係数の性質

公式 4.1 は **3.3.1** 項で学習した分散の性質を共分散と相関係数に拡張した結果である。共分散の性質は補足 4.2 で証明しているので，相関係数について補足しておこう。まず，観測値に定数を加えても相関係数の値が変わらな

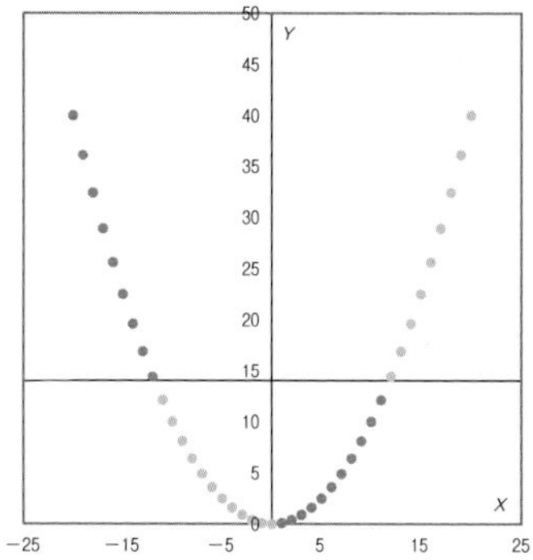

■図 4.9　$y = 0.1x^2$ の散布図（偏差積の正負で色分け）

◎公式 4.1　共分散と相関係数の性質

(1) 変数の定数倍

- 観測値：$(cx_1, vy_1), (cx_2, vy_2), \cdots, (cx_n, vy_n)$
- 共分散：cvs_{xy}
- 相関係数
  - ▶ $cv > 0$：r_{xy}
  - ▶ $cv < 0$：$-r_{xy}$

(2) 変数と定数の和

- 観測値：$(x_1 + d,\ y_1 + w), (x_2 + d,\ y_2 + w), \cdots, (x_n + d,\ y_n + w)$
- 共分散：s_{xy}
- 相関係数：r_{xy}

(3) 変数の一次関数

- 観測値：$(cx_1 + d,\ vy_1 + w), (cx_2 + d,\ vy_2 + w), \cdots, (cx_n + d,\ vy_n + w)$
- 共分散：cvs_{xy}
- 相関係数
  - ▶ $cv > 0$：r_{xy}
  - ▶ $cv < 0$：$-r_{xy}$

いのは，共分散も標準偏差も値が変わらないからである。しかし，定数倍した場合は話が少しややこしくなる。共分散はそのまま定数倍すればいいのだが，標準偏差は定数の絶対値倍となるからである（**3.3.1** 項）。これが定数の積 cv の正負によって場合分けしている理由である。定数 c と v に具体的な数字を代入すれば，相関係数の正負がどうなるか直ぐに分かるだろう。

最後に二つの変数の和の平均と分散を取り上げる。これが最も重要な性質である。例えば統計学の授業で中間試験と期末試験の合計点を成績にすることを考えてみよう。試験はいずれも 50 点満点で，中間試験は平均 30 点，期末試験は平均 25 点だったとする。成績の平均がこれらの平均の和，すなわち，55 点になることは何となく想像できるだろう。しかし，成績の分散となると少々厄介である。結論から言うと，中間試験と期末試験の分散に加えてこれらの共分散が必要となる。以上をまとめたのが**公式 4.2** である。証明は**補足 4.3** に載せてある。必ず目を通してもらいたい。

4.5.2 分割表を用いた共分散の計算

度数分布表から平均や分散を求める機会は案外多い。しかし，分割表から共分散や相関係数を求める方法を習っても，実際の分析で使うことはほとんどないだろう。ここで学習する内容はもっぱら 2 次元確率変数の共分散を定義するための準備である。考え方は度数分布表から平均を求める場合と同じである。

独立性の説明で用いた分割表（**表 4.7a**）と相対度数にした**表 4.7b** を用いて説明する。最初にそれぞれの変数の平均と分散を求めよう。**表 4.7a** の左端（変数 x の階級値）と右端（合計）だけを見れば，これは変数 x の度数分布表に他ならない。したがって，変数 x の平均と分散は次のようになる。

$$\bar{x} = \frac{1}{n}\sum_{j=1}^{J} a_j f_{j+} = \sum_{j=1}^{J} a_j p_{j+}$$

$$s_x^2 = \frac{1}{n}\sum_{j=1}^{J} (a_j - \bar{x})^2 f_{j+} = \sum_{j=1}^{J} (a_j - \bar{x})^2 p_{j+}$$

いずれも第二式は**表 4.7b** の相対度数を用いて書き直している。変数 y の平均と分散も同様に求めればよい。

❖ 補足 4.2　変数の一次関数と共分散

3.3 節で学習した平均に関する公式 3.1 の (3) を適用すると，観測値の一次関数

$$cx_i + d,\quad i = 1, 2, \cdots, n$$

の平均は $c\bar{x} + d$ となる。変数 y については $v\bar{y} + w$ となる。このことに注意して観測値 $(cx_i + d,\ vy_i + w),\ i = 1, 2, \cdots, n$ の共分散を計算すればよい。

$$\begin{aligned} \text{共分散} &= \frac{1}{n}\sum_{i=1}^{n}\{(cx_i + d) - (c\bar{x} + d)\}\{(vy_i + w) - (v\bar{y} + w)\} \\ &= \frac{cv}{n}\sum_{i=1}^{n}(x_i - \bar{x})(y_i - \bar{y}) = cvs_{xy} \end{aligned}$$

◎ 公式 4.2　変数の和の平均と分散

(1) 変数の和

- 観測値：$x_1 + y_1, x_2 + y_2, \cdots, x_n + y_n$
- 平均：$\bar{x} + \bar{y}$
- 分散：$s_x^2 + 2s_{xy} + s_y^2$

(2) 変数の和（係数あり）

- 観測値：$cx_1 + vy_1, cx_2 + vy_2, \cdots, cx_n + vy_n$
- 平均：$c\bar{x} + v\bar{y}$
- 分散：$c^2s_x^2 + 2cvs_{xy} + v^2s_y^2$

❖ 補足 4.3　変数の和（係数あり）と平均・分散

平均は次のようになる。

$$\text{平均} = \frac{1}{n}\sum_{i=1}^{n}(cx_i + vy_i) = \frac{c}{n}\sum_{i=1}^{n}x_i + \frac{d}{n}\sum_{i=1}^{n}y_i = c\bar{x} + v\bar{y}$$

分散を求めるため，最初に偏差の二乗を計算しておく。

$$\{(cx_i + vy_i) - (c\bar{x} + v\bar{y})\}^2 = c^2(x_i - \bar{x})^2 + v^2(y_i - \bar{y})^2 + 2cv(x_i - \bar{x})(y_i - \bar{y})$$

したがって，分散を計算すると次のようになる。

$$\bar{y} = \sum_{k=1}^{K} b_k p_{+k}, \quad s_y^2 = \sum_{k=1}^{K} (b_k - \bar{y})^2 p_{+k}$$

偏差積の合計を計算するには，変数 x が a_j で変数 y は b_k の観測値が f_{jk} 個あると考えればよい。このときの偏差積は $(x_j - \bar{x})(y_k - \bar{y})f_{jk}$ となる。セル毎に求めた偏差積を合計するには，独立性の指標 χ^2 と同様に二重のシグマ記号を用いなければならない。したがって，分割表から求めた共分散の式は，

$$s_{xy} = \frac{1}{n} \sum_{j=1}^{J} \sum_{k=1}^{K} (a_j - \bar{x})(b_k - \bar{y}) f_{jk} = \sum_{j=1}^{J} \sum_{k=1}^{K} (a_j - \bar{x})(b_k - \bar{y}) p_{jk} \tag{4.10}$$

となる。

分割表から共分散を求めるには，本来の定義式 (4.5) とは異なり，二重のシグマ記号を使う必要がある。この知識がないと **7.3** 節で 2 次元確率変数の共分散を学習するときに戸惑うことになるだろう。ここで学習しておく理由である。

練習問題

問題 1 ある病院でインフルエンザの患者 200 人に対する治療の結果を調べたデータがある。分割表を作成し，薬の服用と治療効果の関係について調べなさい*。

問題 2 牛乳の売上数量に関する表 4.2 の元データを用いて，相関係数に関する問いに答えなさい*。

＊ データと詳しい内容，Excel 操作についての説明が，新世社ホームページ（https://www.saiensu.co.jp/）の本書紹介ページの「サポート情報」からダウンロードできます。

$$
\begin{aligned}
\text{分散} &= \frac{1}{n}\sum_{i=1}^{n}\{(cx_i + vy_i) - (c\bar{x} + v\bar{y})\}^2 \\
&= c^2\sum_{i=1}^{n}(x_i - \bar{x})^2 + v^2\sum_{i=1}^{n}(y_i - \bar{y})^2 + 2cv\sum_{i=1}^{n}(x_i - \bar{x})(y_i - \bar{y}) \\
&= c^2 s_x^2 + 2cvs_{xy} + v^2 s_y^2
\end{aligned}
$$

□発展 4.2　順位相関係数

相関関係とは二つの変数の間の“直線的”な関係のことであり，その指標が相関係数であった。しかし，“直線的”であるかどうかはそれほど重要でなく，単に変数 x と y の増減が一致する，または逆になるという傾向を評価できれば十分という場合もある。このようなときに用いる指標が**順位相関係数**である。スピアマンとケンドールにより提案された二種類があり，その名の通り観測値の順序情報のみを用いて定義される。

簡単なのは**スピアマンの順位相関係数**である。変数毎に小さい方から順位を付けたとする（大きい順でも構わない）。例えば，観測値 x_1 が変数 x の最小値なら 1，二番目に小さければ 2 などと番号を付ければよい。この順位を通常の観測値のようにして求めたピアソンの積率相関係数がスピアマンの順位相関係数である。しかし，これは工夫が無さすぎて面白くない。

もう一つは順序関係そのものを用いて定義される。まず，n 個の観測値の中から二つの観測値（ペア）を作るとき，その総数は $n(n-1)/2$ 個であることに注意する（発展 6.3）。これらのペアを 4 種類に分類するのだが，そのための条件を観測値のペア $(x_i, y_i), (x_j, y_j)$ を用いて説明しよう。

- 条件「$x_i > x_j,\ y_i > y_j$ または $x_i < x_j,\ y_i < y_j$」を満たすペアは C 個とする。
- 条件「$x_i > x_j,\ y_i < y_j$ または $x_i < x_j,\ y_i > y_j$」を満たすペアは D 個とする。
- 条件「$x_i = x_j$」を満たすペアは T_x 個とする。
- 条件「$y_i = y_j$」を満たすペアは T_y 個とする。

ただし，「$x_i = x_j$ かつ $y_i = y_j$」というペアもあるため，これらの合計がペアの総数 $n(n-1)/2$ になるとは限らない。このとき，**ケンドールの順位相関係数**は，

$$
r_{(K)xy} = \frac{C - D}{\sqrt{\{n(n-1)/2 - T_x\}\{n(n-1)/2 - T_y\}}}
$$

と定義される。観測値に同順位（タイ）がなければ，$T_x = T_y = 0$ だから，ケンドールの順位相関係数はずっと簡単になる。

$$r_{(K)xy} = \frac{2(C - D)}{n(n-1)}$$

ケンドールの順位相関係数も絶対値は1以下であり，“直線的”という条件を除けば，その解釈はピアソンの積率相関係数と全く同じである。

これまでに取り上げた例で順位相関係数を求めてみよう。まず，東京と八王子1月の日平均気温の場合は，

$$r_{xy} = 0.91, \quad r_{(S)xy} = 0.90, \quad r_{(K)xy} = 0.73$$

となる。ただし，$r_{(S)xy}$ とはスピアマンの順位相関係数のことである。卵の売上数量と価格については次のようになる。

$$r_{xy} = -0.88, \quad r_{(S)xy} = -0.67, \quad r_{(K)xy} = -0.51$$

ケンドールの順位相関係数は絶対値が意外と小さい。最後は2005年4月以前の日経平均株価と対ドル為替レートである。

$$r_{xy} = -0.11, \quad r_{(S)xy} = -0.17, \quad r_{(K)xy} = -0.11$$

どのような相関係数を用いても，無相関に近いことが分かる。

順序情報しかないデータにも合理的に適用できることがケンドールの順位相関係数の利点である。以下はプロ野球パ・リーグの2017年と2018年シーズンにおける順位表である。

	西　武	ソフトバンク	日本ハム	オリックス	ロッテ	楽　天
2017年	2	1	5	4	6	3
2018年	1	2	3	4	5	6

この順位表からケンドールの順位相関係数を求めてみよう。このデータに同順位はなく（$T_x = T_y = 0$），$C = 10, D = 5$ だから，$r_{(K)xy} = 0.33$ となる。この値は2017年と2018年では上位2チームは共通しているが，全体の順位にはあまり関連がないことを示している。

第 5 章

回帰分析

回帰分析とはある変数を別の変数（複数個あってもよい）の式で表現する統計手法のことである。“別の変数”の値が分かれば，この式を用いることで，その値を求めることができるわけである。この簡単な説明で何となく予想できると思うが，回帰分析はその変数の予測に用いることができる。こうした理由から，回帰分析は実務で使われることも多い。この章では記述統計学の最後の話題として，回帰分析を記述統計学の立場から解説する。

5.1 回帰分析とは

前章で説明したように，東京と八王子1月の日平均気温の間には強い正の相関があった（相関係数は0.91）。散布図を描くと点の集まりが直線状になることも既に見た通りである（図4.1）。そこで，東京と八王子の気温の関係を上手く表現する直線を求めれば，これらの間の関係をもっと具体的に理解できるはずである。

次節で説明する方法を用いて，この直線を求めると，

$$\text{八王子1月の気温} = -2.10 + 0.89 \times \text{東京1月の気温}$$

となる。ここから分かることをいくつかまとめておこう。

- 東京の気温が8℃のとき，八王子はおそらく $-2.10+0.90\times8=5.1$℃となる。
- 東京の気温が1℃上がると，八王子の気温は0.90℃高くなる。
- 八王子の気温の散らばり（分散4.29）の81％は東京の気温が分かれば説明することができる。

最初の二つは直線の式を見れば明らかだろう。三番目は突然書かれても分からないと思うが，これは**5.3**節で学習する**決定係数**という概念が意味することなので，後で改めて説明しよう。

このように強い相関のある変数間の関係を直線で表現すれば，相関係数だけでは分からない様々な知見を得ることができる。このための分析手法を**回帰分析**という。

5.2 最小二乗法

それではどのように直線を求めればいいだろうか（図5.1a）。点の集まりは直線状で“直線”ではないため，どのように直線を引いても，この直線からずれた点が出てしまうのは避けられない（図5.1b）。したがって，点の集まりを上手く表現する直線を求めるには，すべての点を使って点と直線のず

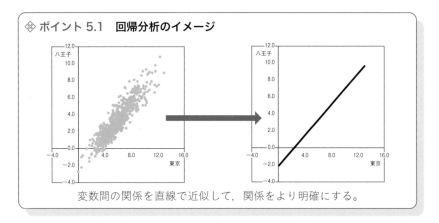

◈ ポイント 5.1　回帰分析のイメージ

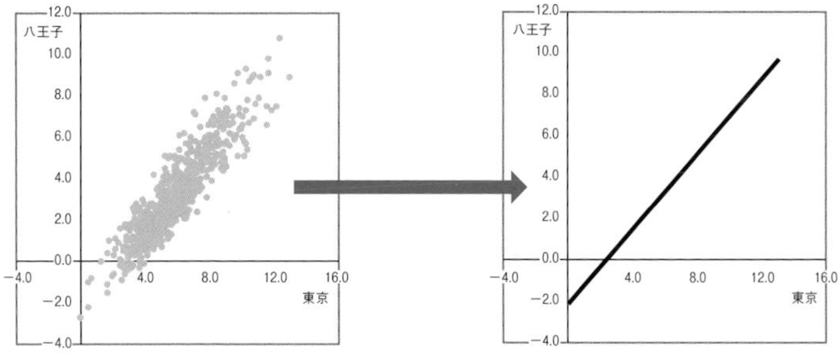

変数間の関係を直線で近似して，関係をより明確にする。

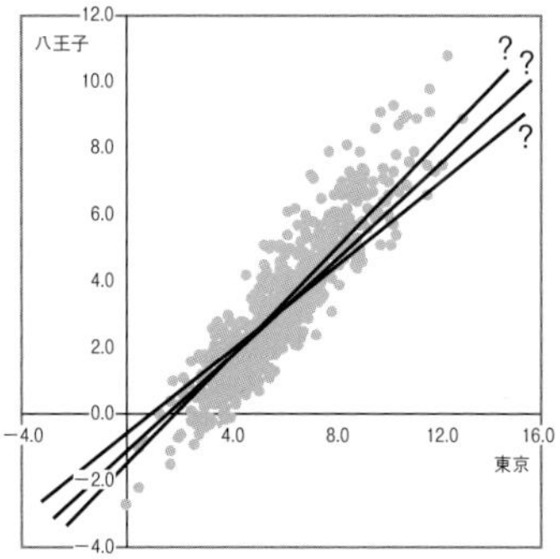

■図 5.1a　東京と八王子 1 月の日平均気温の散布図と直線

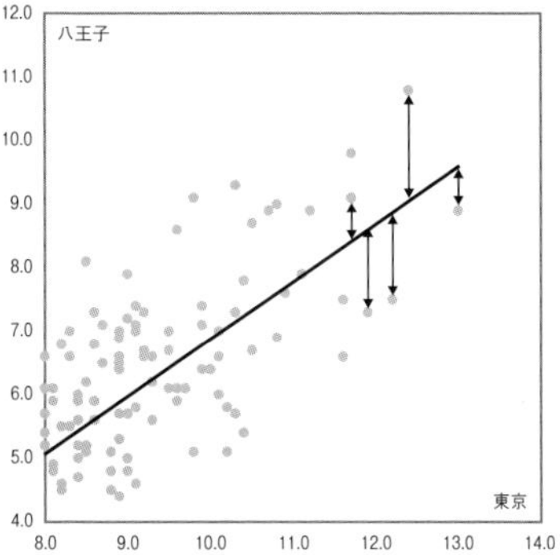

■図 5.1b　点と線のずれを評価（拡大図）

れを評価しなければならない。ずれの評価として最も広く用いられているのは差の二乗で，この合計が最小となるように直線の傾きと切片を求める方法のことを**最小二乗法**という。最小二乗法は統計学に限らず，様々な分野で用いられている非常に重要な考え方である。

ここでも**第 4 章**と同様に，2 次元変数 (x, y) に関するデータ

$$(x_1, y_1), (x_2, y_2), \cdots, (x_n, y_n)$$

を用いて最小二乗法の考え方を説明しよう。これから求める直線のことを**回帰直線**という。回帰直線は一次関数だから，

$$y = \alpha + \beta x$$

と表すことができる。ここで変数 x のことを**説明変数**，変数 y を**被説明変数**という（変数 x は**独立変数**，変数 y は**従属変数**と呼ぶこともある）。具体例では東京の気温が説明変数 x であり，八王子の気温が被説明変数 y となる。回帰分析では切片 α と傾き β のことを**回帰係数**という。説明変数の値が x_i であるとき，回帰直線から定まる値を

$$\hat{y}_i = \alpha + \beta x_i$$

と書き，x_i に対応した被説明変数の**理論値**という。もちろん，これから回帰係数を求めるわけだから，この段階で理論値を実際に求めることはできない。最小二乗法では，観測値 y_i と理論値 $\hat{y}_i$ のずれを差の二乗で評価する。

$$(y_i - \hat{y}_i)^2 = \{y_i - (\alpha + \beta x_i)\}^2$$

これを**二乗誤差**という。そして，回帰係数の値を二乗誤差の合計

$$\sum_{i=1}^{n} \{y_i - (\alpha + \beta x_i)\}^2 \tag{5.1}$$

が最小となるように定めるのである。二乗誤差の合計は回帰係数の二次関数で，二次の項（α^2 と β^2）の係数はいずれも正だから，このような回帰係数の値は必ず存在する。これらを $\hat{\alpha}, \hat{\beta}$ と書くことにすれば，

$$\hat{\beta} = \frac{s_{xy}}{s_x^2}, \quad \hat{\alpha} = \bar{y} - \hat{\beta}\bar{x} \tag{5.2}$$

となる。ただし，s_{xy} は 2 次元変数 (x, y) の共分散，s_x^2 は変数 x の分散，$\bar{x}$ と $\bar{y}$ はそれぞれの平均である。式 (5.2) の導出は**発展 5.1** で説明してある。

ところで，回帰直線に切片 $\hat{\alpha}$ を代入すると，

□発展 5.1　式 (5.2) の証明（最小二乗法による回帰係数の導出）

式 (5.1) を回帰係数の関数として，$f(\alpha,\beta)$ と書くことにする。まず，シグマ記号の中を計算すると，

$$\{y_i-(\alpha+\beta x_i)\}^2=\alpha^2+x_i^2\beta^2+2x_i\alpha\beta-2y_i\alpha-2x_iy_i\beta+y_i^2$$

となる。したがって，関数 $f(\alpha,\beta)$ を回帰係数の二次関数として整理すると次のようになる。

$$f(\alpha,\beta)=n\alpha^2+\left(\sum x_i^2\right)\beta^2+2\left(\sum x_i\right)\alpha\beta-2\left(\sum y_i\right)\alpha-2\left(\sum x_iy_i\right)\beta+\sum y_i^2$$

ただし，シグマ記号はすべて添え字 i が 1 から n まで動くものとする。

この関数を最小にする回帰係数を求めるには，α と β に関する偏導関数をゼロとした連立方程式を解けばよい。ただし，α に関する偏導関数とは，β を定数として扱い，α で微分した導関数と考えて差し支えない。β に関する偏導関数も同様に考えればよい。偏導関数を具体的に求めると，

$$\frac{\partial}{\partial\alpha}f(\alpha,\beta)=2n\alpha+2\left(\sum x_i\right)\beta-2\sum y_i$$

$$\frac{\partial}{\partial\beta}f(\alpha,\beta)=2\left(\sum x_i\right)\alpha+2\left(\sum x_i^2\right)\beta-2\sum x_iy_i$$

だから，これらをゼロとして整理すると以下の連立方程式を得る。

$$\begin{cases} n\alpha+\left(\sum x_i\right)\beta=\sum y_i \\ \left(\sum x_i\right)\alpha+\left(\sum x_i^2\right)\beta=\sum x_iy_i \end{cases}$$

まず，連立方程式で α を消去すると，

$$\left\{n\sum x_i^2-\left(\sum x_i\right)^2\right\}\beta=n\sum x_iy_i-\sum x_i\sum y_i$$

となる。ここで β の係数は，式 (3.1) より，

$$n\sum x_i^2-\left(\sum x_i\right)^2=n^2\left\{\frac{1}{n}\left(\sum x_i^2-n\bar{x}^2\right)\right\}=n^2s_x^2$$

であり，右辺は式 (4.6) より，

$$n\sum x_iy_i-\sum x_i\sum y_i=n^2\left\{\frac{1}{n}\left(\sum x_iy_i-n\bar{x}\bar{y}\right)\right\}=n^2s_{xy}$$

となる，したがって，偏導関数をゼロにする β の値は s_{xy}/s_x^2 であることが分かる。この値を連立方程式の最初に式に代入すれば，$\alpha=\bar{y}-\hat{\beta}\bar{x}$ を得る。これらが式 (5.1) を最小にする回帰係数 (5.2) である。

$$y-\bar{y}=\hat{\beta}(x-\bar{x})$$

と書くことができる。この式は最小二乗法で求めた回帰直線がそれぞれの変数の平均 $(\bar{x},\bar{y})$ を必ず通ることを示している。

東京と八王子 1 月の日平均気温の例で回帰係数を実際に求めてみよう。気温の平均と分散，共分散は既に求めてあるので，式(5.2)から，

$$\hat{\beta}=\frac{3.86}{4.29}=0.90,\quad \hat{\alpha}=3.34-\frac{3.86}{4.29}\times 6.05=-2.10$$

であることが分かる。これが前節で示した回帰係数の値である。図 5.2 は散布図に回帰直線を描いたものである。

卵の売上数量と価格の間には強い負の相関（相関係数は −0.88）があるものの，実際には直線というよりも曲線的な関係であった。このことを承知の上で売上数量を被説明変数，価格を説明変数とした回帰直線を最小二乗法で求めると，回帰直線は次のようになる。

$$\text{卵の売上数量}=741.63-5.00\times\text{価格}$$

しかし，図 5.3 を見れば明らかなように，売上数量と価格の関係を直線で表現するのはやはり無理なようである。この問題は **5.4** 節で改めて議論する。

5.3 決定係数

最小二乗法を使えばどのような 2 次元データに対しても回帰直線を求めることができる。それでは，その回帰直線はどの程度“点の集まりを上手く表現する直線”となっているのだろうか。この節では回帰直線の当てはまりを評価する指標について説明する。

当てはまりの指標として真っ先に思い浮かぶのは，二乗誤差合計の最小値だろう。そこで，この値を観測値の個数 n で割った値，つまり，平均二乗誤差の最小値を $s_{y|x}^2$ と書くことにする。

$$s_{y|x}^2=\frac{1}{n}\sum_{i=1}^{n}\{y_i-(\hat{\alpha}+\hat{\beta}x_i)\}^2$$

しかし，最小値 $s_{y|x}^2$ は被説明変数 y の単位に依存するため，このままでは回帰

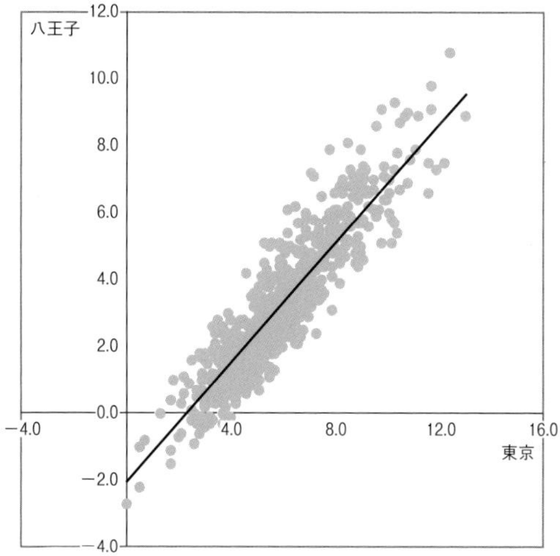

■図 5.2　散布図と最小二乗法で求めた回帰直線

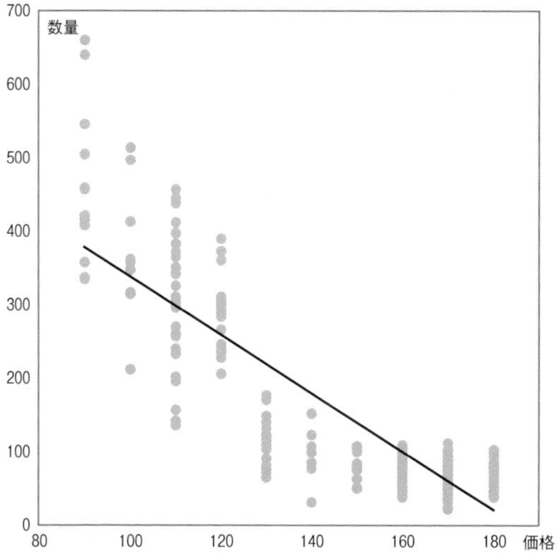

■図 5.3　卵の売上数量と価格の回帰直線

直線の当てはまりを評価することができない。東京と八王子1月の日平均気温の例では0.81と小さい値だが，卵の売上数量と価格の場合は，相関関係は同じくらい強いはずなのに，3164.68とはるかに大きな値となってしまう。

最小値 $s_{y|x}^2$ の大小は被説明変数 y の分散 s_y^2 との比較で判断すればよい。理由を説明しよう。まず，説明変数 x を用いない場合の二乗誤差合計

$$\sum_{i=1}^{n}(y_i-\alpha)^2$$

を考える。実は，この二乗誤差合計を最小にする α の値は平均 $\bar{y}$ で，このときの平均二乗誤差は分散 s_y^2 となる（**発展 3.1**）。分散 s_y^2 は二乗誤差合計を小さくするのに説明変数 x を利用していないのだから，x を利用した $s_{y|x}^2$ より小さくなるはずがない。したがって，以下の不等式が必ず成立する。

$$0 \leq s_{y|x}^2 \leq s_y^2 \tag{5.3}$$

これが最小値 $s_{y|x}^2$ の比較対象として分散 s_y^2 を用いる理由である。

差 $s_y^2-s_{y|x}^2$ は説明変数を用いることで縮小した被説明変数の散らばりだから，この値が大きいほど回帰直線の当てはまりは良いことになる。そこで，この差を比率にして大小を分かり易くしたものを当てはまりの指標とすればよい。これが**決定係数**である。決定係数を r^2 と書くことにすれば，

$$r^2=\frac{s_y^2-s_{y|x}^2}{s_y^2}=1-\frac{s_{y|x}^2}{s_y^2} \tag{5.4}$$

となる。比率であることと，不等式(5.3)から，

$$0 \leq r^2 \leq 1$$

であることは明らかだろう。決定係数が1に近いほど回帰直線は被説明変数と説明変数の関係を上手く表現している，つまり当てはまりが良いことを意味している。反対にゼロに近いほど当てはまりが悪いことになる。

東京と八王子1月の日平均気温の例で計算すると，決定係数は

$$r^2=1-\frac{0.81}{4.29}=0.81$$

となる。八王子の気温の散らばりは，東京の気温によりその81%を説明できることが分かる。これが冒頭で紹介した回帰分析で分かることの三番目である。卵の売上数量と価格の場合は，決定係数は0.77だから，価格で説明

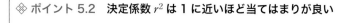

ポイント 5.2　決定係数 r^2 は 1 に近いほど当てはまりが良い

$$0 \leq r^2 \leq 1$$

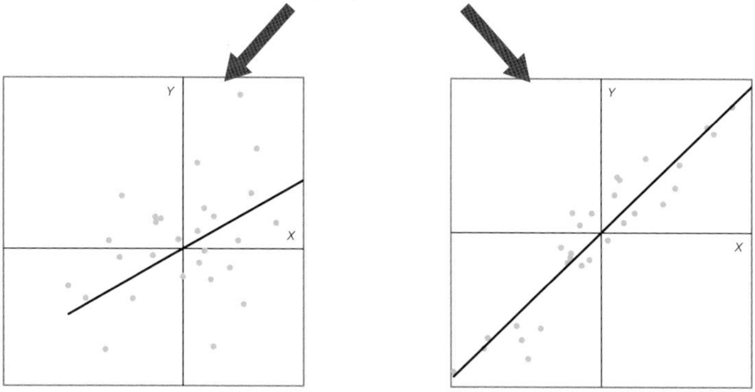

$r^2 = 0.25$
被説明変数の散らばりが説明変数によって 25% 説明できる。

$r^2 = 0.90$
被説明変数の散らばりが説明変数によって 90% 説明できる。

Column 5.1 標準的な統計学の教科書と確率

第 6 章からいよいよ推測統計学の内容となる。**1.2** 節で予告した通り，ここからは確率を用いた説明が多くなる。その前に確率のことを解説しなければならないのだが，実はこれはなかなか面倒な問題なのである。確率を必要とする理由は直ぐに学習するので，ここでは確率が必要という前提で話を進めよう。

初等的な統計学では，例えば正規分布を母集団分布としたときの母平均の推定（**第 8 章**）や仮説検定（**第 11 章**）などがゴールとなる。こうした手法の最適性，すなわち，母平均の推定では標本平均が有効推定量であり，仮説検定では t 検定が一様最強力不偏検定であることを証明するには確率論の知識が不可欠である。しかし，その証明はかなり難しく，初等的な統計学の教科書ではこうした手法を証明抜きに紹介するしかないのである。参考までに書いておくと，入門書で証明できるのは標本平均と不偏分散の不偏性しかない（**8.1** 節）。

統計学の入門では飽き足らず，中級レベルの教科書でこうした統計手法を数学的にしっかり学習したい学生だって中にはいるだろう。標準的な教科書が確率論の内容をある程度詳しく扱っているのは，こうした学生に配慮しているからなのである。中級レベルの教科書を読むための準備のようなものである。

できる売上数量の散らばりは全体の 77% となる。

具体例の解釈のように，決定係数の本来の役割は説明変数によって縮小できた被説明変数の散らばり示すことにある。しかし，実際の分析では予測精度の目安として使われることが多い。理由は明らかだろう。

最後にもう一つ決定係数の性質を紹介しておく。これまでの例のように説明変数が 1 個の場合，決定係数は相関係数の二乗となる（**補足 5.1**）。

$$r^2 = r_{xy}^2 \tag{5.5}$$

ただし，このような単純な関係が成立するのは説明変数が 1 個の場合だけなので，くれぐれも間違えないようにしてほしい。

5.4 回帰分析の発展

冒頭の説明を思い出そう。強い正の相関がある東京と八王子 1 月の日平均気温の関係を調べるために回帰分析という分析手法を導入した。つまり，相関関係を詳しく調べる手段だったのである。相関関係の延長であれば，変数間の関係は必然的に“直線”となるわけである。しかし，実際には直線である必要はない。説明変数は 2 個以上あっても構わないし，変数間の関係を曲線で表現してもいいのである。このような場合は，回帰直線という用語では不正確なので，変数間の関係を表す式のことを**回帰式**という。

重要なことは，回帰式を用いた場合でも最小二乗法と決定係数の考え方は何も変わらないということである。

5.4.1 説明変数が 2 個以上の場合

3 次元変数 (x, y, z) で x と z を説明変数，y を被説明変数をとした次の回帰式を考えてみよう。

$$y = \alpha + \beta x + \gamma z \tag{5.6}$$

説明変数が 1 個の場合と同様に，回帰係数は二乗誤差の合計

$$\sum_{i=1}^{n} \{y_i - (\alpha + \beta x_i + \gamma z_i)\}^2$$

しかし，はしがきで書いたように，経営系・商学系学部の学生の多くにとって，確率論の内容を丁寧に説明することは迷惑以外の何物でもない。つまらない上に，苦労して学習した確率変数の性質が肝心の推定や仮説検定の説明で全く使われないのだから当然だろう。

次のステップへの準備という役割を放棄してしまえば，確率についてはゴールから振り返って必要とされることだけ解説すれば十分だろう。具体的には，推定や仮説検定とはどのようなものであり，その手法はどのような性質であるのかを“言葉”で理解するために必要なことである。これが本書の方針である。数学における確率論ではなく，推測統計学の話の中で確率や確率変数を説明したのもそのためである。

❖補足 5.1　式(5.5)の証明（$r^2=r_{xy}^2$ の証明）

まず，平均二乗誤差の最小値 $s_{y|x}^2$ に $\hat{\alpha}=\bar{y}-\hat{\beta}\bar{x}$ を代入して，計算すると次のようになる。

$$\begin{aligned} s_{y|x}^2 &= \frac{1}{n}\sum_{i=1}^{n}\left\{(y_i-\bar{y})-\hat{\beta}(x_i-\bar{x})\right\}^2 \\ &= \frac{1}{n}\sum_{i=1}^{n}(y_i-\bar{y})^2-\frac{2\hat{\beta}}{n}\sum_{i=1}^{n}(x_i-\bar{x})(y_i-\bar{y})+\frac{\hat{\beta}^2}{n}\sum_{i=1}^{n}(x_i-\bar{x})^2 \\ &= s_y^2-2\hat{\beta}s_{xy}+\hat{\beta}^2 s_x^2 \end{aligned}$$

この結果を決定係数の定義式(5.4)に代入する。

$$r^2=1-\left(1-\frac{2\hat{\beta}s_{xy}}{s_y^2}+\frac{\hat{\beta}^2 s_x^2}{s_y^2}\right)$$

ここで，$\hat{\beta}=s_{xy}/s_x^2$ を代入すると，

$$r^2=2\frac{s_{xy}^2}{s_x^2 s_y^2}-\frac{s_{xy}^2 s_x^2}{s_x^4 s_y^2}=\frac{s_{xy}^2}{s_x^2 s_y^2}$$

となる。最後の式は相関係数 r_{xy} の二乗に他ならない。

が最小となるように求めればよい。ただし，このようにして求めた回帰係数の値 $\hat{\alpha}, \hat{\beta}, \hat{\gamma}$ を簡単な式で表現することはできない（発展 5.3）。

決定係数は式 (5.4) により定義される。もちろん，式 (5.4) に含まれる平均二乗誤差の最小値は，$\hat{\alpha}, \hat{\beta}, \hat{\gamma}$ を用いて計算した二乗誤差合計の最小値を観測値の個数 n で割った値のことである。

2005 年 5 月以降，日経平均株価と対ドル為替レートには強い正の相関があった。日経平均株価を被説明変数，為替レートを説明変数とした回帰直線を最小二乗法により求めると次のようになる（図 5.4）。

$$\text{日経平均株価} = -10423.90 + 238.51 \times \text{為替レート}$$

決定係数は 0.74 である。

言うまでもなく日経平均株価は景気動向に左右される。そこで，コンポジット・インデックス（CI）と呼ばれる景気動向指数も説明変数に加えて，もう一度，回帰分析を行ってみよう。ただし，CI とは景気が良ければ大きい値となる指数のことで，ここでは一致指数を採用した。詳しくは **Column 5.2** を見てほしい。CI の平均は 108.9，標準偏差は 9.6，日経平均株価との相関係数は 0.73 である。最小二乗法で求めた回帰式は，

$$\text{日経平均株価} = -18366.20 + 184.35 \times \text{為替レート} + 123.93 \times \text{CI}$$

であり（図 5.5），決定係数は 0.80 と大きくなる。説明変数に CI を加えたことで，説明できる日経平均株価の散らばりは 74% から 80% に増加した。多少の効果はあったといえるだろう。

5.4.2 回帰式が曲線の場合

卵の売上数量と価格の間には強い負の相関があるものの，実際には曲線的な関係となっている。それでは価格の二次関数を回帰式としたらどうなるだろうか。新たに考えなければならないことは何もない。前項の議論で変数 x を価格，変数 z を価格の二乗とすればよい。

最小二乗法により求めた回帰式は次のようになる。

$$\text{卵の売上数量} = 1889.89 - 21.21 \times \text{価格} + 0.06 \times \text{価格}^2$$

決定係数は 0.86 である。二次の項を考慮することで，価格により説明できる売上数量の散らばりは 77% から 86% へ増加する。図 5.6 を見れば，この

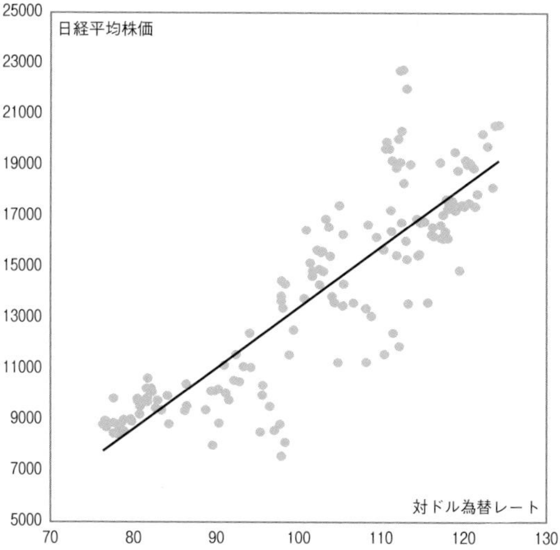

■図 5.4　日経平均株価と為替レートの回帰直線

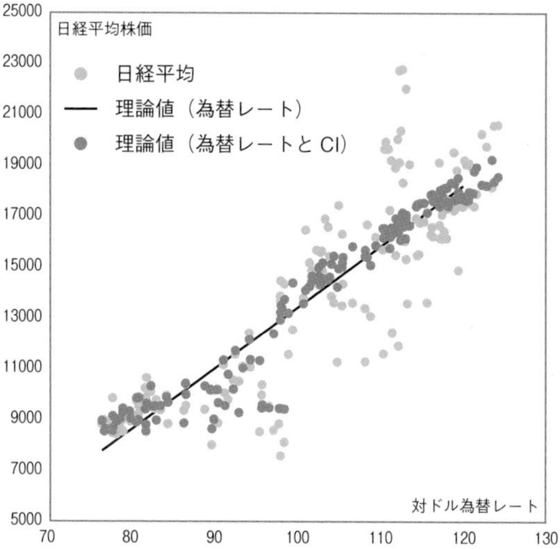

赤い点が CI を説明変数に加えた回帰式の理論値を示している。一つの為替レートの値に対して複数の理論値があるのは、CI の値が異なるためである。

■図 5.5　CI を説明変数に加えた回帰式

回帰式が回帰直線と比較して売上数量と価格の関係を上手く表現していることは明らかだろう。

5.4.3 影響力のある説明変数

日経平均株価の例で最小二乗法により求めた回帰係数の値が大きいのは為替レートである。しかし，これを以て為替レートの方がCIより日経平均株価に影響を与えていると結論付けることはできない。為替レートとCIでは単位が異なるからである。これは次のように説明すると分かり易い。為替レートを100倍して単位を円から銭に変えると，回帰係数は100分の1となるはずである。つまり1.8435となるが，だからと言って今回はCIの影響が強いということはできないだろう。

この例から分かるように，複数の説明変数で被説明変数への影響度の違いを比較するには，説明変数の単位を揃えてから回帰分析をすればよい。単位を揃える方法は**3.3.3**項で学習した標準化である。そこで，式(5.6)で説明変数の標準得点を，

$$u_i = \frac{x_i - \bar{x}}{s_x}, \quad v_i = \frac{z_i - \bar{z}}{s_z}, \quad i = 1, 2, \cdots, n$$

と書くことにする。これらを理論値 $\hat{y}_i$ に代入すると，

$$\hat{y}_i = \alpha + \beta x_i + \gamma z_i = \alpha + \beta(s_x u_i + \bar{x}) + \gamma(s_z v_i + \bar{z}) = \alpha^* + \beta^* u_i + \gamma^* v_i$$

を得る。ただし，

$$\alpha^* = \alpha + \beta\bar{x} + \gamma\bar{z}, \quad \beta^* = \beta s_x, \quad \gamma^* = \gamma s_z$$

と置いた。元の回帰係数と標準得点の回帰係数にはこのような関係があるため，改めて最小二乗法を適用する必要はない。この関係式を用いて標準得点の回帰係数を求めればよい。

日経平均株価の例に適用してみよう。標準化した為替レートとCIを説明変数とした回帰式を最小二乗法で求めると次のようになる。

$$\text{日経平均株価} = -14036.7 + 2611.7 \times \text{為替レート} + 1191.8 \times \text{CI}$$

この結果から，見かけ上だけでなく，実際に為替レートの方がCIより日経平均株価に影響を与えていることが分かる。

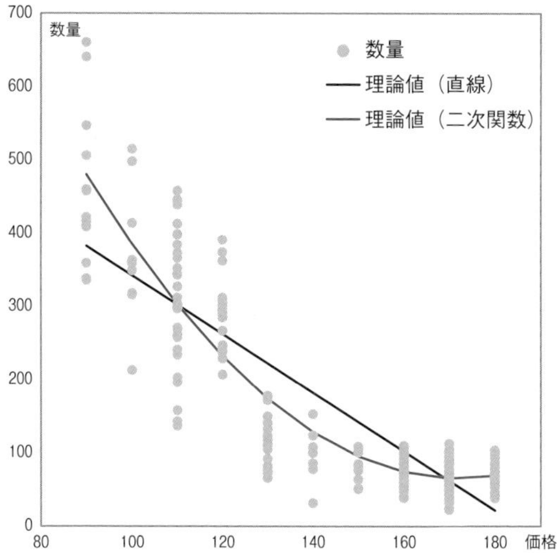

■図 5.6　卵の売上数量と価格の回帰直線

Column 5.2 コンポジット・インデックス（CI）

コンポジット・インデックス（CI）とは内閣府が作成している景気動向指数である。内閣府の公式 HP の解説によれば，景気動向指数とは「生産，雇用など様々な経済活動での重要かつ景気に敏感に反応する指標の動きを統合することによって，景気の現状把握及び将来予測に資するために作成された指標」である。CI とは二つある景気動向指数の一つで「構成する指標の動きを合成することで景気変動の大きさやテンポ（量感）を測定することを主な目的とする」ものである。さらに，CI には「景気に対し先行して動く先行指数，ほぼ一致して動く一致指数，遅れて動く遅行指数の 3 つの指数」がある。日経平均株価の説明変数として用いたのは一致指数である。

具体的な計算方法は内閣府の公式 HP に掲載されている。簡単に言うと，CI とは各指標の変化率を一つに合成したものである。合成の方法に手間がかかるため，ここでは説明はしないが，計算自体は難しいものではない。これまでに学習した知識で理解できるはずである。四分位偏差（**補足 3.4**）と移動平均（**発展 3.3**）を使うので，復習になるだろう。

5.5 回帰分析で注意すべきこと

回帰分析の目的の一つに予測がある。図 5.7 は卵の売上数量の例で回帰直線と回帰式を価格が 50 円から 230 円の範囲で描いた散布図である。価格が 50 円のとき売上数量は 1000 個近くとなるという回帰式の理論値は案外正しいかもしれない。売上数量と価格の間には強い負の相関があるため，価格を上げて行けば理論値は減少していくはずである。しかし，回帰式の理論値は二次関数の性質からいずれ増加に転じる。価格を 230 円まで上げたときに予想される売上数量は 273 個と，120 円で売られたときの平均数量 291 個に匹敵する値となる。このような予想を誰が信じるだろうか。

データにおける説明変数の範囲内で予測することを**内挿**，範囲外で予想することを**外挿**という。特にリスクが高いのは外挿である。データに含まれる価格の範囲は 90 円から 180 円までなので，価格を 230 円にしたときの売上数量の予測は外挿の危険を示す典型的な例といえるだろう。外挿と比べれば内挿の信頼性は高いが，それでも注意が必要である。価格が 100 円のときの平均数量は 372 個，110 円のときは 313 個であるのに対し，回帰式による理論値を 105 円というデータに存在しない価格で求めると 342 個となる。これは妥当な予測値といえるだろう。しかし，120 円のときの平均数量 291 個に対して，115 円に対応した理論値 244 個は明らかにおかしい。

このように，回帰式から求めた理論値を予測に使うのであれば，回帰式を描いた散布図を見て，その予測が妥当かどうかを慎重に検討することが重要となる。しかし，説明変数が複数個あると，卵の売上数量の例のように回帰式と被説明変数の関係を調べることは難しくなる。残差分析と呼ばれる高度な手法も提案されているが，こうした機械的な処理に頼る前に，説明変数毎に散布図を見て被説明変数との関係を調べる作業が何よりも大切であることを忘れないでほしい。

最後に散布図さえ見れば避けることのできる，この分野では有名な回帰分析の失敗例を紹介しておこう。オリジナルは 1973 年にアンスコムが紹介したものだが，ここでは観測値の個数を増やしてデータを作り直した。基準と

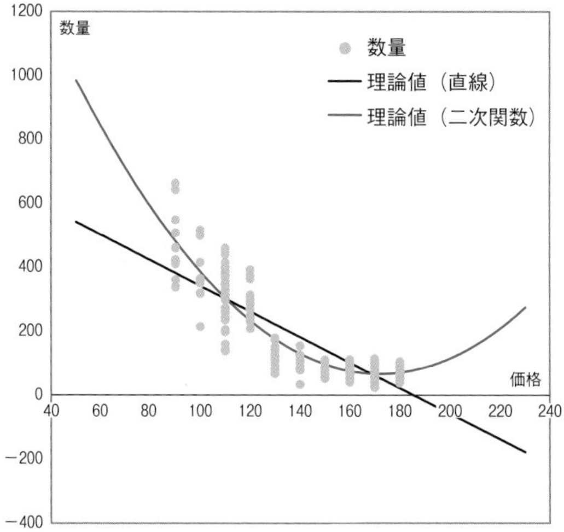

■図 5.7　外挿の危険

ポイント 5.3　内挿と外挿

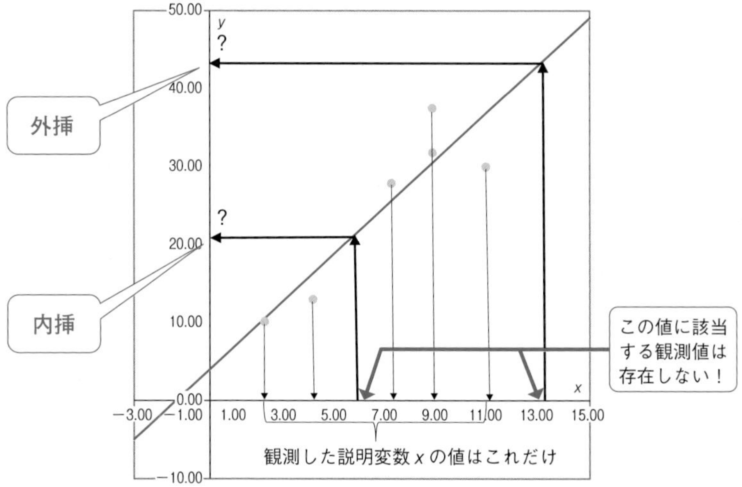

するデータは中程度の正の相関（相関係数は 0.8）があり，50 個の観測値から成る 2 次元データである。最小二乗法で回帰直線を求めると，

$$y = 0.2 + 1.8x$$

となる。決定係数は 0.64 である。これが自然なデータであることは，散布図にこの回帰直線を描いた**図 5.8a** を見れば分かるだろう。

図 5.8b は最初の失敗例である。散布図で 49 個の観測値はある直線上の点であり，残りの 1 個は被説明変数 y が異常な値を示している。このようなデータから回帰直線を求めると，最初の“自然なデータ”と全く同じ回帰直線が得られ，決定係数も同じ値となる。異常な観測値が本当に正しい値かどうかを調べる以前に，すべての観測値が一本の直線上の点であるようなデータに回帰分析を適用すること自体が間違っているのである。

図 5.8c は説明変数 x の値が等しい 49 個の観測値と大きく異なる 1 個の観測値から成るデータに回帰分析を適用した結果である。この場合も“自然なデータ”と同じ回帰直線が得られる。これは観測値の取り方に問題のある例である。**図 5.8d** は正確に二次関数の関係となっているデータに回帰直線を当てはめた例で，ここでも同じ結果が得られる。

5.6 偏相関係数

第 4 章で示したように，人口一人当たりの県民所得と預貯金残高の間にはそれほど強い相関関係はない。東京都を除くと相関係数は 0.56 であった。しかし，これらの値に人口を掛けて県全体での総額に戻すと，県民所得と預貯金残高の関係は極めて強い正の相関となる。**図 5.9** は東京都と大阪府を除いたこれらの散布図である。大阪府を除いたのは，県民所得はそれほど異常な値ではないが，預貯金残高が極端に多いためである（東京都を除いて求めた標準得点は 4.20）。このときの県民所得と預貯金残高の相関係数は 0.99 となる。この数値は県民所得と預貯金残高の大小が 45 道府県でほとんど一致していることを意味している。しかし，これが県民所得と預貯金残高の関係と言われたら，多くの読者は何かおかしいと感じるのではないだろうか。この問題

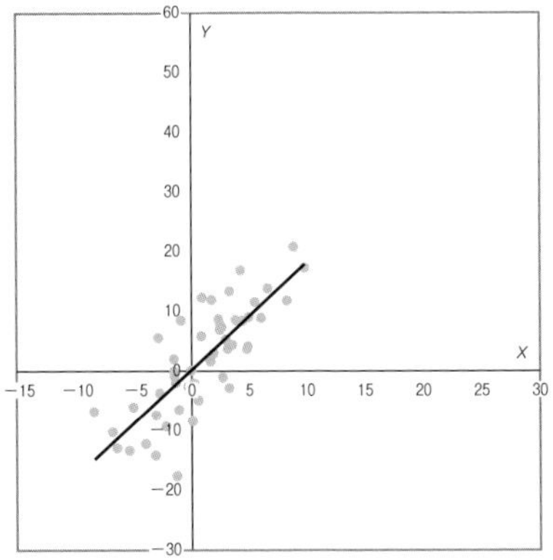

■図 5.8a　自然なデータ

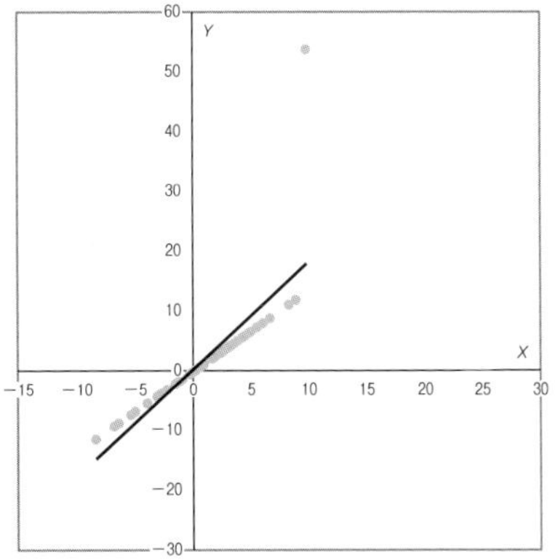

■図 5.8b　異常な観測値が一つあるデータ（1）

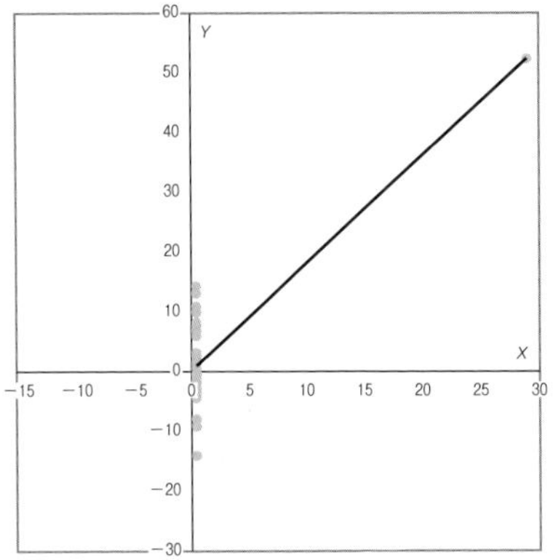

■図 5.8c　異常な観測値が一つあるデータ（2）

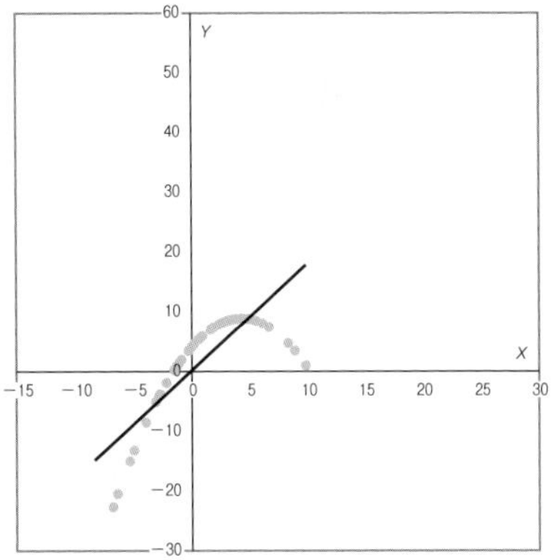

■図 5.8d　二次関数のデータ

をもう少し詳しく考えてみよう。

県民所得と預貯金残高の定義から，これらが人口と極めて強い正の相関があるのは当然だろう。人口との相関係数はいずれも 0.99 である。この数値は県民所得と預貯金残高が人口の一次関数としてかなり正確に表現できることを意味している。一次関数では相関係数の値は変わらない（**4.5.1** 項）。つまり，県民所得と預貯金残高の相関係数とは人口と人口の相関係数のようなものなのである。これでは極めて強い正の相関になるはずである。

県民所得と預貯金残高の極めて強い相関が人口という共通の変数に影響された**見せかけの相関**というのであれば，人口の影響を除くと，どの程度の相関関係になるのだろうか。このような場合に使う相関関係の指標が**偏相関係数**である。“偏”とは見慣れない接頭語だが，英語の “partial” の訳で，全体に対しての部分という意味である。この例では県民所得，預貯金残高，人口という“全体”に対して，県民所得と預貯金残高が“部分”となる。

3 次元変数 (x, y, z) に対して，変数 z の影響を除いたときの，変数 x と y の偏相関係数を $r_{xy|z}$ と書くことにする。定義式はかなり複雑である。

$$r_{xy|z} = \frac{r_{xy} - r_{xz}r_{yz}}{\sqrt{(1 - r_{yz}^2)(1 - r_{xz}^2)}}$$

変数 x と y が変数 z と強い正の相関関係があると，偏相関係数 $r_{xy|z}$ は元の相関係数 r_{xy} より必ず小さくなることが分かっている（**発展 5.2**）。これは非常に重要な性質である。反対にこれらが無相関の場合，偏相関係数が元の相関係数と一致することは明らかだろう。

県民所得と預貯金残高の相関係数は 0.99 だったが，人口の影響を除いたこれらの偏相関係数は 0.70 と小さくなる。原因は人口との非常に強い正の相関である。県民一人当たりに直したときの相関係数が 0.56 という結果からも明らかなように，これらの間に強い相関関係はないのである。

偏相関係数 $r_{xy|z}$ を導出する一つの考え方を説明しよう。被説明変数を x，説明変数を z とした回帰直線 $x = \alpha + \beta z$ を最小二乗法で求め，観測値とその理論値とのずれ（以下，**残差**と呼ぶ）を，

$$e_{(x|z)i} = x_i - \hat{x}_{(z)i}, \quad i = 1, 2, \cdots, n$$

と書くことにする。この値は変数 z の相関関係では説明できなかった変数 x

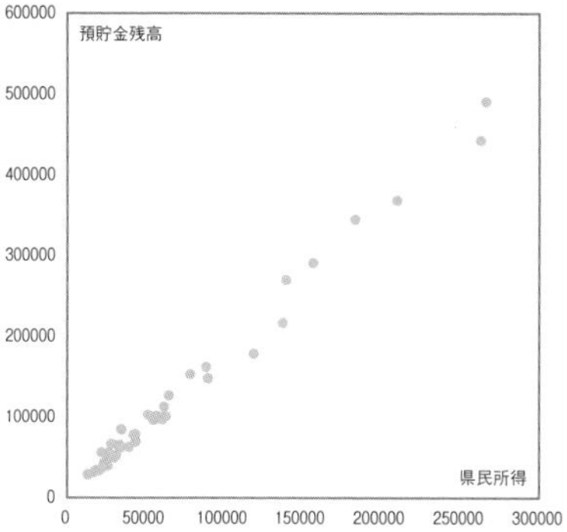

■図 5.9　県民所得と預貯金残高の散布図（東京都と大阪府を除く）

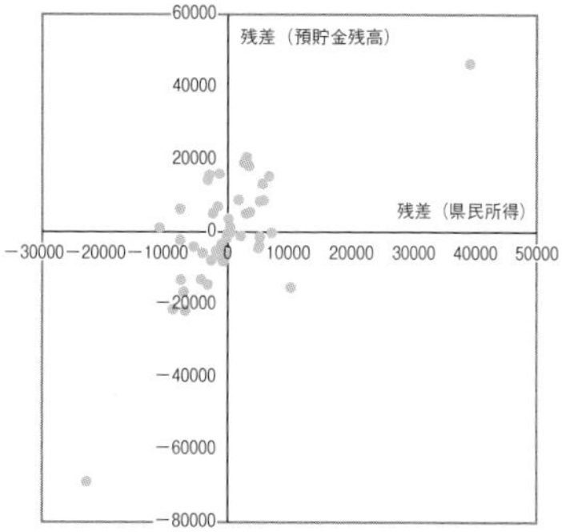

■図 5.10　残差の散布図（県民所得と預貯金残高）

□発展 5.2　偏相関係数と元の相関係数の関係

ここでは議論を簡単にするため，変数 z との相関係数が等しい場合を考える。この値を $t=r_{xz}=r_{yz}$ とすれば，偏相関係数の定義式は，

$$r_{xy|z}=\frac{r_{xy}-t^2}{\sqrt{1-t^2}\sqrt{1-t^2}}=\frac{r_{xy}-t^2}{1-t^2}=r_{xy}-\frac{t^2(1-r_{xy})}{1-t^2}$$

と書くことができる。相関係数の絶対値は 1 以下なので，最後の式の第二項は正となる。したがって，変数 z との相関係数 t の値によらず，偏相関係数は元の相関係数より必ず小さい値となる。

$$r_{xy|z}<r_{xy}$$

さらに，$\frac{t^2}{1-t^2}$ は相関係数 t の絶対値が 1 に近いほど大きな値となるので，偏相関係数は小さな値となることも分かる。しかし，相関係数 t が 1 に近づいていくと，偏相関係数は -1 を超えていくらでも小さな値となってしまう。これはどういうことだろうか。実は相関係数 r_{xy} と t の大きさは無関係ではないのである。偏相関係数（残差の相関係数）の絶対値も 1 以下だから，

$$-1\leq r_{xy|z}=\frac{r_{xy}-t^2}{1-t^2}\leq 1$$

が成立する。この不等式を t について解くと，次のようになる。

$$-\sqrt{\frac{r_{xy}+1}{2}}\leq t\leq\sqrt{\frac{r_{xy}+1}{2}}$$

この結果は相関係数 t の定義域が相関係数 r_{xy} により制限されていることを意味している。ちなみに，$t=\sqrt{\frac{r_{xy}+1}{2}}$ のとき，偏相関係数は最小値 -1 となる。

固有の変動を意味している。被説明変数を y，説明変数を z とした場合についても，観測値と理論値の残差を同様に定義する。

$$e_{(y|z)i}=y_i-\hat{y}_{(z)i}, \quad i=1,2,\cdots,n$$

偏相関係数 $r_{xy|z}$ とは，実は二つの残差 $e_{(x|z)}$ と $e_{(y|z)}$ の間の相関係数のことなのである。偏相関係数が変数 z の影響を除いた相関関係の指標であることをある程度納得できるのではないだろうか。

図 5.10 は県民所得と預貯金残高の残差に関する散布図である。右上に大きく外れている点は愛知県，左下の点は北海道である。偏相関係数 0.7 は愛知県と北海道の影響を強く受けた値であることが分かるだろう。

容易に想像できるように，変数 x と y に影響する第 3 の変数は 2 個以上あっても構わない。変数 x と y のそれぞれに第 3 の変数を説明変数とした回帰式を考えればいいだけで，残差の相関係数という偏相関係数の定義は何も変わらない。ただし，第 3 の変数が 2 個以上あると，偏相関係数を簡単な式で表現することはできない（**発展 5.3**）。

偏相関係数は変数が 3 個以上ある場合に，二つの変数の間の相関関係をそれ以外の変数の影響を除いて表現する重要な指標である。しかし，他の変数の影響を除くといっても，偏相関係数はあくまでも相関関係を前提としたものである。県民所得と預貯金残高の例では，人口の影響を除いた相関関係の強さを測りたいのであれば，偏相関係数ではなく，元のデータのように人口一人当たりの値で求めた相関係数を用いる方が自然だろう。このように他の変数の影響を除いた指標を合理的に定義できる場合は，わざわざ偏相関係数を使う必要はない。

練習問題

問題 1　第 4 章練習問題の問題 1 のデータを用いて回帰分析をしなさい*。

問題 2　京王相模原線南大沢駅界隈の賃貸物件について調べたデータがある。専有面積や駅からの距離を説明変数とした回帰分析によって，賃料を予測しなさい*。

＊　データと詳しい内容，Excel 操作についての説明が，新世社ホームページ（https://www.saiensu.co.jp/）の本書紹介ページの「サポート情報」からダウンロードできます。

□発展 5.3　行列について

数学には線形代数という分野がある。数学における線形代数の目的は別にあるのだが，統計学で最初に線形代数が必要となるのは，もっぱら表記を簡潔にするためである。そこで出てくるのが行列という概念である。行列とは変数の値を図 1.1 のように並べたものである。

5.4.1 項で説明した説明変数が 2 個の場合の回帰分析を考えてみよう。被説明変数，その理論値，説明変数，回帰係数を並べた行列を，

$$\mathbf{y} = \begin{pmatrix} y_1 \\ y_1 \\ \vdots \\ y_n \end{pmatrix}, \quad \hat{\mathbf{y}} = \begin{pmatrix} \hat{y}_1 \\ \hat{y}_1 \\ \vdots \\ \hat{y}_n \end{pmatrix}, \quad \mathbf{X} = \begin{pmatrix} 1 & x_1 & z_1 \\ 1 & x_2 & z_2 \\ \vdots & \vdots & \vdots \\ 1 & x_n & z_n \end{pmatrix}, \quad \boldsymbol{\beta} = \begin{pmatrix} \alpha \\ \beta \\ \gamma \end{pmatrix}$$

と定義する。ここで理論値とは，むろん，

$$\hat{y}_i = \alpha + \beta x_i + \gamma z_i, \quad i = 1, 2, \cdots, n$$

のことである。行列を用いれば，これらをまるで 1 次元変数のように表すことができるのである。

$$\hat{\mathbf{y}} = \mathbf{X}\boldsymbol{\beta}$$

ここで具体的な計算方法を説明するつもりはないが，計算した結果は分かっているのだから，興味があれば行列 $\mathbf{X}$ と $\boldsymbol{\beta}$ の積がどのようになるか想像してほしい。結果だけを書いてしまうと，二乗誤差の合計は，

$$(\mathbf{y} - \hat{\mathbf{y}})'(\mathbf{y} - \hat{\mathbf{y}}) = (\mathbf{y} - \mathbf{X}\boldsymbol{\beta})'(\mathbf{y} - \mathbf{X}\boldsymbol{\beta})$$

となる。そして，二乗誤差の合計を最小にする回帰係数は，説明変数の個数とは無関係に次のように表現することができる。

$$\hat{\boldsymbol{\beta}} = (\mathbf{X}'\mathbf{X})^{-1}\mathbf{X}'\mathbf{y}$$

この式をよく見れば，式 (5.2) の $\hat{\beta} = (s_x^2)^{-1} s_{xy}$ と文字の並びが似ていることに気が付くだろう。

行列は本書のレベルを超えるので，これから先の議論で行列を使うことはない。しかし，偏相関係数は行列の知識がないと一般的に表現することはできない。かなり先の話になるが，母平均の検定（**11.2.1** 項）や独立性の検定（**11.4.3** 項）で検定統計量の標本分布を導出するときもやはり行列の計算が必要になる。

□発展 5.4　偏回帰係数

5.4.1 項で紹介した日経平均株価を被説明変数とした回帰分析で，為替レートの回帰係数は 238.51 だったが，説明変数に CI を含めると 184.35 と幾分小さい値となった。実は偏相関係数の考え方と全く同じで，CI を含めない場合の回帰係数 238.51 は CI の影響を加味した見せかけの値なのである。逆説的だが，CI の影響を除いた為替レートの回帰係数は，説明変数に CI を含めないと求められないのである。

正確に説明しよう。3 次元変数 (x, y, z) についての回帰式

$$y = \alpha + \beta x + \gamma z$$

を考え，最小二乗法で求めた回帰係数 β の値を $\hat{\beta}$ と書くことにする。この値は変数 z を除いた回帰直線

$$y = \alpha + \beta x$$

の回帰係数 β を最小二乗法で求めた値とは一致しない。しかし，変数 z の影響を除くため，残差 $e_{(y|z)}$ を被説明変数とし，残差 $e_{(x|z)}$ を説明変数とした回帰直線

$$e_{(y|z)} = \alpha + \beta e_{(x|z)}$$

を考えると，最小二乗法で求めた回帰係数は最初に求めた回帰係数 $\hat{\beta}$ と一致する。最小二乗法で求めた回帰係数とは，他の変数の影響を除いた自分自身の被説明変数に対する影響を表す値となっているのである。このような性質のため**偏回帰係数**と呼ぶ場合がある。

ここで説明した偏回帰係数の解釈は最小二乗法の性質に関する極めて記述統計学的なものであることを注意しておく。推測統計学ではある正しい回帰式があって，その回帰式をデータから推測することになるため，一部の説明変数しか使わなかったときに回帰係数がどうなるかという議論にあまり意味はない。そもそも最小二乗法を使うとも限らない。推測統計学の専門書で偏回帰係数という用語が使われないのは，そのためである。

第 6 章

推定の考え方

この章からいよいよ推測統計学を学習する。推測統計学では，手元にあるデータの計算ではなく，全体とデータの関係が最も重要な関心事となる。手元にあるデータだけを見ていればよかった記述統計学とは，ここが違うのである。当然，話は難しくなる。これからは全体とデータの関係を常に意識しながら読んでほしい。

推測統計学には主に推定，仮説検定，そして区間推定という 3 種類の手法がある。この章から第 9 章までは推定について説明する。

6.1 標本調査

第 1 章では記述統計学と推測統計学の違いを説明するため，4 年次女子学生による年間国内旅行回数を例として取り上げた。この例を推定の問題として本格的に考えてみよう（**例題 6.1**）。

この問題は全体から一部を抜き出して，その一部から全体について推論するという構造となっている。これは推測統計学の古典的かつ典型的な問題であり，このような問題を**標本調査**という。**実験データの分析**という標本調査とは異なる問題もあるが，この問題については**第 8 章**で説明するので，それまでは標本調査を前提に議論を進めていく。標本調査が必要とされる理由は**補足 6.1** にまとめてある。

標本調査では全体のことを**母集団**，ここから抜き出した一部のことは**標本**という。ただし，この標本の定義は日常用語なので，正確な意味は**第 8 章**で説明する。年間国内旅行回数の問題では平成 29 年 3 月に日本の大学を卒業したすべての女性が母集団となる。通常，標本調査で母集団の人数を知る必要はなく，知ることもできないのだが，説明の都合上，ここでは卒業した女子学生の人数を**第 1 章**で説明したように 285360 人としておこう。標本はもちろん無作為に選んだ 10 人のことである。

母集団全体を調査したときに得られる観測値の分布を**母集団分布**という。この母集団分布を知りたいわけだが，**補足 6.1** で述べた事情から母集団分布を知ることはできない。だから標本を用いて母集団分布を推論しなければならないのである。記述統計学で学習したように，分布を理解するためには最初に度数分布表やヒストグラムを作成して全体像を把握し，次に客観的な要約統計量を用いればよい。推測統計学でもするべきことは同じだが，実際の分析では度数分布表やヒストグラムを推論するよりも，要約統計量を推論することの方が多い。標本（データ）の要約統計量と区別するため，母集団分布の要約統計量は**母平均**や**母分散**，**母中央値**など，“母” という接頭語を付けて呼ぶ約束である。

例題 6.1 の答えを先に書いてしまうと，**第 3 章**で学習した普通の平均を用

【例題 6.1】

ある旅行会社では 4 年生の女子学生をターゲットとした国内ツアーを企画している。国内旅行に関する現状を調べるため，平成 29 年 3 月に日本の大学を卒業した女性 10 人を無作為に選び，4 年次での国内旅行回数を聞いたところ，次のようになった。

$$0,\ 2,\ 3,\ 2,\ 1,\ 5,\ 2,\ 4,\ 5,\ 0$$

このデータを用いて，女子卒業生全員を対象としたときの 4 年次における国内旅行回数の平均を推定しなさい。

❖ ポイント 6.1　標本調査のイメージ

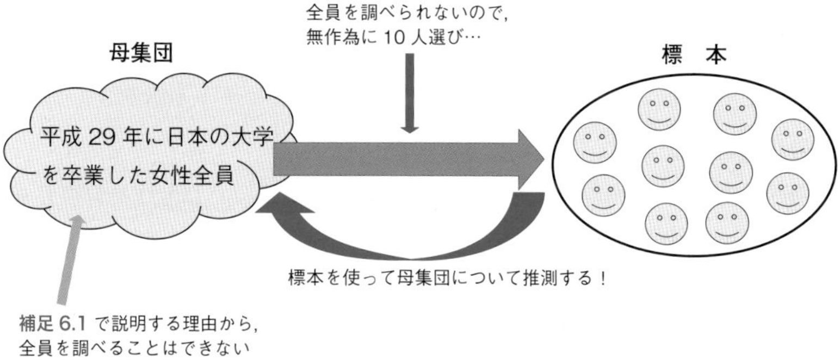

❖ ポイント 6.2　母集団分布と推定

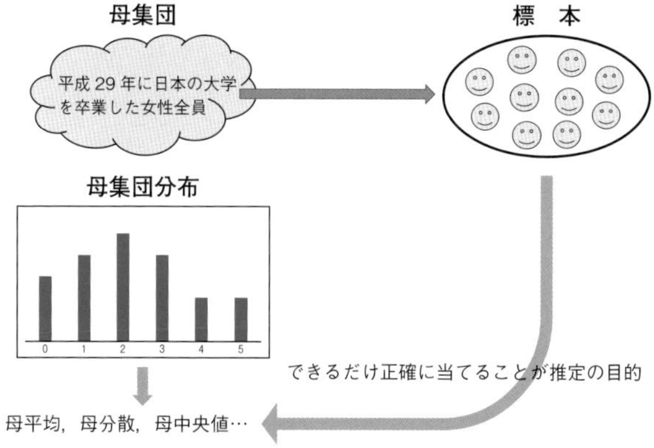

いればよい。

$$(0+2+3+2+1+5+2+4+5+0) \div 10 = 2.4$$

記述統計学の問題として考えれば，この値は女子卒業生 10 人の年間国内旅行回数の平均であるが，ここでは女子卒業生全体の平均，つまり，母平均を推定した値という意味となる。これから学習していくことは，この問題で“平均”という指標を用いる理由なのである。

6.2 標本の抽出方法

推定の考え方を説明する前に，標本（データ）の抽出方法について整理しておく。これから学習するシミュレーションの設計と確率変数を用いた推定の議論（**第 8 章**）の前提となる大切な内容である。

結論から言うと，実際に行われる標本調査のほとんどは**無作為非復元抽出**である。年間国内旅行回数の問題も，問題文にこそ書いていないが，この抽出を想定している。ところが，その分析ではおかしなことに**無作為復元抽出**を前提にした手法が適用されるのである。抽出方法の説明と併せて，この辺りの事情も説明しよう。

まず，**無作為**という言葉だが，これは何らかの意図をもって手を加えず偶然に任せるという意味の統計学用語である。年間国内旅行回数の問題では旅行の好きそうな女性を選ぶとか，一度も国内旅行をしていない女性の後は何度も国内旅行をしていそうな女性を選ぶといった，余計な手を加えないという意味になる。

非復元抽出とは母集団から女性を一人選んだら，この女性を除く残りの人たちの中から二人目を選ぶという標本の選び方である。一方，**復元抽出**では選んだ女性はその都度母集団に戻される。次の女性はその復元された母集団の中から選ばれるのである。当然，同じ女性が重複して選ばれるかもしれないが，復元抽出を前提とした手法では想定済みのことなので心配する必要は全くない。

実際に標本抽出をするときに楽なのは非復元抽出である。標本調査の多く

❖ 補足 6.1　標本調査が必要とされる理由

(1) 時間や費用の面で全数調査ができない場合

内閣支持率に関する世論調査では，すべての有権者にその支持不支持を聞いていては膨大な時間がかかってしまう。調査費用も馬鹿にならないだろう。会計監査における実証手続も同様で，監査人は膨大な取引のすべてを調べることはできない。年間国内旅行回数の問題もこのケースである。

(2) 物理的に全数調査が不可能な場合

大気中に含まれる有害物質の濃度を測定する場合，すべての空気を調べることはできない。水質汚染や土壌汚染の調査も同様である。

(3) 全数調査は可能でも，全数調査が無意味な場合

輸入した農産物の検疫（残留農薬や害虫の検査）ですべてを検査してしまうと，販売するものがなくなってしまう。メーカーが不定期に実施する製品の耐久試験や消耗試験もこれに該当する。

❖ ポイント 6.3　無作為抽出

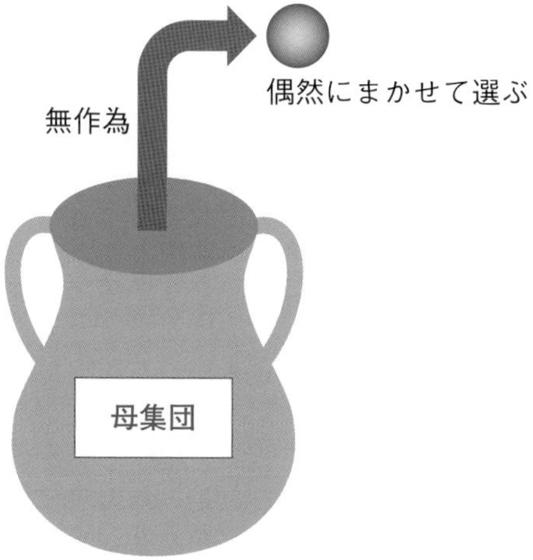

がこの方法を採用するは当然だろう。母集団分布の情報を標本に集約するという観点から見ても，同じ女性が重複して選ばれる可能性のない非復元抽出が望ましいことは明らかである。それではなぜ復元抽出を前提とした手法が用いられるのかといえば，そうすると議論が易しくなるからである。

復元抽出の場合は一人目の女性を選ぶときも二人目を選ぶときも母集団は同じなので，母集団から女性を一人選ぶことだけを考えれば十分である。さらに無作為抽出では女性の選び方を偶然に任せるため，一人目の女性の回答と二人目の回答の間には何の関係もない。次章以降で説明するように，これにより標本の独立性が保証され，推定の議論は大幅に易しくなる。これと正反対なのが非復元抽出である。母集団の人数は女性を一人選ぶ度に一人ずつ減っていくため，母集団から一人選ぶことだけ考えればいいということにはならない。一人目の年間国内旅行回数が 2 回であれば，二人目に 2 回の女性が選ばれる可能性は当然小さくなる。たとえ女性の選び方が無作為抽出であっても，一人目と二人目の回答は無関係とはならないのである。これは標本の独立性を仮定できないことを意味している。

推定の議論が易しくなるというのは復元抽出の利点である。しかし，非復元抽出で得られた標本に復元抽出を前提とした手法を適用しても問題はないのだろうか。少し考えれば分かるように，十分大きい母集団に対して観測値が相対的に少なければ，非復元抽出と復元抽出の違いはほとんどない。年間国内旅行回数の問題では母集団の人数は 285360 人と多いので（実際にこのくらいの人数だろう），ここから一人を選ぶのも一人少ない 285359 人の中から一人を選ぶのも実質的には何も変わらない。標本の人数をよほど多くしない限り，何人目であっても状況は全く同じである。

逆に言えば，母集団が小さい場合や母集団の大きさと比べて標本が極端に大きい場合，二つの抽出方法の違いは無視できなくなる。非復元抽出を前提とした推定手法も開発されているが，内容的にかなり高度である。

ところで，官庁統計のような大規模な標本調査では，手間がかかりすぎることから，無作為復元抽出がそのままの形で適用されることはあまりない。復元抽出であっても，単純な“無作為”ではない標本調査法が広く使われている。本書のレベルを超えるので解説することはできないが，こうした標本

❖ ポイント 6.4　復元抽出と非復元抽出

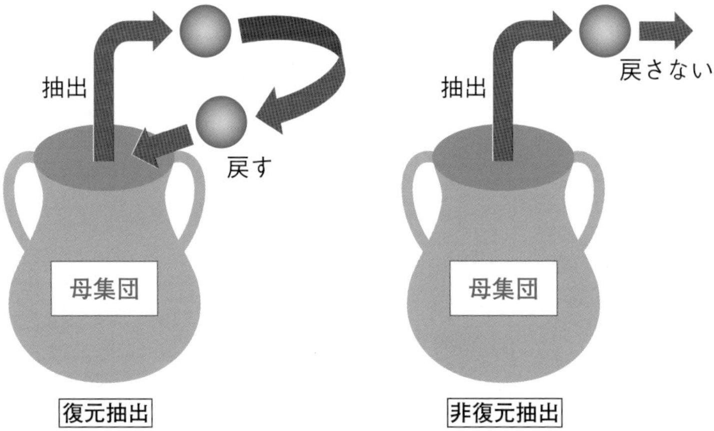

Column 6.1 ● 推定と予測

広辞苑によれば「推測して決定すること。おしはかってきめること」が推定で,「将来の出来事や有様をあらかじめ推測すること。前もっておしはかること」が予測となる。日常用語としての意味なので統計学用語ほど厳格ではないが, どちらも「ある事実に基づいて」が暗黙の条件となる。

統計学用語としての推定の意味は **6.3** 節で説明するが, 簡単に言うと, 推定とは未知ではあるが確定した値を当てることである。母平均や母分散は分析者が知らないだけで, 確かに確定した値である。これに対して予測とは確率現象の結果を当てることである。サイコロを投げたときにどの目が出るのかを当てるのが予測であり, このような場合に推定という用語は使わない。来期の売上高や為替レートを当てるのも予測となる。

統計学では推定や仮説検定, それから予測などをまとめて推測という。もちろん, “推測統計学”の推測である。当てるというよりも論述する場合は推論という言い方となる。

調査法は非常に重要である。**発展 6.1** で主要な標本調査法をいくつか紹介してある。興味があれば目を通すべきだが，その前に少なくとも **6.3** 節までは読んだ方が良いだろう。

6.3 推定の考え方

推定とは母平均や母分散といった母集団分布の要約統計量をできるだけ正確に当てることである。推定する対象のことは**推定対象**という。推定対象を推定する式のことは，日本語として分かり難い言葉だが**推定量**という。そして，**推定値**とはデータから求めた推定量の値のことである。年間国内旅行回数の問題では，推定対象は母平均（母集団での年間国内旅行回数の平均）であり，推定量は平均の式，そして推定値が 2.4 回というのはいいだろう。実際の分析で求めるのは当然“推定値”だが，これから学習するのは所与の問題に対して良い“推定量”は何かということである。

良い推定量を見つけるための考察は調査前であることが前提となる。どのようなデータとなるかが調査前に分かるはずはなく，問題文と同じデータを考えれば十分というわけにはいかない。例えば，

$$1,\ 4,\ 3,\ 1,\ 2,\ 4,\ 3,\ 5,\ 2,\ 5$$

というデータも考えなければならないし，

$$5,\ 2,\ 3,\ 2,\ 0,\ 4,\ 3,\ 1,\ 3,\ 3$$

を想定する必要もある。つまり，あらゆるデータを考えなければならないのである。データによっては母平均に近い推定値となることもあれば，大きく外すことだってある。したがって，良い推定量を求めるには，あらゆるデータの下で求めた推定値の平均的な推定精度を調べなければならない。このようにして推定精度を調べた結果，最も精度の高い推定量が良い推定量になるのである。これが良い推定量を求めるための基本的な考え方である。

話を進める前に考えておかなければならないことが二つある。一つはあらゆるデータを調べる方法である。もう一つはもちろん推定精度である。順序が逆になるが，最初に推定精度のことを説明する。

□発展 6.1　様々な標本調査法

ここでは官庁統計のような大規模な調査で実際に用いられている主な標本調査法を紹介しておこう。

最も簡単な方法は**系統抽出法**（**等間隔抽出法**）である。ただし，母集団の名簿を必要とする。これは名簿の掲載順に個体を等間隔で抽出する方法で，例えば個体を 10 個おきに 1 番目，11 番目，21 番目と選べばよい。名簿での個体の順番は調査したい変数とは無関係なことが多いので，こうして作為的に個体を選んでも結果的には無作為抽出となる。文部科学省が実施している体力・運動能力調査では学校の選定で系統抽出法が用いられている。学校を選んだ後は，児童や生徒の全数調査となる。

例えば全国から世帯を無作為抽出したい場合，最初に市区町村を無作為抽出し，次に選ばれた市区町村から世帯が無作為抽出する方法がある。これを**二段抽出法**という。市区町村の下に地区を設けて抽出を三段階にしても構わない。こうした方法を総称して**多段階抽出法**という。総務省統計局が実施している全国消費実態調査や家計調査は三段階抽出法である。文部科学省実施の学校保健統計調査では，身長と体重に関する発育状態調査で二段階抽出法が用いられている。ただし，児童・生徒の抽出は系統抽出法である。全国から世帯や児童をいきなり無作為抽出するより調査の手間が省けることは明らかだろう。

外部情報が使える場合は，この情報を利用して層別（**2.4** 節）に無作為抽出することがある。この方法を**層化抽出法**という。通常，層別により母集団は比較的同質な集団に分解される。抽出する個体の数が同じでも，層化抽出した方が単純な無作為抽出するよりも推定精度が高くなることが理論的に保証されている。層別に推定量を得られるという利点もある。ただし，層化抽出法では調査の手間を減らすことはできない。

多段階抽出法や層化抽出法では層別の推定値が最初に得られる。ここから母集団全体での推定値を構成しなければならない。もちろん，良い推定量となることが条件だから，その考え方も計算方法もかなり面倒である。こうした標本調査法と比較すれば，本書で解説する無作為復元抽出を前提とした方法がいかに簡単であるかが分かるだろう。

6.3.1 推定精度を評価する基準

推定精度を評価する基準はたくさんあるのだが，最初に理解しなければならないのは**不偏性**，**有効性**，**一致性**という三つの基準である。

(1) 不偏性

あらゆるデータの下で推定値を求めたとしよう。推定値はデータ毎に異なる値となるから，推定対象より小さい値もあれば，大きい値もあるはずである。これは避けられない。しかし，推定値の平均くらいは推定対象の値と一致してほしい。そうでなければ，この推定量は過大推定もしくは過小推定する傾向を持っていることになるからである。推定値の平均が推定対象の値と一致する性質を不偏性といい，不偏性を満たす推定量のことを**不偏推定量**という。

(2) 有効性

あらゆるデータの下で推定値を求めたとき，推定値が極端に大きかったり小さかったりする不安定な推定量は迷惑である。推定値の分散は小さい方が望ましい。推定量 A の分散が推定量 B の分散より小さいとき，推定量 A は推定量 B より**有効**であるという。特にすべての不偏推定量の中で分散が最小となる不偏推定量を**有効推定量**という。有効推定量の定義に不偏性の条件が必要となる理由については **6.5** 節で説明する。

(3) 一致性

観測値の個数が多くなるにつれ推定値の分散が小さくなり，観測値の個数が無限になると，推定値が推定対象の値に一致してしまう性質を一致性という。推定値が推定対象の値と一致するというのは推定値の分散がゼロになることを意味している。一致性を満たす推定量のことを**一致推定量**という。

一致性とは，観測値を無限に集めたときの推定値が推定対象の値と一致するという，そうでなければ困るような当たり前の条件に過ぎない。標準的な推定量は一致性を持つのが普通である。ただし，不偏性や有効性との視点の違いには注意する必要がある。不偏性と有効性は固定した観測値の個数の下での推定精度だが，一致性はそれに加えて観測値の個数を増やしていくと推定精度がどうなるのかを評価している。一致性の議論が難しくなるのは何と

❖ ポイント 6.5　推定の考え方と推定精度の基準

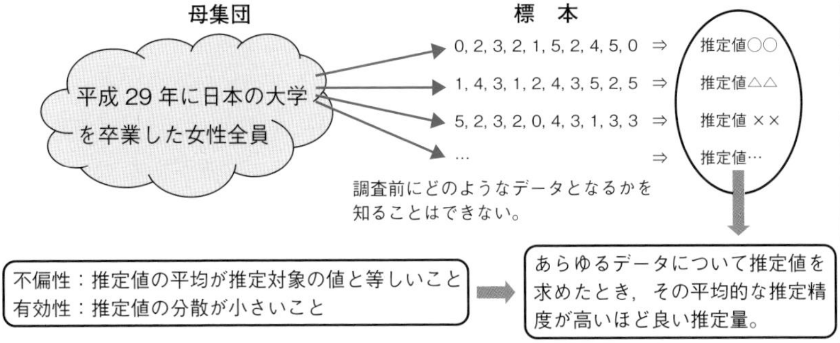
母集団
標　本
平成 29 年に日本の大学を卒業した女性全員
0, 2, 3, 2, 1, 5, 2, 4, 5, 0 ⇒
1, 4, 3, 1, 2, 4, 3, 5, 2, 5 ⇒
5, 2, 3, 2, 0, 4, 3, 1, 3, 3 ⇒
… ⇒
推定値○○
推定値△△
推定値 ××
推定値…
調査前にどのようなデータとなるかを知ることはできない。
不偏性：推定値の平均が推定対象の値と等しいこと
有効性：推定値の分散が小さいこと
あらゆるデータについて推定値を求めたとき，その平均的な推定精度が高いほど良い推定量。

□発展 6.2　順列と重複順列

年間国内旅行回数の問題では母集団が大きすぎるので，ここでは 10 人の母集団から 3 人選ぶことを考えてみよう。人に限らず物を順番に並べたものを順列という。順列とは並べ方のことなので，選ばれた人が同じでも並べた順が異なれば異なる順列と扱われる。例えば鈴木さん，田中さん，佐藤さんと佐藤さん，鈴木さん，田中さんでは異なる順列ということになる。

最初に重複を許して 3 人並べる順列（復元抽出に対応する）の総数を考えてみる。一人目の選び方は 10 通りあり，ここで誰を選んだとしても二人目の選び方は 10 通りあるから，この段階での並べ方の総数は $10 \times 10 = 10^2$ 個となる。三人目も同様に考えると，10^2 通りのそれぞれに対して三人目の選び方は 10 通りあるから，3 人を並べる順列の総数は 10^3 個ということになる。

一方，重複を許さない場合（非復元抽出），母集団は一人選ぶ毎に一人ずつ減っていくため，二人目の選び方は 9 通り，三人目は 8 通りとなる。したがって，3 人を並べる順列の総数は $10 \times 9 \times 8$ 個となる。

以上の結果を公式としてまとめておく。N 人の中から重複を許して n 人を取り出して並べる順列（**重複順列**）の総数は N^n 個となる。重複を許さない場合の順列の総数は ${}_NP_n$ と書く約束で，次のようになる。

$${}_NP_n = N \times (N-1) \times \cdots \times (N-n+1)$$

なお，P という文字は順列（Permutation）から取られている。

なく予想できるだろう。本書では良い推定量を不偏性と有効性の観点から考えていく。

6.3.2 あらゆるデータを調べる方法

ある推定量の不偏性や有効性を調べるには，あらゆるデータの下で推定値を求め，これらの平均や分散を計算しなければならない。それではどのようにあらゆるデータを調べるのかというと，実は二つの方法がある。一つは次章で学習する**確率変数**という数学の概念を用いる方法である。これが正しい方法なのだが，説明が抽象的で初学者には敷居が高いという欠点がある。そこで，本書では**シミュレーション**（**模擬実験**）という厳密性には欠けるが理解し易い方法を最初に紹介する。シミュレーションとはコンピューターを用いて1万個とか10万個といったたくさんのデータを実際に作成し，これをあらゆるデータの代わりにする方法である。作成したデータを用いて推定値の平均と分散を求めるだけなので，作業自体は簡単である。

コンピューターを使ってデータを作成するには母集団分布を具体的に設定する必要がある。推定量の性質を調べることが目的だから，実はどのような母集団分布でも構わない。しかし，あまり非現実的な設定だと実感がわかないだろうから，ここでは現実のデータ（*Column* 1.1）を参考に母集団分布を作成した。これが表6.1である。

ところで，母集団分布を設定すればあらゆるデータを正確に調べることができる。復元抽出の場合，データの個数は母集団285360人の中から重複を許して選んだ10人の並べ方の総数となる（発展6.2）。計算すると，この値は285360の10乗という55桁の巨大な数となる。現在のコンピューターでこれらのデータを調べ尽くすことはできない。しかし，これが無駄な数え方であることは明らかだろう。選ばれた10人が異なれば10個の数字の並びが同じでも異なるデータとして数えているからである。そこで，データを旅行回数で区別すると，データの個数は0から5まで6個の整数の中から重複を許して10個を選ぶ並べ方の総数なので，$6^{10} = 60466176$個となる。さらに数字の並びではなく組み合わせでデータを区別すれば，その個数は3003個と一気に減少する（発展6.6）。これがあらゆるデータを最大限集約したときの

□発展 6.3　階　乗

N 人の並べ方，すなわち，N 人の中から N 人を取り出して並べる順列の総数 ${}_NP_N$ は 1 から N までの自然数の積となる。数学ではこの積のことを N の**階乗**といい，$N!$ と書く。

$$N! = N \times (N-1) \times \cdots \times 2 \times 1$$

数学や統計学で階乗を使うことは意外と多く，本書でも何度か必要となる。階乗を使うと，順列の個数は次のように表すことができる。

$${}_NP_n = \frac{N!}{(N-n)!}$$

もう一つ重要な約束事として $0! = 1$ がある。階乗という計算ルールの約束として定めたものなので，計算して出てくる結果ではない。しかし，この約束のおかげで，${}_NP_N$ をこの式で表現できるのである。

$${}_NP_N = \frac{N!}{(N-N)!} = \frac{N!}{0!} = N!$$

■表 6.1　年間国内旅行回数の母集団分布

回　数	度　数	相対度数
0	42804	15.0%
1	57072	20.0%
2	71340	25.0%
3	57072	20.0%
4	28536	10.0%
5	28536	10.0%
合　計	285360	100.0%

Column 1.1 の度数分布表を参考に，後の計算が楽になるように作成した。回数ゼロの相対度数を減らしたことが大きな違いだが，元の度数分布表は全学年を対象としていることが理由である。4 年生に限定すれば，卒業旅行があるので一度も国内旅行をしなかった女子学生の相対度数は減ると考えてもおかしくないだろう。

データ数となる。これならすべてを調べることは可能だろう。ただし，推定値の平均と分散を求める際には注意が必要である。これは 286360^{10} 個のデータを集計した結果なので，集計に伴う度数を考慮しなければ，単純に3003個の推定値の平均や分散を求めても，286360^{10} 個のデータから求めた値とは一致しないからである。推定値の平均や分散を求めるには，度数分布表を前提とした方法を使わなければならない（**3.4**節）。

このように母集団分布を設定すれば，あらゆるデータを調べることは確かに可能である。しかし，並べ方や組み合わせといった場合の数に加えて，その度数まで計算しなければならないというのは，どう考えても現実的な方法ではない。シミュレーションとは確率変数を用いる方法の近似ではなく，むしろこの方法の近似なのである。

6.4 標本抽出と確率

無作為抽出でデータを作成するときに必要となる概念が**確率**である。母集団分布と無作為抽出で得られた観測値との関係を表すために確率が必要なのである。次章で学習する確率変数にそのままつながる内容でもある。

次のような実験を考えてみよう。箱の中に色の異なる同じ形の玉が10個入っている。色の内訳は青が5個，赤は3個，白は2個となっている。もちろん，外から箱の中を見ることはできない。箱の中から無作為に玉を1個取り出すとき，それが青い玉となる可能性はどのくらいあるだろうか。玉を触っても区別できないので，10個の玉はどれも選ばれる可能性は同じと考えていいはずである。可能性は違うと主張する特段の理由もない。そこで，可能性の大きさを10分の1と表すことにする。この考えを**理由不充分の原則**という。このように考えれば，青い玉は5個あるので，青い玉を取り出す可能性（青い玉であればどれでもいい）は $5\times\frac{1}{10}=0.5$ となる。標本調査では，この可能性のことを確率と定義する。理由不充分の原則に基づいた確率の定義を**ラプラスの定義**という。ところで，玉の取り出し方が無作為でなければ，理由不充分の原則が成立しないことに注意しよう。この場合，青い玉を取り

□発展 6.4　組み合わせ

ここでは並べ方ではなく選び方の総数を考えてみる。選ばれた人の順番は問わず，誰が選ばれたのかという**組み合わせ**だけを数えることになる。言うまでもないことだが，鈴木さん，田中さん，佐藤さんと佐藤さん，鈴木さん，田中さんは同じ組み合わせである。

10 人の中から 3 人を選ぶ組み合わせ（Combination）の総数は頭文字を取り ${}_{10}C_3$ と書くか，$\binom{10}{3}$ と書くが約束である。高校で学習するのは前者だが，数学では後者を使うことが多い。本書でもここでの説明を除いて後者を用いることにする。

組み合わせの総数 ${}_{10}C_3$ は順列の総数 ${}_{10}P_3$ との関係を用いて逆算することができる。3 人の選び方は ${}_{10}C_3$ 通りあり，その一つ一つに対して並べ方は ${}_3P_3$ 通りあるので，順列の総数 ${}_{10}P_3$ はこれらの積であることが分かる。

$${}_{10}P_3 = {}_{10}C_3 \times {}_3P_3$$

この関係式から組み合わせの総数 ${}_{10}C_3$ を求めればよい。

$${}_{10}C_3 = \frac{{}_{10}P_3}{{}_3P_3} = \frac{10!}{3!(10-3)!} = 120$$

最後に組み合わせの総数を公式として書いておこう。

$${}_NC_n = \frac{N!}{n!(N-n)!} = \frac{N \times (N-1) \times \cdots \times (N-n+1)}{n \times (n-1) \times \cdots \times 1}$$

二項定理（**発展 6.5**）との関連で，組み合わせの総数 ${}_NC_n$ を**二項係数**ということもある。

ところで，組み合わせの総数の性質として，

$${}_NC_n = {}_NC_{N-n}$$

が成立する。計算で示さなくても，10 人の中から 3 人を選ぶことと 7 人を残すことは同じであることから理解できるだろう。

出す確率は0.5と主張することはできない。

話を年間国内旅行回数の問題に戻そう。標本調査（無作為抽出）における確率の定義から，母集団から無作為に選んだ女性の年間国内旅行回数が0回である確率は $42804 \times \frac{1}{285360} = 0.15$ となる。他の回数についても同様である。無作為抽出の場合，年間国内旅行回数に対応した確率は母集団分布（**表6.1**）における相対度数と一致することに注意する。シミュレーションでは，この確率に基づいて年間国内旅行回数を作成すればよい。具体的な方法については次節で説明する。

シミュレーションは復元抽出が前提だから，二人目以降についても国内旅行回数の作成方法は，最初の一人のときと何も変わらない。二人目以降であっても**表6.1**の相対度数が年間国内旅行回数に対応した確率となる。

6.5 シミュレーションの結果

これからシミュレーションという方法を用いて，いくつかの推定量の性質を調べていくのだが，その結論については文章を読むだけでなく，実際にやってみた方が納得できるはずである。本書ではMicrosoft社の表計算ソフトExcel 2016でシミュレーションを実行した。ここで用いたブック「推定のシミュレーション」は新世社のホームページからダウンロードすることができる。このブックの詳細は**補足6.3**にまとめたので，興味のある読者はぜひ試してもらいたい。

6.5.1 データの作成

シミュレーションでは母集団分布（**表6.1**）の相対度数が観測値（年間国内旅行回数）に対応した確率となる。したがって，観測値が確率0.15で0，確率0.2で1となるようにデータを作成すればいいのだが，これだけの説明では取り付く島がないだろう。最初にこの方法を簡単に説明しておく。

データ作成で必要となるのは**一様乱数**である。一様乱数とは0以上1以下の数（正確には実数）の中から無作為に取り出した数のことで，この範囲内

❖補足 6.2　ラプラスの定義の問題

現在の確率論の原型は 17 世紀半ばパスカルとフェルマーによるギャンブルの研究（往復書簡）にあるとされている。その後も多くの数学者により研究は進められ，その成果はフランスの数学者ラプラスによる「確率の解析的理論」にまとめられた。1812 年のことである。ここで用いられた確率の定義がラプラスの定義なのである。

ラプラスの定義は感覚的に納得できるものだとしても，論理的には欠陥がある。“理由不充分の原則”が原因である。**6.4** 節では 10 個の玉が選ばれる可能性はどれも同じと考えるのが自然であり，違うと主張する特段の理由はないという説明をした。しかし，可能性が等しいとか異なるとはどういう意味か。可能性の大きさを測るのが確率ではないのか。このようにラプラスの定義は確率を用いて確率を定義する循環論法になっているのである。

定義そのものに論理的な不備があっても，ラプラスが整理した確率論はかなり高度なものであり，確率の性質を調べるには十分なレベルである。こうしたことから 20 世紀初頭まで，この考え方は確率の定義として用いられてきた。高校数学や本書のような初等的な統計学の教科書で扱う確率がラプラス流の考え方に基づいているのは，そのためである。

❖補足 6.3　Excel のブック「推定のシミュレーション」の説明

最初にデータの作成について説明する。セル範囲 A13:C19 は一様乱数の範囲と観測値の対応関係である。ただし，観測値の作成で用いる Excel 関数の制約から，乱数の範囲（下限と上限）は 100 倍した値となっている。一様乱数を発生させる Excel 関数は“RAND()”で，括弧の中は何も入れる必要はない。セル G6 には“= VLOOKUP (100*RAND(),$A$14:$C$19,3,TRUE)”という数式が入力されている。これは一様乱数の値 100*RAND() に対応する回数をセル範囲 A14:C19（A13:C13 は表頭なので不要）の 3 列目として出力する命令となっている。これが 1 個目の観測値である。この数式を用いて 10 個の観測値を作成したものが 1 個目のデータとなる（セル範囲 G6:P6）。

であれば，すべての数が等しい確率で取り出される。一様乱数は実数なので連続変数となるが，連続変数と確率との関係が釈然としない場合は（**6.4** 節では 10 個の玉で確率を考えた），0.01 から 0.01 刻みで 1 までの 100 通りの値を等確率で作成すると考えればよい。一様乱数の作り方まで遡ると議論が難しくなるので，ここではコンピューターで作成した一様乱数は本当に一様乱数であると認めることにする。

一様乱数さえ認めてしまえば，**6.4** 節と同様に考えることで目的とする観測値を簡単に作ることができる。まず，一様乱数が 0.15 以下の場合は観測値を 0 とする。一様乱数が 100 通りの値を取る場合で説明すれば，100 個の玉の 15 個に 0 と書いてあると考えればよい。そして一様乱数が 0.15 を超えて 0.35 以下の場合は 1 とする。これは 20 個の玉に 1 と書いてある場合に相当する。これ以降も同様にすればよい。**表 6.2** は一様乱数の範囲と年間国内旅行回数（観測値）の対応関係を表している。Excel での具体的な計算方法は**補足 6.3** にまとめてある。

シミュレーションではこのようにして 10 個の観測値から成るデータを 1 万個作成した。**表 6.3** は参考として最初の 10 個のデータを抜き出した結果である。

6.5.2 推定対象と推定量

母集団分布（**表 6.1**）の平均，すなわち，母平均は **3.4** 節の式 (3.4) により求めることができる。

$$0 \times 0.15 + 1 \times 0.20 + 2 \times 0.25 + 3 \times 0.20 + 4 \times 0.10 + 5 \times 0.10 = 2.20$$

母分散は，式 (3.5) より，

$$(0-2.2)^2 \times 0.15 + (1-2.2)^2 \times 0.20 + \cdots + (5-2.2)^2 \times 0.10 = 2.26$$

となる。母平均と母分散をこの問題の推定対象とする。ところで，この母集団分布（**表 6.1**）は歪んだ形状である。歪んだ分布に平均や分散を使うべきではないのだが（**第 3 章**），ここはあくまでも母平均と母分散の推定方法を説明するためと割り切って読んでもらいたい。

母平均の推定では 3 種類の推定量を比較した。一つ目は式 (3.1) で定義した平均，2 番目は **3.1.2** 項で定義した中央値である。最後は以下の加重平均セル範囲 Q6:S6 はこのデータから求めた母平均 2.20 の 3 通りの推定値である。セル Q6 は平均で Excel 関数は “AVERAGE(G6:P6)”，セル Q7 は中央値で Excel 関数は “MEDIAN(G6:P6)” である。セル S6 は加重平均で，このセルには “=SUMPRODUCT($G$4:$P$4,G6:P6) /55” という数式が入力されている。この式ではセル範囲 G4:P4 を重みとした観測値の合計を 55 で割った値を計算している。母分散 2.26 はセル範囲 T6:U6 で推定している。セル T6 は分散 1 で Excel 関数は “VAR.S(G6:P6)”，セル U6 は分散 2 で Excel 関数 “VAR.P(G6:P6)” を用いている。

この作業を 1 万回繰り返した結果がセル範囲 G6:P10005 である（ワークシートの 21 行目から 9999 行目は表示していない）。1 万個の推定値の平均と分散がセル範囲 Q10006:U10007 である。平均は Excel 関数 AVERAGE，分散は VAR.P を用いている。

ここでは一様乱数を用いてデータを作成している。したがって，F9 キーを押して一様乱数を再計算すれば，データだけでなく，1 万個の推定値もその平均や分散も値は変化する。

■表 6.2　一様乱数と年間国内旅行回数の対応関係

一様乱数が 0.2345…だったとする。

この範囲に含まれる

下　限	上　限	回　数
0.00	0.15	0
0.15	0.35	1
0.35	0.60	2
0.60	0.80	3
0.80	0.90	4
0.90	1.00	5

範囲に応じて回数を対応させる

である。ただし，10 個の観測値を $x_1, x_2, \cdots, x_{10}$ と書くことにする。

$$\frac{1}{55}\sum_{i=1}^{10} ix_i = \frac{1}{55}(x_1 + 2x_2 + 3x_2 + 4x_4 + \cdots + 10x_{10})$$

母集団で求めた平均が知りたいのだから，その値を観測値の平均で推定するのが合理的であり，根本的に計算方法の異なる中央値や後に観測された値ほど重みを大きくした加重平均が不合理であることは明らかである。しかし，これは常識的な感覚のみに基づいた説明である。推測統計学の理論では中央値と加重平均が不合理であることを単なる印象ではなく，論理的に説明しなければならないのである。

母分散の推定では 2 種類の推定量を比較した。一つは式 (3.2) で定義した分散，もう一つは平均からの偏差の二乗和を観測値の個数 10 ではなく 9 で割った推定量である。ここでは便宜的に一つ目の分散を分散 1，もう一つを分散 2 と呼ぶことにする。分散 2 は分散 1 の $\frac{10}{9}$ 倍だから，分散 1 より必ず大きい値となることに注意する。

6.5.3 シミュレーション結果

シミュレーションではデータ毎にこれらの推定量から推定値を求め，その推定精度を比較した。こうした作業がイメージし易いように，最初の 10 個のデータから求めた推定値を表 6.3 に載せておいた。

1 万個の推定値の平均と分散を求めた結果が表 6.4 である。推定値の平均と分散は再計算する度に異なる値となるので，この表はその一時点の姿を切り取ったものに過ぎない。しかし，実際にシミュレーションを実行してみれば，個々の観測値と推定値は再計算の度に変化しても，推定値の平均と分散は安定していることが分かるだろう。

まず，母平均の推定量から見て行くと，“平均” と “加重平均” の平均は母平均 2.2 とほぼ一致しているが，“中央値” の平均は約 2.11 と小さい値であることが分かる。つまり，平均と加重平均はいずれも不偏推定量であるが，中央値はそうではない。しかし，不偏性の基準だけでは普通の平均と明らかに不合理な加重平均の優劣を付けることができない。どちらも良い推定量になってしまうからである。そこで必要となるのが有効性というもう一つの基

■表 6.3　10 個のデータによるシミュレーション結果

No.	10 個の観測値										平　均	中央値	加重平均	分散 1	分散 2
1	3	4	2	0	3	4	1	5	2	0	2.40	2.50	2.20	2.64	2.93
2	0	0	1	2	0	2	1	4	3	0	1.30	1.00	1.62	1.81	2.01
3	3	2	3	1	0	2	0	2	2	0	1.50	2.00	1.20	1.25	1.39
4	1	4	5	1	3	0	1	1	3	1	2.00	1.00	1.73	2.40	2.67
5	3	3	3	1	2	1	2	1	0	2	1.80	2.00	1.45	0.96	1.07
6	2	1	0	1	4	0	3	1	2	2	1.60	1.50	1.73	1.44	1.60
7	1	0	1	0	0	0	2	2	2	2	1.00	1.00	1.31	0.80	0.89
8	1	2	1	1	3	3	5	0	1	2	1.90	1.50	1.98	1.89	2.10
9	3	2	0	1	0	0	4	4	0	2	1.60	1.50	1.65	2.44	2.71
10	2	1	2	1	3	1	2	2	2	1	1.70	2.00	1.69	0.41	0.46

Excel ではブックを開いたときや一様乱数を含むシートに何らかの変更があると，一様乱数は自動的に再計算される。したがって，新世社のホームページからダウンロードしたファイルを開いても同じ数値とはならないので注意してほしい。一様乱数は F9 キーを押すことで再計算することもできる。ただし，使用するコンピューターの機種によって F9 キーの使い方は異なるので注意する。

■表 6.4　シミュレーション結果

1 万個作成したデータ毎に推定値を求め，これらの平均と分散を計算した結果である。表頭の平均は推定量，表側の平均は 1 万個の推定値の平均であることに注意する。F9 キーを押せば，これらは異なる値となる。

母平均 2.2 と等しい → 平均と加重平均は不偏推定量

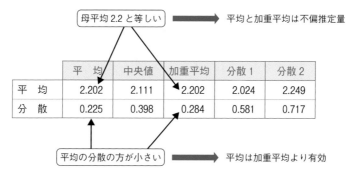

	平　均	中央値	加重平均	分散 1	分散 2
平　均	2.202	2.111	2.202	2.024	2.249
分　散	0.225	0.398	0.284	0.581	0.717

平均の分散の方が小さい → 平均は加重平均より有効

準なのである。推定値の分散を比較すると，加重平均の分散 0.284 は平均の分散 0.225 よりも大きい。これは平均が加重平均より有効で，推定値の安定した良い推定量であることを意味している。加重平均は何の理由もなく観測値毎に重みを変えているから不合理なのではなく，有効でないから不合理なのである。このように母平均の推定では平均を用いればよい。推定量として扱う“平均”のことを**標本平均**という。

母平均の推定についてはもう一つ重要な性質がある。シミュレーションで求めた標本平均の分散 0.225 は，実は母分散 2.26 を観測値の個数 10 で割った値なのである。したがって，観測値の個数が 100 個である場合，標本平均の分散は 0.0226 ということになる。この性質は観測値の個数を増やしていくと，推定値の分散がゼロに近づいていくことを意味している。推定値の分散がゼロとは，どのデータから求めた推定値も同じ値ということである。それがどのような値かといえば，標本平均は不偏推定量だから母平均 2.2 以外にあり得ない。標本平均は不偏推定量というだけでなく，一致推定量なのである。この結果を**大数の法則**という。大数の法則については**第 13 章**で正確に説明する。

次に母分散の推定量を比較してみよう。普通の分散である“分散 1”の平均は 2.024 だから，母分散 2.26 より小さい値となっている。普通の平均が不偏推定量であった母平均の推定と異なり，これは普通の分散が不偏推定量でないことを示している。それでは何が不偏推定量なのかというと，それが除数を 9 とした“分散 2”なのである。推測統計学では分散 2 のことを**不偏分散**という。ところで，少々面倒な話になってしまうが，推定値の分散は普通の分散より不偏分散の方が大きいので，有効性の観点では普通の分散の方が良い推定量ということになる。これは推定量の優劣を調べるときに，不偏性が重視する推定値の平均的な偏り（推定値の平均と推定対象の値の差）と有効性の折り合いをどのようにつけるのかという問題に関連している。興味のある読者は**発展 9.2〜9.5** を読んでほしい。ここでは慣例的に不偏分散が用いられるとだけ書いておこう。

最後に有効推定量の定義になぜ不偏性の条件が必要となるのかを説明しておく。例えば母平均の推定量として，標本平均を再び 10 で割った滅茶苦茶

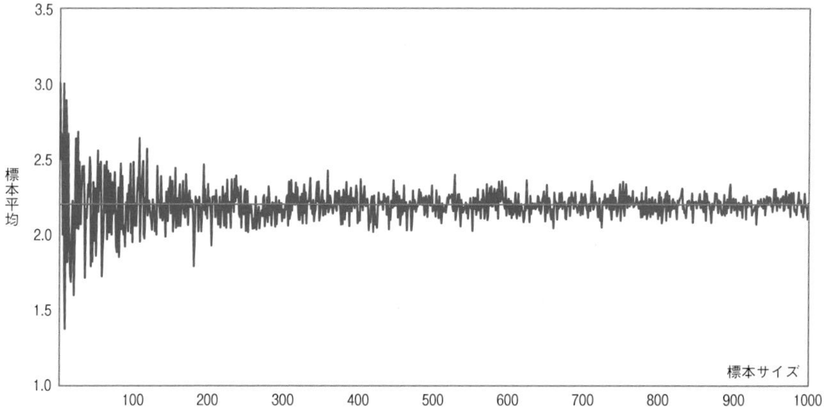

この折れ線グラフは観測値の個数を 1 個から 1000 個まで増やしたときの，対応する標本平均の値（推定値）を示している。観測値はデータ毎に作り直している。観測値の個数が多くなっていくと，推定値が母平均の値 2.2 に近づいていくことが分かるだろう。グラフにおける上下の変動が推定値の散らばりである。この散らばりを分散で表すと，その値が母分散 2.26 を観測値の個数で割った値になるというのが，シミュレーションの結果であった。

■図 6.1　観測値の個数と標本平均

□発展 6.5　二項定理

組み合わせの考え方を応用することで，$(1+x)^{10}$ は，

$$(1+x)^{10} = \sum_{n=0}^{10} \binom{10}{n} x^n$$

と簡潔に表現することができる。この表現を**二項定理**という。理由を説明しよう。左辺を丁寧に書くと次のようになる。

$$(1+x)^{10} = \underbrace{(1+x)\times(1+x)\times\cdots\times(1+x)}_{10個}$$

この式の右辺で，例えば 3 個の $(1+x)$ から x を選び，7 個の $(1+x)$ から 1 を選ぶと，その積は x^3 となる。それでは右辺を計算したときに x^3 が何回出てくるかというと，その回数は 10 個の $(1+x)$ の中から 3 個の x を取り出す選び方の総数だから $\binom{10}{3}$ 回となる。したがって，x^3 の項とは $\binom{10}{3}$ 個の x^3 を足した結果であることが分かる。係数が $\binom{10}{3}$ となる理由である。

二項定理を正確に書いておこう。N をゼロ以上の整数とする。このとき以下の式が成立する。

$$(1+x)^N = \sum_{n=0}^{N} \binom{N}{n} x^n$$

な推定量を考えてみよう。**3.3.1** 項で学習した平均の性質を使うと，この推定量で求めた推定値の平均は標本平均の平均の $\frac{1}{10}$ 倍だから 0.22 となる。言うまでもないことだが，不偏性を満たしていない。分散についても同様に考えれば，この推定量の分散は標本平均の分散の 100 分の 1 だから，0.00226 と極めて小さい値となる。有効性の観点から言えば優れた推定量ということになるが，推定値が必ず 1 未満となる推定量が良いはずはない。このような不合理な推定量を考察の対象から除くため，有効推定量の定義には不偏性の条件を課すのである。それでは僅かな偏りを持つ一方で分散の小さい推定量であった場合はどうするのかという疑問は残るが，これはもう**発展 9.2〜9.5** で紹介する内容となる。

6.6 ここまでの結論

一般論を言えば，シミュレーションの結果は予想に過ぎない。母集団分布を変えれば，正反対の結果となるかもしれない。中央値は母平均の不偏推定量ではなかったが，母集団分布によっては不偏推定量となる場合もある。つまり，この性質は母集団分布次第なのである。ところが，**第 8 章**で証明するように，それ以外の結果は母集団分布によらず必ず成立する。相対度数を変えても成立するという程度の話ではなく，0 から 5 までの整数という定義域を変えても成立するのである。ここではその結果を正確に書いておこう。

3.4 節では**表 3.5** を用いて度数分布表から平均と分散を求める方法を説明した。そこで，ここでは**表 3.5** の階級値 $a_1, a_2, \cdots, a_J$ を変数 x の取りうる値としたものを母集団分布とし，改めて**表 6.5** とする。この母集団分布から求めた変数 x の平均（母平均）を μ，分散（母分散）は σ^2 と書くことにする。

$$\mu = \sum_{j=1}^{J} a_j p_j \tag{6.1}$$

$$\sigma^2 = \sum_{j=1}^{J} (a_j - \mu)^2 p_j \tag{6.2}$$

母平均 μ と母分散 σ^2 が推定対象である。

■表 6.5　変数 x の母集団分布

x の値	相対度数
a_1	p_1
a_2	p_2
$\vdots$	$\vdots$
a_j	p_j
$\vdots$	$\vdots$
a_J	p_J

□発展 6.6　重複組み合わせ

順列，組み合わせの話題の最後に重複組み合わせを紹介する。例えば N 種類のお菓子がたくさんあり，この中から重複を許して n 個のお菓子を取る選び方の総数を計算するときに使うのが**重複組み合わせ**である。同じお菓子をいくつ選んでも構わないというのがポイントである。

これまでより話が複雑なので，ゆっくり説明しよう。最初にお菓子の種類 N が取り出す個数 n より大きい場合を考えてみる。例えば $N=7,\ n=4$ であれば，選んだ 4 個の中に含まれるお菓子の種類は 1 種類から 4 種類まで 4 通りある。例えばお菓子を 2 種類選んだとしよう。7 種類のお菓子の中から 2 種類を選ぶ組み合わせは $\binom{7}{2}$ 通りある。一方，選んだ 2 種類のお菓子（便宜的にこれらを A，B とする）を 4 個選ぶ組み合わせの総数は次のように考えればいいだろう。4 個の皿（○で表そう）があって，この間に仕切り（縦棒｜で表す）を 1 本入れる。仕切りの左にある皿には A，右には B を入れると考えればよい。

$$\bigcirc\bigcirc\bigcirc\bigcirc \quad\Rightarrow\quad \bigcirc\,|\,\bigcirc\bigcirc\bigcirc \quad\Rightarrow\quad \mathrm{A}\,|\,\mathrm{BBB}$$

このルールでお菓子 A，B の選び方（並べ方ではない）を決めると，仕切りの入れられる場所は 3 か所だから，その総数は $\binom{3}{1}$ 通りとなる。以上をまとめると，2 種類のお菓子を 4 個選ぶ組み合わせの総数は $\binom{7}{2}\binom{3}{1}$ 通りであることが分かる。

無作為復元抽出で得られた観測値は n 個あるものとし，大文字で次のように表記する。

$$X_1, X_2, \cdots, X_n \tag{6.3}$$

ここで，一つ目の観測値 X_1 が a_j となる確率は母集団分布の相対度数 p_j であることに注意する。二番目以降の観測値についても同様である。これらの観測値を用いた標本平均は $\bar{X}$，不偏分散は S^2 と書くことにする。

$$\bar{X} = \frac{1}{n}\sum_{i=1}^{n} X_i, \quad S^2 = \frac{1}{n-1}\sum_{i=1}^{n}(X_i - \bar{X})^2$$

母平均の推定量としての加重平均は次のようにと書くことにしよう。

$$\bar{X}_w = \sum_{i=1}^{n} w_i X_i$$

ただし，重みは条件 $\sum_{i=1}^{n} w_i = 1$ を満たすものとする。

以上を準備として，シミュレーションの結果をまとめておく。

(1) 標本平均 $\bar{X}$ は母平均 μ の不偏推定量である。

(2) 標本平均 $\bar{X}$ の分散は $\frac{1}{n}\sigma^2$ である。

(3) 標本平均 $\bar{X}$ は加重平均 $\bar{X}_w$ より有効である。

(4) 不偏分散 S^2 は母分散 σ^2 の不偏推定量である。

これらの予想が正しいことは，確率変数を用いて**第8章**で証明する。**第8章**以降では推定や仮説検定に関する様々な性質を学習するが，きちんと証明できるのは，実は上記の予想だけである。これは本書に限らず初等的な教科書のすべてにいえることである。このことを最後に指摘しておく。

練習問題

問題1　箱の中に数字の書いてある玉が10個入っている。この箱の中から無作為復元抽出した3個の玉を用いて10個の玉に書いてある数字の平均（母平均）と分散（母分散）を推定したい。この例を使って推定の性質に関する問いに答えなさい*。

＊　データと詳しい内容，Excel操作についての説明が，新世社ホームページ（https://www.saiensu.co.jp/）の本書紹介ページの「サポート情報」からダウンロードできます。

3種類のお菓子を選んだ場合，お菓子の選び方は $\binom{7}{3}$ 通り，そこから4個を取る（仕切りを2本入れる）選び方の総数は $\binom{3}{2}$ 通りだから，選び方の総数は $\binom{7}{3}\binom{3}{2}$ 通りとなる。同様に考えれば，1種類のお菓子を選んだ場合は $\binom{7}{1}\binom{3}{0}$ 通り，4種類選んだ場合は $\binom{7}{4}\binom{3}{3}$ 通りとなる。これらの合計が7個のお菓子の中から4個を選ぶ重複組み合わせの総数だから，その総数は次のように計算することができる。

$$\sum_{k=0}^{3}\binom{7}{k+1}\binom{3}{k}=\sum_{k=0}^{4-1}\binom{7}{k+1}\binom{4-1}{k}=210$$

公式として書くと，$N \geq n$ の場合，

$$\binom{N+n-1}{n}=\sum_{k=0}^{n-1}\binom{N}{k+1}\binom{n-1}{k}$$

となる。右辺は問題ないだろう。これが左辺と等しいことは，以下の式に二項定理を適用し，x^n の係数を両辺で比較すればよい。

$$(1+x)^{N+n-1}=(1+x)^N\times(1+x)^{n-1} \tag{1}$$

ただし，途中の計算では $\binom{n-1}{n-1-k}=\binom{n-1}{k}$ を用いた（**発展 6.4**）。

お菓子の種類 N が取り出す個数 n より小さい場合，取り出せるお菓子の種類は最大で N 種類となる。変わるのはこの部分だけなので，これまでの議論と同様に考えれば，重複組み合わせの総数は，

$$\sum_{k=0}^{N-1}\binom{N}{k+1}\binom{n-1}{k}$$

となる。この式が $\binom{N+n-1}{n}$ と等しいことは，やはり式(1)で x^n の係数を比較すればよい。

以上をまとめると，N と n の大小にかかわらず，N 個の中から n 個選ぶ重複組み合わせの総数は $\binom{N+n-1}{n}$ となる。

年間国内旅行回数の問題で0から5までの6個の整数の中から10個を選ぶ重複組み合わせの総数は次のようになる。

$$\binom{6+10-1}{10}=\frac{15!}{10!5!}=3003$$

重複組み合わせの応用例は**発展 7.7** で改めて紹介しよう。

❖ ポイント 6.6　推定精度を調べる二つのアプローチ

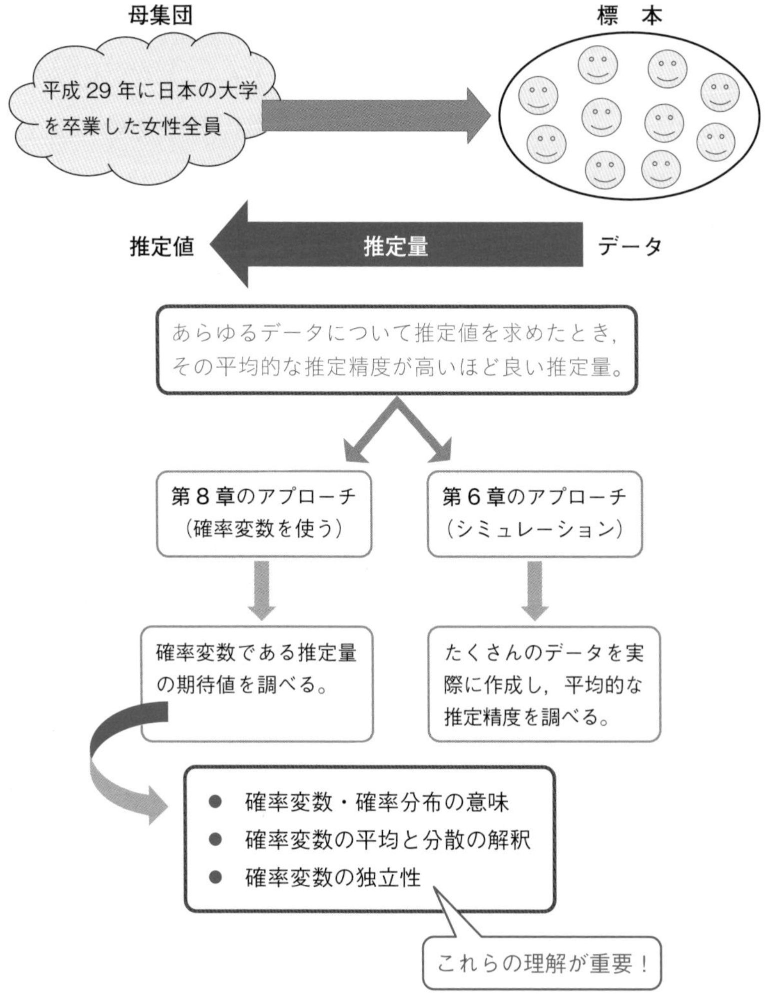
母集団
平成 29 年に日本の大学を卒業した女性全員
標　本
推定値
推定量
データ
あらゆるデータについて推定値を求めたとき，その平均的な推定精度が高いほど良い推定量。
第 8 章のアプローチ（確率変数を使う）
第 6 章のアプローチ（シミュレーション）
確率変数である推定量の期待値を調べる。
たくさんのデータを実際に作成し，平均的な推定精度を調べる。
● 確率変数・確率分布の意味
● 確率変数の平均と分散の解釈
● 確率変数の独立性
これらの理解が重要！

第 7 章

確率変数

確率変数とは確率論に出てくる数学上の概念である。推測統計学はこの概念を用いて記述されるため，この辺りで確率変数を学習しないと先に進むことができない。しかし，はしがきで指摘したように，初学者が統計学の教科書を読んでいて話が分からなくなるのはこの辺りからである。そこで，本書では確率変数の概念を数学的に定義するのではなく，あくまでも標本調査の話として説明した。取り上げた内容は必要最小限のことだけである。後に続く議論との関連は次ページの冒頭で説明した。

確率変数の知識がなくても推定や仮説検定の考え方を理解することは可能である。推定の考え方を解説した前章（ここでは確率変数を用いていない）と同様に説明すればいいからである。しかし，毎回「あらゆるデータの下で推定値を求め，平均的な推定精度を調べる」的な説明をしていては，文章が長くなるばかりである。確率変数を用いれば「推定量の期待値を調べる」で済むのである。次章以降では確率変数を用いた説明が中心となるので，最低限の知識として標本調査における確率変数と確率分布の意味（**7.1** 節）と確率変数の平均と分散の解釈（**7.2** 節），それから確率変数の独立性（**7.3** 節）は必ず理解する必要がある。

厄介なのは **7.3** 節以降である。この部分は前章の最後でまとめた推定に関する四つの予想を証明するためだけに必要とされる。しかも，証明で使うのは **7.5** 節で学習する確率変数の平均と分散に関するいくつかの性質で，途中の内容はその性質を学ぶための準備に過ぎない。ここで学習する知識を推定や仮説検定を学ぶときに直接使うことはないのである。前章の最後で書いたように，本書に限らず初等的な統計学の教科書できちんと証明できるのは推定に関する四つの予想だけである。この部分を読むかどうかは自由だが，できれば我慢して内容を理解したほうがいいだろう。

7.1 確率変数と確率分布

前章で考察した年間国内旅行回数の問題をここでも取り上げる。母集団分布は表 7.1（表 6.1 と同じ）とする。母集団（平成 29 年 3 月に日本の大学を卒業したすべての女性）から無作為に選んだ女性が 4 年次に国内旅行を何回したか考えてみよう。実際に女性を選び国内旅行の回数を聞けば，その回数は 1 回とか 2 回とか確定するが，聞き取り調査をする前に「無作為に選んだ女性に国内旅行の回数を聞いたら何回と答えるだろうか」という視点で考えた場合，その回数を確定することはできない。分かることは，**6.4** 節で説明したように，その女性の旅行回数は確率 0.15 で 0 回，確率 0.2 で 1 回になるだろうということまでである。このように値を事前に確定できない場合，推測統

■表 7.1　年間国内旅行回数の母集団分布

回　数	度　数	相対度数
0	42804	15%
1	57072	20%
2	71340	25%
3	57072	20%
4	28536	10%
5	28536	10%
合　計	285360	100%

◈ **ポイント 7.1　確率変数とは**

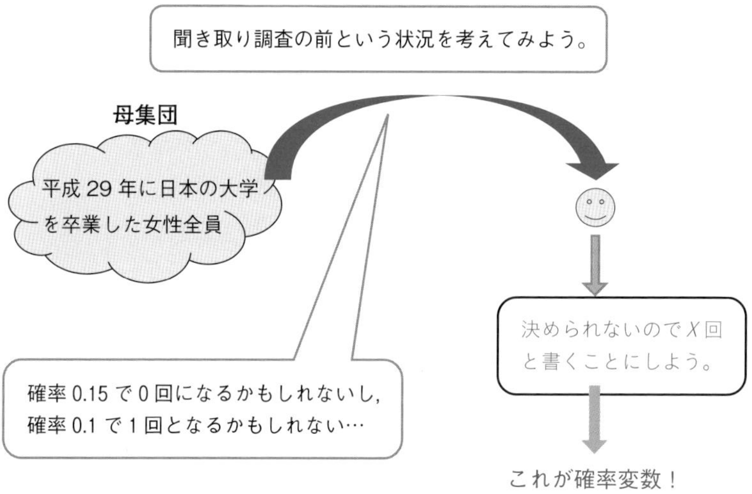

聞き取り調査の前という状況を考えてみよう。
母集団
平成 29 年に日本の大学を卒業した女性全員
確率 0.15 で 0 回になるかもしれないし，確率 0.1 で 1 回となるかもしれない…
決められないので X 回と書くことにしよう。
これが確率変数！

計学ではこの回数をXとかYとか文字を使って表現する。これが推測統計学における**確率変数**の定義である。

6.3節では良い推定量を求めるための議論は調査前であることが前提と説明した。確率変数はその議論で使う"数学の道具"なので，聞き取り調査をする前の視点で定義しているのである。

無作為に選んだ女性の旅行回数を確率変数Xで表そう。定義域が0から5までの整数というだけでは，Xは中学校の数学で学習した"変数"と何も変わらない。0回に対して確率0.15など，変数の値に確率が定められているから"確率変数"なのである。確率変数の値と対応する確率の関係を**確率分布**という。ここで分布という用語の意味は**1.1**節で説明した観測値の分布の意味と全く同じである。確率変数Xは離散変数なので（**第8章**で学習するように，正確には**離散型確率変数**という），確率分布は表を用いて表現することができる。**表7.2**は確率変数Xの確率分布を表したものである。この表と母集団分布（**表7.1**）は，相対度数と確率で意味は違うけれど，事実上同じものであることに注意してほしい。母集団分布は母集団における旅行回数の分布のことであり，確率分布は母集団分布を「母集団から無作為に選んだ女性の旅行回数は何回になるだろうか」という視点で表したものなのである。

具体的に値を特定しない確率変数は無作為に選んだ女性の回答についてあらゆる可能性を想定している。したがって，観測値を確率変数で表現した問題を考えれば，あらゆるデータの下で推定値を求め，平均的な推定精度を調べるのに非常に都合がいいと分かるだろう。あらゆるデータをしらみつぶしに調べる必要はなく，シミュレーションのように実際にデータを作成する必要もない。ただ確率変数の性質を使って調べればいいからである。

7.2 確率変数の平均と分散

無作為に選んだ女性の旅行回数（確率変数X）は0回かもしれないし，4回になるかもしれない。記述統計学でたくさんの観測値を一つの値で表現するため代表値を考えたように，様々な値となりうる確率変数も一つの値で代表

■表 7.2　確率変数 X の確率分布

X の値	0	1	2	3	4	5
確　率	0.15	0.20	0.25	0.20	0.10	0.10

□発展 7.1　事　象

確率現象とは偶然に左右される行為の結果のことであり，この行為を確率論では**試行**という。試行の結果の中で最小単位のものを**根元事象**といい，根元事象の集合を単に**事象**という。トランプ（ジョーカーを含む 53 枚）を無作為に一枚選ぶという試行であれば，53 枚のカードの一枚一枚が根元事象であり，偶数や絵札は事象ということになる。事象が起こる確率とはその事象に含まれる根元事象のどれか一つが起こる確率のことを意味している。

すべての根元事象の集合を**全事象**という。トランプの例では 53 枚のカード全体が全事象となる。確率論では全事象を Ω と書くことが多い。事象を全事象の**部分集合**（要するに一部分）と定義することもできる。

□発展 7.2　事象の間の関係

二つの事象 A と B がある。事象 A と B に含まれている根元事情の全体を**和事象**といい，$A \cup B$ と表記する（A または B という）。和事象に含まれる根元事象は A だけに含まれる根元事象と B だけに含まれる根元事象，そして両方に含まれる根元事象に分類される。このうち両方に含まれる根元事象のことを**積事象**といい，$A \cap B$ と書く（A かつ B という）。事象 A に含まれない根元事象の全体は事象 A の余事象といい，A^c と表す約束である。右肩の c は**余事象**（Complementary event）から取られている。

全事象 Ω の余事象 Ω^c はどのような事象となるだろうか。全事象の定義から余事象 Ω^c を構成する根元事象が存在しないことは明らかである。根元事象の存在しない事象のことを**空事象**と呼び，$\emptyset$ と表記する。事象 A と B の積事象が空事象であるとき，すなわち，

$$A \cap B = \emptyset$$

であるとき，事象 A と B は**排反事象**であるという。こうした事象間の関係は図 7.1a～f（155 頁）を見ると理解しやすい。

させることができる。これが**確率変数の平均**である。そこで思い出してほしいのは，母集団分布と確率分布は事実上同じということである。同じ表を使うのだから，母集団分布（表 7.1）から求める母平均と確率分布（表 7.2）から求める確率変数 X の平均は同じ定義式となる。当然，確率変数 X の平均は母平均と同じ 2.2 である（**6.5.2** 項）。このように確率変数の平均と母平均に計算上の違いはないが，その意味の違いは理解しなければならない。無作為に選んだ女性が答える旅行回数を様々な値となる可能性を考慮して一つ値で表したものが確率変数の平均なのである。

確率変数の分散を考えることもできる。確率変数の値は様々な値となる可能性がある。その散らばり具合を表現するのが確率変数の分散である。確率変数の分散も母分散と全く同じ式で定義される。母集団分布から求めた母分散は 2.26 だから，確率変数 X の分散は当然 2.26 となる。

確率変数の平均と分散を正確に定義しておく。確率変数は X とし，その確率分布は表 7.3 としよう。最初は平均だが，表 7.3 は **6.6** 節で用いた母集団分布（表 6.5）に対応しているので，計算式は式(6.1)であり，その値は母平均 μ ということになる。

$$\text{確率変数}\,X\,\text{の平均} = \sum_{j=1}^{J} a_j p_j = \mu$$

初学者が戸惑うのは平均の表記法である。確率変数 X の平均は $E[X]$ と書かなければならない。記号 E は大括弧内にある確率変数の平均を求めよという命令で，**7.4** 節で学習する期待値（Expectation）から取られている。この表記法は多用されるので，慣れる必要がある。確率変数 X の平均を改めて書くと次のようになる。

$$E[X] = \sum_{j=1}^{J} a_j p_j = \mu \tag{7.1}$$

分散の場合も同様で，確率変数 X の分散（Variance）は $V[X]$ と書かなければならない。計算式は式(6.2)であり，その値は母分散 σ^2 となる。

$$V[X] = \sum_{j=1}^{J} (a_j - \mu)^2 p_j = \sigma^2 \tag{7.2}$$

ところで，確率変数は大文字であるが，確率変数の値は a_1 など小文字で

■表 7.3　確率分布の一般的な表記

Xの値	a_1	a_2	$\cdots$	a_j	$\cdots$	a_J
確　率	p_1	p_2	$\cdots$	p_j	$\cdots$	p_J

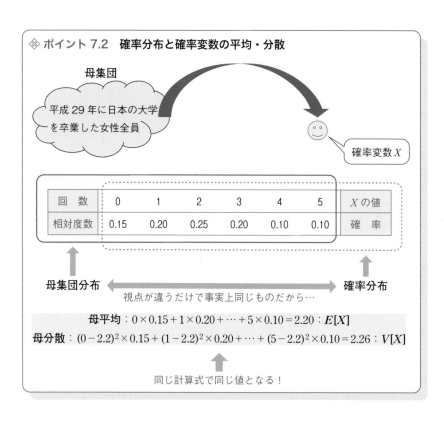

❖ ポイント 7.2　確率分布と確率変数の平均・分散

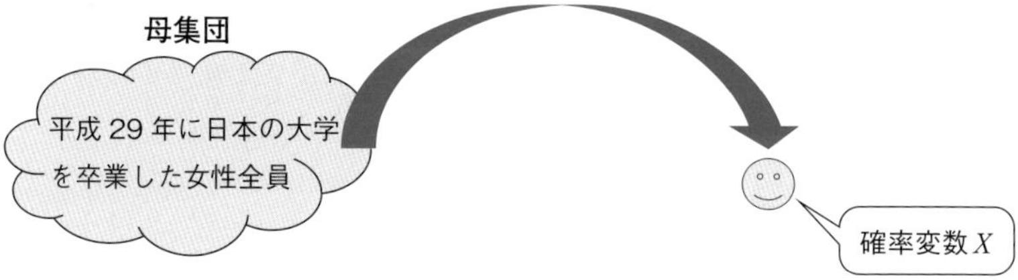

回　数	0	1	2	3	4	5	Xの値
相対度数	0.15	0.20	0.25	0.20	0.10	0.10	確　率

母集団分布 ⟷ **確率分布**

視点が違うだけで事実上同じものだから…

母平均：$0\times0.15+1\times0.20+\cdots+5\times0.10=2.20$：$E[X]$

母分散：$(0-2.2)^2\times0.15+(1-2.2)^2\times0.20+\cdots+(5-2.2)^2\times0.10=2.26$：$V[X]$

同じ計算式で同じ値となる！

表していることに注意しよう。原則なので絶対というわけではないが，この区別は確率論における約束事である。本書は必ずこの表記法で記述するので，大文字を見たら確率変数と理解すればよい。

7.3 二つの確率変数

既に述べたように，推定量の推定精度を調べるには観測値を確率変数で表現した問題を考えればよい。と言うことは，年間国内旅行回数の問題では無作為に選んだ女性 10 人の旅行回数に対応した 10 個の確率変数を扱う必要がある。当然，確率変数が 1 個の場合を学習しただけでは不十分である。しかし，確率変数が 10 個あっても 2 個の場合で学習する内容が基本となることは記述統計学の場合と全く同じである。そこで，ここでは確率変数が 2 個の場合を説明し，3 個以上の場合は本章の最後にまとめて解説する。

7.3.1　2 次元確率変数と同時確率分布

母集団から無作為復元抽出した二番目の女性の旅行回数を確率変数 Y で表そう。確率分布は確率変数 X と同じ表 7.2 となる。確率変数 X と Y を同時に扱う場合は **2 次元確率変数**といい，(X, Y) と表記する。ここでも確率変数の値と対応する確率の関係を確率分布と呼ぶことに変わりはないが，区別しないと紛らわしい場合は，2 次元確率変数 (X, Y) の確率分布は**同時確率分布**，確率変数 X 単独での確率分布は**周辺確率分布**と呼べばよい。

ここでの目的は 2 次元確率変数 (X, Y) の値に確率を定めることだが，いきなり説明するのは難しい。年間国内旅行回数の問題から離れ，もう少し簡単な例を使ってこの問題を説明しよう。

ジョーカーを除くトランプ 52 枚の中から無作為にカードを一枚選んだとする。そのカードが偶数か奇数か，さらにそれが数字（10 以下）か絵札かという問題を考えてみよう。ここでの議論は質的変数のままでも構わないのだが，このままでは共分散（**7.3.4** 項）を計算できないので，便宜的に次のような確率変数 U と V を導入する。

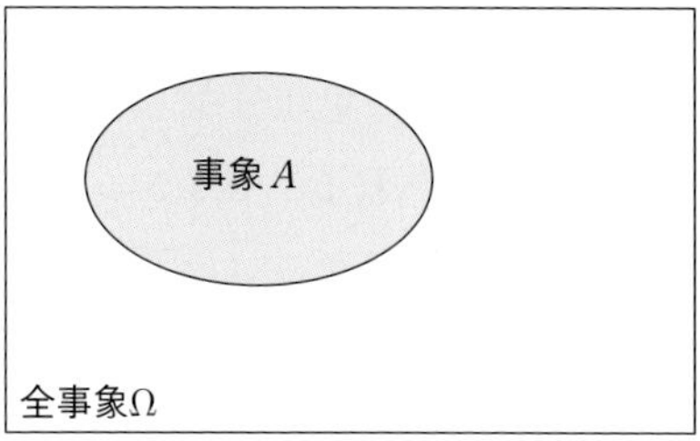

長方形の中にはたくさんの点があるものとし（描いていない），一つ一つの点を根元事象とすれば，すべての点の集合が全事象Ωということになる。左上にある楕円に含まれる点の全体が事象 A である。図 7.1b ～ f についても同様に考えればよい。

■図 7.1a　**全事象Ωと事象 A**

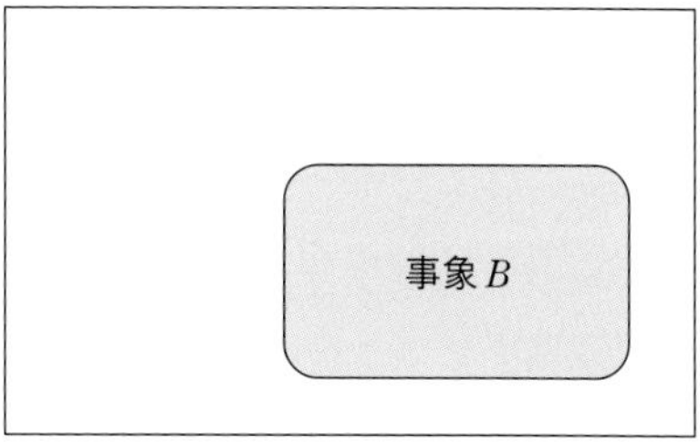

■図 7.1b　**全事象Ωと事象 B**

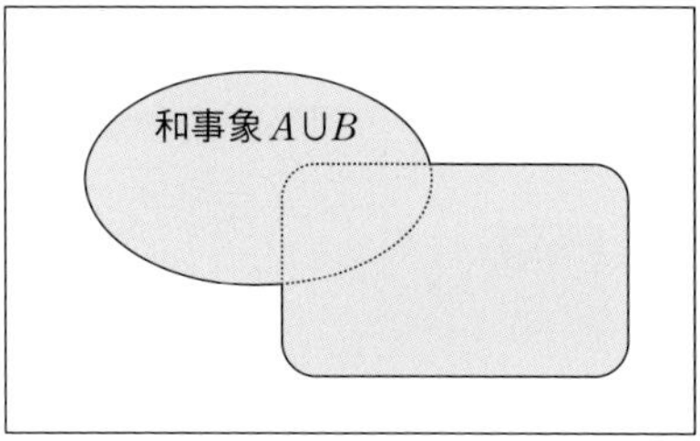

■図 7.1c　**和事象 $A \cup B$**

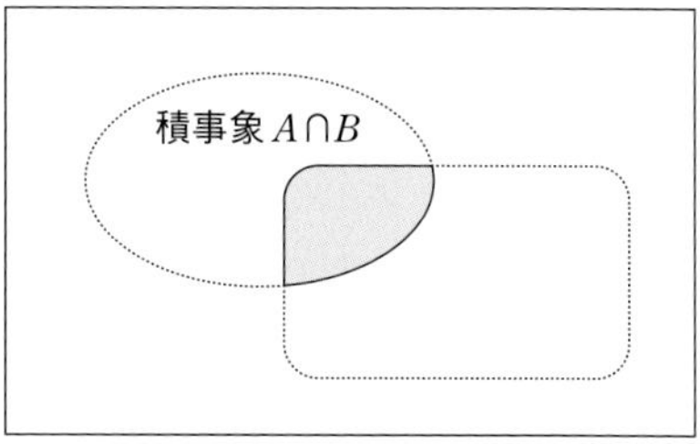

■図 7.1d　**積事象 $A \cap B$**

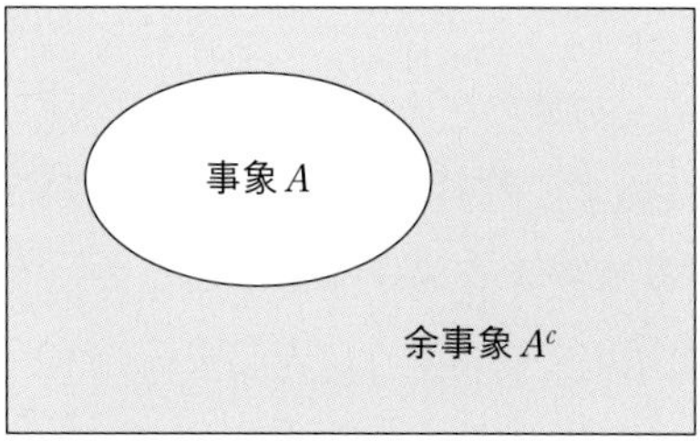

■図 7.1e　**事象 A と余事象 A^c**

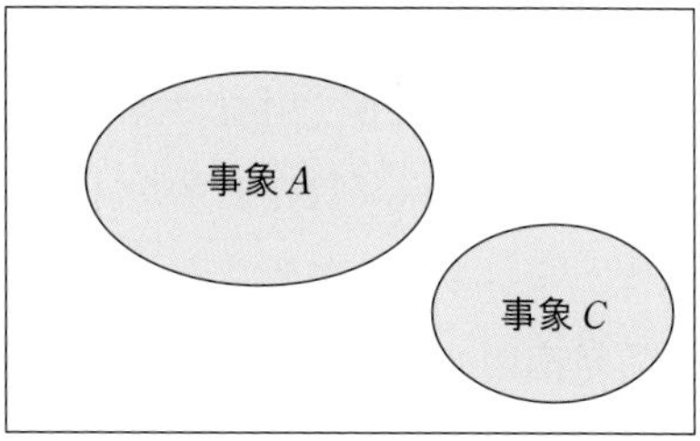

■図 7.1f　**排反事象の A と C**

$$U = \begin{cases} 0\text{；選んだカードが偶数} \\ 1\text{；選んだカードが奇数} \end{cases}, \quad V = \begin{cases} 0\text{；選んだカードが数字} \\ 1\text{；選んだカードが絵札} \end{cases}$$

表 7.4a（度数）と表 7.4b（相対度数）は 52 枚のカードを二つの質的変数で分類した結果である。これが 2 次元確率変数 (U, V) の母集団分布となる。その同時確率分布はラプラスの定義から表 7.5 で与えられる。表 7.5 の右端にある合計は確率変数 U の周辺確率分布，最下行にある合計は確率変数 V の周辺確率分布となる。

同時確率分布の合計が周辺確率分布になるという性質は後で必要となるため，正確に書いておこう。**4.2** 節で用いた分割表（表 4.7b）が母集団分布であるような 2 次元確率変数 (X, Y) を考える。元になる変数が何であるかは一切書いていないが，その同時確率分布が表 7.6 であることはいいだろう。そして，表の右端が確率変数 X の周辺確率分布，最下行が確率変数 Y の周辺確率分布になる。この部分だけを取り出して表にしたものが，確率変数 X の周辺確率分布を表す表 7.7a と確率変数 Y に関する表 7.7b である。このとき，周辺確率分布の確率と同時確率分布の確率の間には以下の関係が成立する。

$$p_{j+} = \sum_{k=1}^{K} p_{jk}, \quad j = 1, 2, \cdots, J \tag{7.3}$$

$$p_{+k} = \sum_{j=1}^{J} p_{jk}, \quad k = 1, 2, \cdots, K \tag{7.4}$$

この関係式は期待値の性質を調べる **7.4** 節で必要となる。

7.3.2 確率変数の独立性

確率変数 X と Y が**独立**であるとは，これらの値の出方に全く関係がないことである。確率変数の独立性はその値と対応する確率の関係で定義されるのだが，これを「確率変数 U の値が 0 となる確率は $\frac{6}{13}$ である」などと書いていては面倒なので，記号 P（Probability）を用いて次のように表記する。

$$P(U = 0) = \frac{6}{13}$$

補足 7.1 にいくつか例を挙げておいたので，この表記法に慣れるためにも一度は目を通したほうがいいだろう。

■表 7.4a　二つの質的変数で分類した分割表（度数）

	数　字	絵　札	合　計
偶　数	20	4	24
奇　数	20	8	28
合　計	40	12	52

■表 7.4b　二つの質的変数で分類した分割表（相対度数）

	数　字	絵　札	合　計
偶　数	$\frac{5}{13}$	$\frac{1}{13}$	$\frac{6}{13}$
奇　数	$\frac{5}{13}$	$\frac{2}{13}$	$\frac{7}{13}$
合　計	$\frac{10}{13}$	$\frac{3}{13}$	1

■表 7.5　2 次元質的確率変数 (U, V) の同時確率分布

U \ V	0	1	合　計
0	$\frac{5}{13}$	$\frac{1}{13}$	$\frac{6}{13}$
1	$\frac{5}{13}$	$\frac{2}{13}$	$\frac{7}{13}$
合　計	$\frac{10}{13}$	$\frac{3}{13}$	1

■表 7.6　2 次元質的確率変数 (X, Y) の同時確率分布

X \ Y	b_1	b_2	$\cdots$	b_K	合　計
a_1	p_{11}	p_{12}		p_{1K}	p_{1+}
a_2	p_{21}	p_{22}		p_{2K}	p_{2+}
$\vdots$			$\ddots$		$\vdots$
a_J	p_{J1}	p_{J2}		p_{JK}	p_{J+}
合　計	p_{+1}	p_{+2}	$\cdots$	p_{+K}	1

■表 7.7a　確率変数 X の周辺確率分布

X の値	a_1	a_2	$\cdots$	a_J
確　率	p_{1+}	p_{2+}	$\cdots$	p_{J+}

■表 7.7b　確率変数 Y の周辺確率分布

Y の値	b_1	b_2	$\cdots$	b_K
確　率	p_{+1}	p_{+2}	$\cdots$	p_{+K}

確率変数の独立性とは **4.2** 節で学習した変数の独立性を異なる視点で言い換えたものに過ぎない。ちょうど母集団分布と確率分布の関係のようなものである。まず，相対度数で表した分割表（**表 4.7b**）の下で変数 x と y が独立とは，式 (4.3) が成立することであった。改めて書くと次のようになる。

$$p_{j+}p_{+k}=p_{jk},\quad j=1,2,\cdots,J,\quad k=1,2,\cdots,K$$

一方，前項で説明したように，母集団分布が**表 4.7b** であるような 2 次元確率変数 (X,Y) の同時確率分布は**表 7.6** で与えられる。そこで，以下の式が成立するならば，確率変数 X と Y は独立と定義するのである。

$$P(X=a_j)P(Y=b_k)=P((X,Y)=(a_j,b_k))$$
$$\Leftrightarrow\quad p_{j+}p_{+k}=p_{jk},\quad j=1,2,\cdots,J,\quad k=1,2,\cdots,K \qquad (7.5)$$

反対に，確率変数 X と Y が独立であれば，式 (7.5) が成立しなければならない。確率変数を用いた議論では「式 (7.5) が成立するから独立」ではなく，むしろ「独立だから式 (7.5) が成立する」を使うことが多い。

トランプの例で二つの確率変数 U と V が独立かどうかを調べてみよう。例えば確率変数 U の値が 0（偶数），V の値が 1（絵札）の場合は，

$$P(U=0)P(V=1)=\frac{6}{13}\times\frac{3}{13}=\frac{18}{169}\neq\frac{1}{13}=P((U,V)=(0,1))$$

だから，式 (7.5) は成立しない。この結果は確率変数 U と V が独立でないことを示している。**表 7.4a** を眺めれば，これは当然の結果だろう。

それでは年間国内旅行回数について考えてみよう。確率変数の議論は調査前であることが前提なので，無作為復元抽出の定義から，一番目と二番目の女性が何回と答えるかは無関係と考えても差し支えないだろう。つまり二つの確率変数 X と Y は独立と仮定することができる。確率変数 X と Y の周辺確率分布は**表 7.2** だから，2 次元確率変数 (X,Y) に対して確率を定めるには，独立性の定義の後半部分を適用すればよい。例えば $P((X,Y)=(1,2))$ は次のようになる。

$$P((X,Y)=(1,2))=P(X=1)P(X=2)=0.20\times0.25=0.05$$

このようにして確率変数 X と Y の値のすべての組み合わせで確率を求めた結果が**表 7.8** である。これが 2 次元確率変数 (X,Y) の同時確率分布である。

この結果が意味することは重要である。同時確率分布というのは面倒なも

❖補足 7.1　記号 P を用いた確率の表記

難しい話ではないが，参考として記号 P を用いた確率の表記例をいくつか挙げておこう。確率分布が表 7.2 の確率変数 X であれば，

- $X=4$ となる確率 $=P(X=4)=0.10$
- $X\leq 3$ となる確率 $=P(X\leq 3)=0.15+0.20+0.25=0.6$
- $X=0$ または $X=5$ となる確率 $=P(\{X=0\}\cup\{X=5\})=0.15+0.10=0.25$

などと書けばよい。最後の確率の $\{X=0\}\cup\{X=5\}$ は発展 7.2 で説明した和事象である。2 次元確率変数 (X, Y) の同時確率分布が表 7.6 の場合は，例えば，

- $P(X=x_1)=p_{1+}$
- $P(Y=y_2)=p_{+2}$
- $X=a_j$ かつ $Y=b_k$ となる確率 $=P(\{X=a_j\}\cap\{Y=b_k\})=p_{jk}$
- $X=a_3$ かつ $Y\leq b_3$ となる確率 $=P(\{X=a_3\}\cap\{Y\leq b_3\})=p_{31}+p_{32}+p_{33}$

となる。ただし，$\{X=a_j\}\cap\{Y=b_k\}$ や $\{X=a_3\}\cap\{Y\leq b_3\}$ は発展 7.2 で説明した積事象である。

■表 7.8　2 次元確率変数 (X, Y) の同時確率分布

Xの値 ＼ Yの値	0	1	2	3	4	5	合　計
0	0.0225	0.0300	0.0375	0.0300	0.0150	0.0150	0.15
1	0.0300	0.0400	0.0500	0.0400	0.0200	0.0200	0.20
2	0.0375	0.0500	0.0625	0.0500	0.0250	0.0250	0.25
3	0.0300	0.0400	0.0500	0.0400	0.0200	0.0200	0.20
4	0.0150	0.0200	0.0250	0.0200	0.0100	0.0100	0.10
5	0.0150	0.0200	0.0250	0.0200	0.0100	0.0100	0.10
合　計	0.15	0.20	0.25	0.20	0.10	0.10	1.00

のである。ところが確率変数XとYが独立であれば，周辺確率分布を知っていれば困ることは何もなく，面倒な同時確率分布をわざわざ用意しておく必要はない。2次元確率変数(X, Y)の確率が知りたければ，周辺確率分布から同時確率分布を復元すればいいのである。初等的な推定や仮説検定の方法が標本の独立性を仮定するのは，すべてこれが理由である。

7.3.3 平均と分散

7.2節では確率変数が一つしかない状況で，その平均や分散について考察したが，この節では確率変数は二つあることが前提である。同時確率分布が表7.6であるような2次元確率変数(X, Y)の場合も，確率変数Xの平均と分散を求めるのに**7.2**節の定義式を用いてもいいのだろうか。幸いに同じ式で定義することができる。しかし，一方の平均や分散を求める際に他方を無視してもいいというのはおかしな話である。この問題は**7.4**節で期待値を導入した後で改めて説明しよう。

確率変数Xの平均を求めるには，平均の定義式(7.1)で確率分布（表7.3）を周辺確率分布（表7.7a）に変えればよい。

$$E[X] = \sum_{j=1}^{J} a_j p_{j+} = \mu_X \tag{7.6}$$

ただし，ここでは平均の値を“Xの平均”であることを明示してμ_Xと書いている。確率変数Xの分散も式(7.2)と同様に定義すればよい。分散の値はσ_X^2と書くことにする。

$$V[X] = \sum_{j=1}^{J} (a_j - \mu_X)^2 p_{j+} = \sigma_X^2 \tag{7.7}$$

確率変数Yの平均と分散は表7.7bを用いて定義すればよい。

$$E[Y] = \sum_{k=1}^{K} b_k p_{+k} = \mu_Y, \quad V[Y] = \sum_{k=1}^{K} (b_k - \mu_Y)^2 p_{+k} = \sigma_Y^2$$

年間国内旅行回数の例では，確率変数XとYの周辺確率分布はどちらも表7.2だから，これらの平均と分散は**7.2**節で求めた値となる。

$$E[X] = E[Y] = 2.20, \quad V[X] = V[Y] = 2.26$$

□発展 7.3　条件付確率と乗法定理

ジョーカーを除くトランプ 52 枚の中から無作為に選んだカードが絵札だったとしよう。このカードが奇数である確率が $\frac{2}{3}$ であることは，**表 7.4a** を見れば明らかだろう。絵札という条件により対象とするカードは 12 枚に絞られ，その中の 8 枚が奇数なのだから。このように定義された確率を**条件付確率**という。記号 P を用いて条件付確率を表記する場合は縦棒 "｜" の右に条件を明記して次のように書く。

$$P(\text{奇数}|\text{絵札}) = \frac{2}{3}$$

同様に考えれば，$P(\text{偶数}|\text{絵札}) = \frac{1}{3}$ である。

表 7.4a と**表 7.4b** を見比べれば，条件付確率 $P(\text{奇数}|\text{絵札})$ は，

$$P(\text{奇数}|\text{絵札}) = \frac{8}{12} = \frac{2/13}{3/13} = \frac{P(\{\text{奇数}\} \cap \{\text{絵札}\})}{P(\text{絵札})}$$

と表現できることが分かる。ただし，右辺の分子は**発展 7.2** で説明した積事象である。この定義式を変形すると以下の式を得る。

$$P(\{\text{奇数}\} \cap \{\text{絵札}\}) = P(\text{奇数}|\text{絵札})P(\text{絵札})$$

この関係式を**乗法定理**という。乗法定理の導出で奇数と絵札の役割を入れ替えた条件付確率 $P(\text{絵札}|\text{奇数})$ を使えば，

$$P(\{\text{奇数}\} \cap \{\text{絵札}\}) = P(\text{絵札}|\text{奇数})P(\text{奇数})$$

であることも分かる。

❖補足 7.2　共分散を用いる統計手法

現実の複雑な現象の分析では単に平均や分散を推定するだけでは不十分になってくる。例えば**第 5 章**で学習した回帰分析を推測統計学で扱うと，母平均が回帰式で表される問題を考えることになる。推定対象は母平均を構成する回帰係数となるのである。ただし，これは共分散の話とは関係がない。

共分散を用いる統計手法の代表例は回帰分析と似て非なる**共分散構造分析**である。共分散構造分析はいくつかの分析手法を含むので，その主なものを紹介

7.3.4 共分散

記述統計学の場合と同様に，2 次元確率変数にも相関関係を表す指標として共分散を定義することができる。しかし，推定や仮説検定の説明で共分散が出てくることはない。本書で共分散を必要とするのは，**7.5** 節で確率変数の分散の性質を調べるときだけである。これから共分散を説明するが，相関関係の指標としての意味を意識する必要はなく，便宜的に定義したくらいのつもりで読めば十分だろう。ただし，推測統計学で共分散の重要度が低いということではないので注意してもらいたい（補足 7.2)。

ここでも同時確率分布が表 7.6 であるような 2 次元確率変数 (X, Y) を用いて共分散を説明しよう。母集団分布は表 4.7b だから，共分散を定義するには分割表から共分散を計算するための式 (4.10) を適用すればよい。確率論では共分散を $Cov[X, Y]$ と書く約束である。

$$Cov[X, Y] = \sum_{j=1}^{J}\sum_{k=1}^{K}(a_j - \mu_X)(b_k - \mu_Y)p_{jk} \tag{7.8}$$

二重のシグマ記号に不慣れな読者は，**1.4** 節を読み直してほしい。

いくつかの例で実際に共分散を求めてみる。最初にトランプの例を取り上げよう。まず，確率変数 U と V の平均は次のようになる。

$$E[U] = 0 \times \frac{6}{13} + 1 \times \frac{7}{13} = \frac{7}{13}, \quad E[V] = 0 \times \frac{10}{13} + 1 \times \frac{3}{13} = \frac{3}{13}$$

したがって，2 次元確率変数 (U, V) の共分散は，

$$\begin{aligned}Cov[U, V] &= \left(0 - \frac{7}{13}\right)\left(0 - \frac{3}{13}\right)\frac{5}{13} + \left(0 - \frac{7}{13}\right)\left(1 - \frac{3}{13}\right)\frac{1}{13} \\ &\quad + \left(1 - \frac{7}{13}\right)\left(0 - \frac{3}{13}\right)\frac{5}{13} + \left(1 - \frac{7}{13}\right)\left(1 - \frac{3}{13}\right)\frac{2}{13} = \frac{5}{169}\end{aligned}$$

となる。年間国内旅行回数の例では，既に求めたように，確率変数 X と Y の平均は $E[X] = E[Y] = 2.20$ である。したがって，共分散を求めるには，

$$\begin{aligned}Cov[X, Y] &= (0 - 2.20)(0 - 2.20)0.0225 + \cdots + (0 - 2.20)(5 - 2.20)0.0150 \\ &\quad + (1 - 2.20)(0 - 2.20)0.0300 + \cdots + (1 - 2.20)(5 - 2.20)0.0200 \\ &\quad \cdots \\ &\quad + (5 - 2.20)(0 - 2.20)0.1500 + \cdots + (5 - 2.20)(5 - 2.20)0.0100\end{aligned}$$

しよう。回帰分析では説明変数と被説明変数の役割がはっきり分かれていた。これに対して，複数の回帰式があり，ある回帰式の被説明変数が別の回帰式の説明変数であるような問題を考える場合もある。このような回帰式の分析を**パス解析**という。ただし，これらの回帰式を個別に回帰分析するわけではないので勘違いしないようにしてほしい。複数個の被説明変数があり，説明変数が直接観測できない変数（潜在変数）であるような回帰式（被説明変数の個数だけある）の分析は**因子分析**という。説明変数の値が未知なのだから，その推定は当然複雑なものとなる。因子分析の潜在変数でパス解析するという，さらに複雑な分析も普通に行われている。このような変数の表現を**多重指標モデル**という。これらに共通する特徴は回帰係数が母平均ではなく，母共分散を構成する母数になっていることである。こうした分析を共分散構造分析と呼ぶ理由である。共分散構造分析で母数を推定する場合は **9.4.1** 項で紹介する最尤法やベイズ法が用いられる。社会科学ではアンケート調査の分析で用いられることが非常に多い。

□発展 7.4　条件付確率分布と条件付期待値

無作為に選んだカードが絵札，すなわち，確率変数 V の値が 1 という条件の下で，確率変数 U の条件付確率をまとめると次のようになる。

U の値	0（偶数）	1（奇数）	合　計
確　率	$\frac{1}{3}$	$\frac{2}{3}$	1

この確率分布を**条件付確率分布**という。絵札という条件がなければ，同時確率分布（表 7.5）の右端が確率変数 U の周辺確率分布である。無作為に選んだカードが奇数かどうかの確率が，絵札という条件により大きく変化したことが分かるだろう。

条件付確率分布から求めた期待値を**条件付期待値**という。条件付期待値も縦棒“ | ”を用いて次のように表記する。

$$E[U|V=1]=0\times\frac{1}{3}+1\times\frac{2}{3}=\frac{2}{3}$$

ちなみに，条件がなければ，$E[U]=\frac{7}{13}$ であった（**7.3.4** 項）。

を計算すればよい。わざわざ検算する必要はないが，実はこの値はゼロとなる。確率変数 U と V は独立でないが，X と Y の場合は独立であることに注意しよう。これは非常に重要な結果である。独立性と共分散の関係については **7.5** 節で改めて説明する。

7.4 期待値

期待値とは確率変数の平均を一般化した概念である。確率変数の値を対応する確率で重み付けした加重平均が確率変数の平均であった。これに対して「確率変数の値を計算した結果」について求めた加重平均を期待値と呼ぶのである。計算は一次関数でも指数関数でも何でもいいので，ここでは計算を具体的に指定することはせず，関数のまま $f(X)$ と書くことにしよう。この関数を用いて計算した値

$$f(a_j), \quad j=1,2,\cdots,J$$

と対応する確率の関係は表 **7.9** にまとめてある，関数 $f(X)$ の期待値は平均を求めるための記号 E を用いて $E[f(X)]$ と書く約束である。

$$E[f(X)]=\sum_{j=1}^{J} f(a_j)p_j \tag{7.9}$$

期待値が何のために必要かと言えば，このような概念を予め用意しておくと計算上便利だからである。**7.2** 節で説明したように，確率変数の平均には意味があり，推測統計学を学習するにはその意味を理解する必要がある。むろん期待値にも意味はあるが，期待値を計算しているときにその意味を考える必要はない。機械的に計算を進めればいいのである。次節で平均や分散の様々な性質を調べるとき，読者はおそらくこのことを実感するだろう。

初めに期待値ありきで議論してみよう。まず，確率変数 X の平均 $E[X]$ は関数 $f(X)$ が X であるときの期待値と“機械的に”定義することができる。これは式 (7.9) で $f(a_j)=a_j$ を代入すれば明らかだろう。さらに $f(X)=(X-\mu)^2$ の場合を考えれば，その期待値 $E[(X-\mu)^2]$ が分散 $V[X]$ ということになる。

□発展 7.5　条件付確率と独立性

同時確率分布が表 7.6 の 2 次元確率変数 (X, Y) に乗法定理を適用すると以下の等式を得る。

$$P((X, Y)=(a_j, b_k))=P(X=a_j|Y=b_k)P(Y=b_k), \quad j=1,2,\cdots,J, \quad k=1,2,\cdots,K$$

確率変数 X と Y が独立であれば，式 (7.5) から，

$$P((X, Y)=(a_j, b_k))=P(X=a_j)P(Y=b_k), \quad j=1,2,\cdots,J, \quad k=1,2,\cdots,K$$

が成立する。二つの式を比べると，

$$P(X=a_j|Y=b_k)=P(X=a_j), \quad j=1,2,\cdots,J, \quad k=1,2,\cdots,K$$

であることが分かる。確率変数 Y の値を条件としても，確率変数 X の確率分布は変わらないということである。独立性の意味を考えると，これは当然の結果だろう。また，この式が成立すれば確率変数 X と Y は独立となる。つまり，この式は独立性の定義式にもなっているのである。もちろん，確率変数の役割を入れ替えて，

$$P(Y=b_k|X=a_j)=P(Y=b_k), \quad j=1,2,\cdots,J, \quad k=1,2,\cdots,K$$

と書いてもよい。

■表 7.9　関数 $f(X)$ の値と対応する確率の関係

X の値	a_1	a_2	$\cdots$	a_j	$\cdots$	a_J
$f(X)$ の値	$f(a_1)$	$f(a_2)$	$\cdots$	$f(a_j)$	$\cdots$	$f(a_J)$
確　率	p_1	p_2	$\cdots$	p_j	$\cdots$	p_J

$$V[X]=E[(X-\mu)^2]=\sum_{j=1}^{J}(a_j-\mu)^2 p_j \tag{7.10}$$

少し応用になるが，関数$f(X)$の分散を定義するには，期待値を用いた定義式(7.10)でXを$f(X)$とし，平均μには$E[f(X)]$を代入すればよい。

$$V[f(X)]=E[(f(X)-E[f(X)])^2]=\sum_{j=1}^{J}(f(a_j)-E[f(X)])^2 p_j \tag{7.11}$$

平均からの偏差の二乗を平均した値という分散の意味を考えれば，これは自然な定義といえるだろう。関数$f(X)$の分散は$\sum_{j=1}^{J}(f(a_j)-\mu)^2 p_j$と間違えやすいので注意してほしい。

次は2次元確率変数(X, Y)に対して期待値を定義する。同時確率分布はここでも**表7.6**とする。関数$f(X, Y)$の期待値$E[f(X, Y)]$も確率変数が一つの場合と同様に“機械的に”定義すればよい。

$$E[f(X,Y)]=\sum_{j=1}^{J}\sum_{k=1}^{K}f(a_j,b_k)p_{jk} \tag{7.12}$$

共分散$Cov[X, Y]$が関数$f(X, Y)=(X-\mu_X)(Y-\mu_Y)$の期待値として定義できることは予想の範囲内だろう。

$$Cov[X,Y]=E[(X-\mu_X)(Y-\mu_Y)]=\sum_{j=1}^{J}\sum_{k=1}^{K}(a_j-\mu_X)(b_k-\mu_Y)p_{jk} \tag{7.13}$$

7.3.3項では2次元確率変数(X, Y)を考えている場合でも，確率変数Xの平均と分散は周辺確率分布を用いて定義すればよいと説明した。確率変数Yの存在を無視しても構わないということである。この問題を最後に説明しておこう。2次元確率変数(X, Y)におけるXの平均を正確に定義すると，それは関数$f(X, Y)=X$の期待値ということになる。式(7.12)に関数$f(X, Y)=X$を代入すると，以下の結果が得られる。

$$E[f(X,Y)]=\sum_{j=1}^{J}\sum_{k=1}^{K}a_j p_{jk}=\sum_{j=1}^{J}a_j\sum_{k=1}^{K}p_{jk}=\sum_{j=1}^{J}a_j p_{j+}=E[X]$$

最後の計算では周辺確率分布と同時確率分布の関係を示す式(7.3)を用いている。最後の式は周辺確率分布を用いた定義式(7.6)に他ならない。このように同時確率分布を用いて定義した確率変数Xの平均は周辺確率分布で定義した平均と確かに一致する。分散についても同様で，2次元確率変数(X, Y)

□発展 7.6　ベイズの定理

条件付確率 $P(\text{奇数}|\text{絵札})$ は次のように書き直すことができる。

$$P(\text{奇数}|\text{絵札}) = \frac{P(\text{奇数}\cap\text{絵札})}{P(\text{絵札})} = \frac{P(\text{絵札}|\text{奇数})P(\text{奇数})}{P(\text{絵札}|\text{偶数})P(\text{偶数}) + P(\text{絵札}|\text{奇数})P(\text{奇数})}$$

この計算式を**ベイズの定理**という。検算すると**発展 7.3** で求めた条件付確率と確かに同じ値となる。

$$\frac{\frac{8}{28}\times\frac{7}{13}}{\frac{4}{24}\times\frac{6}{13}+\frac{8}{28}\times\frac{7}{13}} = \frac{2}{3}$$

証明は難しくない。ベイズの定理の分子は乗法定理から導かれる。

$$P(\text{奇数}\cap\text{絵札}) = P(\text{絵札}|\text{奇数})P(\text{奇数})$$

分母は**表 7.4b** を見れば,

$$P(\text{絵札}) = P(\text{偶数}\cap\text{絵札}) + P(\text{奇数}\cap\text{絵札}) = \frac{1}{13}+\frac{2}{13}=\frac{3}{13}$$

であることが分かる。積事象の確率は乗法定理を用いて書き直せばよい。これがベイズの定理の分母である。

ベイズの定理の左辺と右辺では確率の対象となる事象と条件が入れ替わっていることに注意してほしい。例えば原因を条件として結果が起こる確率を求めるのはそう難しいことではないが, 起きた結果から原因を探るのは難しいことが多い。このような場面でベイズの定理を用いれば, ある事象が原因となった条件付確率を求めることができるのである。この特徴から, ベイズの定理は統計学に限らず様々な分野で用いられている。**第 9 章**で紹介するベイズ法では, その名称の通り, ベイズの定理が必要となる。

最後に**表 7.6** を用いて, ベイズの定理を正確に書いておく。

$$P(X=a_j|Y=b_k) = \frac{P(Y=b_k|X=a_j)P(X=a_j)}{\sum_{i=1}^{J} P(Y=b_k|X=a_i)P(X=a_i)}$$

発展 7.8 でベイズの定理の応用を紹介してある。

における X の分散は関数 $f(X,Y)=(X-\mu_X)^2$ の期待値として定義される。

$$E[f(X,Y)]=\sum_{j=1}^{J}\sum_{k=1}^{K}(a_j-\mu_X)^2 p_{jk}=\sum_{j=1}^{J}(a_j-\mu_X)^2\sum_{k=1}^{K}p_{jk}=\sum_{j=1}^{J}(a_j-\mu_X)^2 p_{j+}=V[X]$$

7.5 平均，分散，共分散の性質

第6章で学習した推定に関する4つの予想を証明するために必要な平均，分散，共分散の性質は**公式7.1**と**公式7.2**にまとめてある。ただし，確率変数 X の確率分布は**表7.3**，2次元確率変数 (X,Y) の同時確率分布は**表7.6**である。確率変数の関数は g，h を用いて表し，定数は c，d，v，w などとしている。これらの性質は**補足7.3**と**補足7.4**で証明した。

公式にまとめた性質を順番に説明していこう。最初の期待値の線形性は期待値計算の簡便性を示すものとして非常に重要である。二つの確率変数（の関数）の和の期待値を求めるには，それぞれの期待値の和を求めればよく，確率変数（の関数）の定数倍の期待値は元の期待値を定数倍すればいいのである。**補足7.3**の証明から明らかなように，これらの性質は確率変数（の関数）を3個以上にした場合でもそのまま成立する。

このままではあまりに一般的すぎるので，もう少し実用的な式に書き直してみよう。まず，性質(1)で $g(X)=X,\ h(X)=1$ とすれば，確率変数の一次関数の平均を求めることができる。

$$E[cX+d]=cE[X]+d \tag{7.14}$$

これは観測値の一次関数の平均（**公式3.1**の(3)）に対応した非常に重要な性質である。2次元確率変数の場合で $g(X,Y)=cX,\ h(X,Y)=vY$ とすれば，確率変数の和の平均を求めることができる。

$$E[cX+vY]=cE[X]+vE[Y] \tag{7.15}$$

変数の和の平均（**公式4.2**の(2)）に対応した，これも極めて重要な平均の性質である。

性質(3)は言うまでもなく観測値の一次関数の分散（**公式3.1**の(3)）に対応している。期待値の線形性と組み合わせた応用には確率変数の標準化がある。

◎公式 7.1　期待値の性質

(1) 期待値の線形性

- $E[cg(X)+vh(X)]=cE[g(X)]+vE[h(X)]$

(2) 期待値の線形性（2 次元確率変数の場合）

- $E[cg(X,Y)+vh(X,Y)]=cE[g(X,Y)]+vE[h(X,Y)]$

(3) 確率変数の一次関数と分散

- $V[cX+d]=c^2V[X]$

(4) 確率変数の和と分散

- $V[cX+vY]=c^2V[X]+2cvCov[X,Y]+v^2V[Y]$

(5) 共分散の分解

- $Cov[X,Y]=E[XY]-E[X]E[Y]$

❖補足 7.3　公式 7.1 の証明

性質 (1) を証明するには，期待値の定義式 (7.9) で $f(X)=cg(X)+vh(X)$ とすればよい。

$$
\begin{aligned}
E[cg(X)+vh(X)] &= \sum_{j=1}^{m}\{cg(a_j)+vh(a_j)\}p_j \\
&= c\sum_{j=1}^{m}g(a_j)p_j+v\sum_{j=1}^{m}h(a_j)p_j=cE[g(X)]+vE[h(X)]
\end{aligned}
$$

式 (7.12) で $f(X,Y)=cg(X,Y)+vh(X,Y)$ とすれば，性質 (2) が得られる。計算は性質 (1) の場合と同様である。

性質 (3) の証明では，関数 $f(X)$ の分散 (7.11) で $f(X)=cX+d$ とすればよい。

$$
\begin{aligned}
V[cX+d] &= E[\{(cX+d)-E[cX+d]\}^2] \\
&= E[\{(cX+d)-(c\mu+d)\}^2]=E[c^2(X-\mu)^2] \\
&= c^2E[(X-\mu)^2]=c^2V[X]
\end{aligned}
$$

第 4 式で定数 c^2 が期待値の外に出るのは，性質 (1) を用いている。

性質 (4) の証明でも分散 (7.11) を適用する。和 $cX+vY$ の分散は，

$$
V[cX+vY]=E[\{(cX+vY)-E[cX+vY]\}^2]
$$

と定義される。ここで式 (7.15) を適用すれば，右辺の大括弧の中は，

確率変数 Z を，

$$Z = \frac{X - \mu}{\sigma}$$

と定義すると，

$$E[Z] = 0, \quad V[Z] = 1$$

が成立する。もちろん，**3.3.3** 項で学習した変数の標準化に対応した性質である。証明するには，式 (7.14) と性質 (3) で $c = \frac{1}{\sigma}$, $d = -\frac{\mu}{\sigma}$ とすればよい。

変数の和の分散（**公式 4.2** の (2)）に対応した性質 (4) もまた重要な性質である。最後の共分散の分解は**補足 7.6** で紹介した分散の分解に対応している。この性質は**公式 7.2** の (2) の証明で必要となる。

公式 7.2 は独立性を仮定したときの期待値の性質を示している。この中で最も重要なのは，二つの確率変数が独立であれば，和の分散がそれぞれの分散の和になることを示す性質 (3) である。次節ではこの性質を確率変数が 3 個以上の場合に拡張する。性質 (2) についても補足しておく。二つの変数が無相関とは共分散がゼロであることだが（**4.4** 節），この定義は確率変数の場合も当てはまる。つまり，性質 (2) は二つの独立な確率変数は無相関であることを示しているのである。**7.3.4** 項で説明したように，年間国内旅行回数の例で確率変数 X と Y の共分散はゼロであった。これは性質 (2) の具体例だったのである。もちろん，共分散がゼロでも二つの確率変数が独立とは限らないので注意しなければならない（**4.4.4** 項）。

7.6 確率変数が 3 個以上の場合

7.3 節の冒頭で説明したように，推測統計学を学習するには二つの確率変数ではなく，3 個以上，一般的に書けば n 個の確率変数を前提とした様々な性質を知っていなければならない。しかし，確率変数が n 個に増えると見かけ上は変化するが，考え方自体は何も変わらない。

確率変数が 3 個以上の場合，異なる確率変数を異なる文字で表すのは得策でない。多少分かり難いかもしれないが，n 個の確率変数は次のように添え

$$\{(cX+vY)-E[cX+vY]\}^2=\{c(X-\mu_X)+v(Y-\mu_Y)\}^2$$
$$=c^2(X-\mu_X)^2+2cv(X-\mu_X)(Y-\mu_Y)+v^2(Y-\mu_Y)^2$$

となる。最後に性質(2)を適用すればよい。

$$V[cX+vY]=E[c^2(X-\mu_X)^2+2cv(X-\mu_X)(Y-\mu_Y)+v^2(Y-\mu_Y)^2]$$
$$=c^2E[(X-\mu_X)^2]-2cvE[(X-\mu_X)(Y-\mu_Y)]+v^2E[(Y-\mu_Y)^2]$$
$$=c^2V[X]+2cvCov[X,Y]+v^2V[Y]$$

性質(5)の証明もこれまでと同じである。最初に期待値を用いた共分散の定義式(7.13)を計算し，それから性質(2)を適用する。

$$Cov[X,Y]=E[(X-\mu_X)(Y-\mu_Y)]=E[XY-\mu_XY-\mu_YX+\mu_X\mu_Y]$$
$$=E[XY]-\mu_XE[Y]-\mu_YE[X]+\mu_X\mu_Y=E[XY]-E[X]E[Y]$$

◎公式 7.2　独立性と期待値

確率変数 X と Y は独立とする。

(1) $E[XY]=E[X]E[Y]$

(2) $Cov[X,Y]=0$

(3) $V[cX+vY]=c^2V[X]+v^2V[Y]$

❖補足 7.4　公式 7.2 の証明

面倒なのは性質(1)の証明だけである。まず，独立性の仮定より，

$$p_{jk}=p_{j+}p_{+k},\quad j=1,2,\cdots,J,\quad k=1,2,\cdots,K$$

であることに注意して，式(7.12)に $f(X,Y)=XY$ を代入すれば，

$$E[XY]=\sum_{j=1}^{J}\sum_{k=1}^{K}a_jb_kp_{jk}=\sum_{j=1}^{J}\sum_{k=1}^{K}a_jb_kp_{j+}p_{+k}$$

となる。後は平均の定義式に注意して計算するだけである。

$$E[XY]=\sum_{j=1}^{J}a_jp_{j+}\sum_{k=1}^{K}b_kp_{+k}=\sum_{j=1}^{J}a_jp_{j+}E[Y]=E[Y]\sum_{j=1}^{J}a_jp_{j+}=E[X]E[Y]$$

性質(2)は性質(1)と共分散の分解（公式 7.1 の(5)）から明らかである。性質(3)は性質(2)と和の分散（公式 7.1 の(4)）から直ちに分かる。

字を用いて区別する。

$$X_i, \quad i=1,2,\cdots,n$$

n 次元確率変数 $(X_1,X_2,\cdots,X_n)$ の確率分布を同時確率分布，個々の確率変数の確率分布を周辺確率分布と呼ぶことは 2 次元確率変数の場合と同じである。

2 次元確率変数の説明では表 7.7a と表 7.7b のように周辺確率分布が異なることを前提としていたが，こうした一般的な状況を想定すると無駄に複雑な式を使わなければならないので，ここでは n 個の確率変数の周辺確率分布はすべて共通とする。この周辺確率分布は表 7.3 であるものとしよう。周辺確率分布が共通という状況は，標本調査の問題における無作為復元抽出に対応する。

確率変数の独立性から説明しよう。取りうる値のすべての組み合わせで以下の式が成立するとき，確率変数 $X_1,X_2,\cdots,X_n$ は独立であるという。

$$\begin{aligned} &P((X_1,X_2,\cdots,X_n)=(a_{j_1},a_{j_2},\cdots,a_{j_n})) \\ &=P(X_1=a_{j_1})P(X_2=a_{j_2})\times\cdots\times P(X_n=a_{j_n}) \end{aligned}$$

反対に，確率変数 $X_1,X_2,\cdots,X_n$ が独立であれば，この式が取りうる値のすべての組み合わせで成立しなければならない。もちろん，取りうる値とはどの確率変数についても $a_1,a_2,\cdots,a_J$ である。この式では n 個の異なる値を区別するため，j_1 や j_2 といった面倒な添え字を使っているが，これらは式 (7.5) における添え字 j，k と全く同じ意味である。

既に述べたように，標本調査では確率変数が独立であることを保証するために無作為抽出が行われる。さらに無作為復元抽出であれば，どのような確率変数の組み合わせについても，共通する周辺確率分布を掛け算するだけで同時確率分布を求めることができるのである。

順番から行くと次は期待値を定義する番だが，本書では n 次元確率変数の期待値を定義する必要はない。周辺確率分布から求めた平均や分散しか使わないからである。期待値の性質だけは重要なので説明しておこう。まずは期待値の線形性の拡張である。公式 7.1 の (2) は確率変数を n 個，確率変数の関数を m 個にしてもそのまま成立する。

$$\begin{aligned} &E[c_1g_1(X_1,\cdots,X_n)+\cdots+c_mg_m(X_1,\cdots,X_n)] \\ &=c_1E[g_1(X_1,\cdots,X_n)]+\cdots+c_mE[g_m(X_1,\cdots,X_n)] \qquad (7.16) \end{aligned}$$

❖補足 7.5　線形性とは

数学では様々な場面で線形性という用語が出てくる。例えば期待値の線形性とは以下の二つの性質のことをいう。

(i) $E[X+Y]=E[Y]+E[Y]$

(ii) $E[aX]=aE[X]$

このように X と Y の和にある計算をした結果が個別に計算した結果の和になるという性質と，X の a 倍にこの計算をした結果が X を計算した結果の a 倍と等しくなる性質を数学では線形性というのである。線形という用語は習っていなくても，高校の数学で学習した微分や積分が線形性を持つことは学習しているだろう。この場合の X や Y は関数であり，期待値 E に該当する計算は微分や積分となる。

また，線形性を持つ 1 変数の関数は原点を通る直線（$y=ax$）だけであることに注意する。通常の一次関数（$y=ax+b$）は線形ではない。

❖補足 7.6　分散の分解

確率変数の分散を計算するための簡便式を紹介しよう。期待値を用いた分散 $V[X]$ の定義式 (7.10) を計算すると，

$$V[X]=E[(X-\mu)^2]=E[X^2-2\mu X+\mu^2]$$

となる。右辺に**公式 7.1** の (1) を適用すると（本文で述べたように，確率変数の関数が 3 個以上でも成立する），平均 $E[X]=\mu$ は定数だから，

$$E[X^2-2\mu X+\mu^2]=E[X^2]-2\mu E[X]+\mu^2=E[X^2]-\mu^2$$

であることが分かる。以上から，分散を求める簡便式は次のようになる。

$$V[X]=E[X^2]-\mu^2$$

第 9 章では様々な確率分布を紹介する。こうした確率分布の分散を計算する際に，この簡便式を使うと計算が簡単になる。ただし，本書でこの簡便式を使うことはない。

❖補足 7.7　共分散の性質

補足として以下の性質を示しておこう。

● $Cov[cX+d, vY+w]=cvCov[X,Y]$

4.5.1 項で紹介した変数の一次関数の共分散に対応している。期待値を用いた

もう少し簡単な場合に書き直すと次のようになる。これは確率変数の和の平均(7.15)の拡張である。

$$E[c_1X_1+c_2X_2+\cdots+c_nX_n]=c_1E[X_1]+c_2E[X_2]+\cdots+c_nE[X_n] \tag{7.17}$$

この式は n 個の確率変数が独立でなくても，そして確率変数毎に周辺確率分布が異なっていても成立することに注意しなければならない。

次は独立性を仮定した場合の確率変数の和の分散である。公式 7.2 における性質(3)を拡張すると，

$$V[c_1X_1+c_2X_2+\cdots+c_nX_n]=c_1^2V[X_1]+c_2^2V[X_2]+\cdots+c_n^2V[X_n] \tag{7.18}$$

となる。独立性を仮定した場合，確率変数のどの組み合わせに対しても共分散はゼロとなる。

$$Cov[X_j,X_k]=0,\quad j\neq k,\quad j,k=1,2,\cdots,n$$

これは性質(2)に対応した結果である。

練習問題

問題 1　箱の中に数字の書いてある玉が 3 個入っている。数字の内訳は 1，2，3 である。箱の中から玉を 2 個無作為非復元抽出したとする。最初に選んだ玉に書いてある数字を確率変数 X で表し，二番目に選んだ玉の数字は確率変数 Y とする。

(1) 二次元確率変数 (X,Y) の同時確率分布を求めなさい。
(2) 確率変数 X の平均と分散を求めなさい。
(3) 確率変数 Y の平均と分散を求めなさい。
(4) 確率変数 X と Y の共分散を求めなさい。
(5) 確率変数 X と Y が独立かどうか調べなさい。

問題 2　3 次元確率変数 (X,Y,Z) について，その和を

$$S=X+Y+Z$$

と定義する。確率変数 S の分散を求めなさい。

共分散の定義式(7.13)を適用すればよい。

$$\begin{aligned}Cov[cX+d, vY+w] &= E[\{(cX+d)-E[cX+d]\}\{(vY+w)-E[vY+w]\}]\\ &= E[\{(cX+d)-(c\mu_X+d)\}\{(vY+w)-(v\mu_Y+w)\}]\\ &= E[cv(X-\mu_X)(Y-\mu_Y)] = cvE[(X-\mu_X)(Y-\mu_Y)]\\ &= cvCov[X, Y]\end{aligned}$$

もう一つの性質は形式的なもので，式そのものに意味はない。

● $Cov[X,X]=V[X]$

これも共分散の定義式(7.13)を機械的に適用すればよい。

$$Cov[X,X]=E[(X-\mu_X)(X-\mu_X)]=E[(X-\mu_X)^2]=V[X]$$

□発展 7.7　同じ誕生日の人がいる確率

30 人のクラスに同じ誕生日の人がいる可能性はどのくらいだろうか。重複組み合わせ（**発展 6.6**）を用いて，この確率を求めてみよう。ただし，ここでは現実の母集団を想定するのではなく，単に 365 個の数字の中から重複を許して 30 個取り出す問題として確率を考えることにする。

この重複組み合わせの総数は $\binom{365+30-1}{30}$ 個あり，この中で誕生日がすべて異なっているものは重複を許さない組み合わせの総数だから，$\binom{365}{30}$ 個となる。これらの比が 30 人のクラスで全員誕生日が異なる確率となる。

$$\binom{365}{30} \div \binom{365+30-1}{30} \cong 0.0920$$

したがって，この値を 1 から引いた 0.9080 は誕生日の同じ人が少なくとも一組いる確率となる。予想よりも大きな値ではないだろうか。

次に誕生日の同じ人が二人いて，それ以外は全員誕生日が異なる確率を考えてみよう。二人の誕生日の選び方の総数（365 通り）と残り 28 人の誕生日が全員異なる場合の数（364 個の中から 28 個を取る組み合わせ）の積が該当する組み合わせの総数となる。したがって，この総数を重複組み合わせの総数で割った値が求める確率となる。

$$365 \times \binom{364}{28} \div \binom{365+30-1}{30} \cong 0.2382$$

誕生日の同じ人が三人の場合だと，確率は 0.0198 と小さな値となる。

□発展 7.8　ベイズの定理の応用

平成 22～24 年に行われた厚生労働科学研究「ピロリ菌除菌による胃癌予防の経済評価に関する研究」によれば，日本でピロリ菌感染者は 3600 万人程度いるとのこと。感染率はおよそ 30％である。ちなみに，ピロリ菌とは慢性胃炎や胃がんの原因となる細菌である。

ここにピロリ菌感染の有無を調べる検査法があったとしよう。感染者がこの方法を用いて調べると，90％という高確率で陽性（感染していれば出るはずの反応がある）となる。しかし，非感染者の場合も確率 10％で陽性となってしまうため（偽陽性），陽性だからといって直ちに感染していると断言することはできない。それでは無作為に選んだ日本人がこの検査法で陽性であったとき，この人が実際に感染している確率はどのくらいだろうか。

ベイズの定理を使えば，この確率を簡単に求めることができる。無作為に選んだ日本人がピロリ菌に感染している確率を 30％とすれば，

$$P(\text{感染}|\text{陽性}) = \frac{P(\text{陽性}|\text{感染})P(\text{感染})}{P(\text{陽性}|\text{感染})P(\text{感染}) + P(\text{陽性}|\text{非感染})P(\text{非感染})}$$

$$= \frac{0.9 \times 0.3}{0.9 \times 0.3 + 0.1 \times 0.7}$$

$$\cong 79.4\%$$

となる。感染している確率はそれなりに高いことが分かる。検査を二回実施して二回とも陽性だった場合は，

$$P(\text{感染}|\text{二回陽性}) = \frac{0.9 \times 0.9 \times 0.3}{0.9 \times 0.9 \times 0.3 + 0.1 \times 0.1 \times 0.7} = 97.2\%$$

となる。二回続けて陽性となった場合は，ピロリ菌に感染していると判断しても差し支えなさそうである。

ところで，ここでの議論は良い推定量を求めるための議論と同様に，検査前であることを想定している。陽性となった人を連れてきて，この人が感染しているかどうかを問うているのではない。感染の有無は確定した事実，つまり確率現象ではなく，単に私たちが知らないだけである。ここではあくまでも調査前に，こうしたことが起こる可能性を考えているのである。同様のことは **10.3** 節と **12.5** 節でも議論される。応用上，確率の解釈はそのくらい重要な話なのである。

第 8 章

母集団分布と推定

8.1 節では確率変数の知識を利用して 6.6 節にまとめたシミュレーションの予想が正しいことを証明する。証明なしに予想が正しいことを認めるのであれば，無理にこの部分を読む必要はない。ただし，最初に説明する確率変数を用いた問題の表現方法については必ず目を通してほしい。この表現方法に慣れないと，後で苦労することになる。

ここまでは母集団分布に事実上何の仮定もしなかったが，実際の分析では母集団分布に何らかの仮定を置くのが普通である。8.2 節ではこの辺りの事情を説明し，続く 8.3 節では母集団分布を仮定できる簡単な例として母比率の推定を取り上げる。8.4 節では実験データの分析という標本調査とは異なるタイプの問題について説明する。最後に 8.5 節では連続型確率分布について解説する。ここでは最も重要な正規分布を紹介する。

8.1 シミュレーションの予想が正しいことの証明

8.1.1 推定の問題の定式化

第7章で述べたように，良い推定量を求めるには観測値を確率変数で表現した問題を考える必要がある。**6.6**節にまとめたシミュレーションの予想を証明する前に，確率変数を使って問題を書き直すことから話を始めよう。

ここでは確率変数で表現した n 個の観測値を，

$$X_1, X_2, \cdots, X_n$$

と書くことにする。確率変数で表現した観測値を**標本**という。これが推測統計学における標本の本当の定義である。観測値の個数 n を**標本の大きさ**または**標本サイズ**という。**標本数**は全く違う意味なので間違いないように。紛らわしければ，単に**観測値の個数**といえばよい。推定量も正確に定義しておくと，推定対象を推定するための標本の関数ということになる。

母集団分布は**表6.5**とする。母平均 μ は式(6.1)，母分散 σ^2 は式(6.2)で与えられる。この二つが推定対象である。無作為復元抽出が前提なので，n 個の確率変数に関して二つの重要な性質を保証することができる。一つはこれらが独立であること，もう一つは周辺確率分布がすべて共通（**表7.3**）になることである。

性質を調べる母平均の推定量は標本平均 $\bar{X}$ と加重平均 $\bar{X}_w$，母分散の推定量は不偏分散 S^2 である。改めて式を書いておこう。

$$\bar{X} = \frac{1}{n}\sum_{i=1}^{n} X_i \tag{8.1}$$

$$\bar{X}_w = \sum_{i=1}^{n} w_i X_i \tag{8.2}$$

$$S^2 = \frac{1}{n-1}\sum_{i=1}^{n}(X_i - \bar{X})^2 \tag{8.3}$$

本書では推定量の推定精度を不偏性と有効性の観点から評価した。不偏性とはあらゆるデータの下で求めた推定値の平均が推定対象の値と等しいことであり，有効性とは推定値の分散が小さいことであった。シミュレーション

❖ 補足 8.1　標本サイズと標本数

本文で書いたように，推測統計学では観測値の個数を標本サイズまたは標本の大きさという。それでは標本数とは何かといえば，母集団の個数のことである。**第 6 章**で取り上げた年間国内旅行回数の問題の場合，標本数は 1 で標本サイズは 10 ということになる。関東と関西で年間国内旅行回数を比較する問題であれば，標本数は 2 となり二標本の問題（**11.3** 節）となる。

標本数を標本サイズと誤解している人は非常に多い。読者には正しい言葉を使うように，ぜひとも注意してもらいたい。

❖ ポイント 8.1　母集団分布の仮定

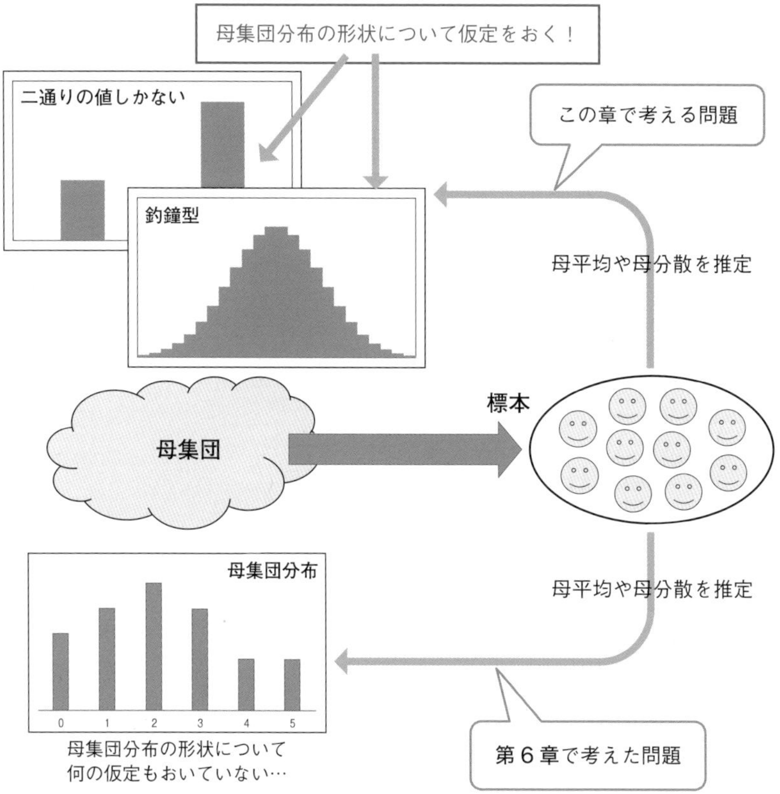

では実際にたくさんのデータを作成することで推定値の平均と分散を求めたが，確率変数を用いて推定値の平均と分散を求める場合は前章で学習した期待値の性質を使えばよい。推定量とは標本，すなわち，n 個の確率変数の関数だから，その平均や分散とは期待値に他ならない。

8.1.2 証 明

以上を準備として，推定に関する 4 つの予想を証明する。前章で書いたように，証明では途中式の意味を考える必要はなく，期待値の性質を利用して機械的に計算すればよい。

(1) 標本平均 $\bar{X}$ は母平均 μ の不偏推定量である。

証明では標本平均 $\bar{X}$ の期待値が母平均 μ と等しい，すなわち，

$$E[\bar{X}]=\mu$$

であることを示せばよい。まず，n 個の確率変数の和の期待値 (7.17) を適用すれば，期待値 $E[\bar{X}]$ は次のように表すことができる。

$$E[\bar{X}]=E\left[\frac{1}{n}X_1+\frac{1}{n}X_2+\cdots+\frac{1}{n}X_n\right]=\frac{1}{n}E[X_1]+\frac{1}{n}E[X_2]+\cdots+\frac{1}{n}E[X_n]$$

ここで n 個の確率変数の周辺確率分布はすべて共通（表 7.3）だから，

$$E[X_i]=\mu,\quad i=1,2,\cdots,n$$

となっている。したがって，

$$E[\bar{X}]=n\times\frac{1}{n}\times\mu=\mu$$

が成立する。

(2) 標本平均 $\bar{X}$ の分散は $\frac{1}{n}\sigma^2$ である。

標本は独立であることが保証されているので，確率変数の和の分散 (7.18) を適用することができる。

$$V[\bar{X}]=V\left[\frac{1}{n}X_1+\frac{1}{n}X_2+\cdots+\frac{1}{n}X_n\right]=n\times\left(\frac{1}{n}\right)^2\times\sigma^2=\frac{\sigma^2}{n}$$

□発展 8.1　ノンパラメトリック法における推定

母集団分布に適切な確率分布を仮定したくても，それが常に可能というわけではない。母集団分布に特定の確率分布を仮定しないという選択肢も当然考えられるわけである。こうした立場からの推測統計学の手法を総称して**ノンパラメトリック法**という。

母平均や母分散といった母集団分布の要約統計量ではなく，観測値のヒストグラムを利用して母集団分布そのもの，つまり確率関数や密度関数を推定するというのが一つの方法である。特に密度関数の推定では，たくさんの関数を重ねることで凸凹しているヒストグラムから滑らかな曲線を表現する方法が広く用いられている。この推定方法を**カーネル密度推定法**という。

もう一つの重要な手法に**外れ値**（異常値）のあるデータで用いられる**ロバスト推定**がある。標本平均や不偏分散といった通常の推定量は外れ値の影響を受けやすいことが知られている。例えば標本平均は母平均 μ に関する方程式 $\sum_{i=1}^{n}(X_i-\mu)=0$ の解として定義することができた（**3.1.1** 項）。標本平均が外れ値に対して頑健（ロバスト）でないのは，シグマ記号の中の $X_i-\mu$ が外れ値をそのまま評価しているからである。したがって，外れ値ほど値がゼロに近くなる関数 $k(x,\mu)$ を用いて，以下の方程式の解として推定値を求めれば，外れ値の影響は軽減すると考えられる。

$$\sum_{i=1}^{n} k(X_i,\mu)=0$$

この方法を **M 推定**という。様々な関数 $k(x,\mu)$ が提案されているが，最も簡単なのは，母平均 μ から一定以上離れている観測値を無視するというものである。定数 c を用いて“一定以上”を表すことにすれば，この関数は，

$$k(x,\mu)=\begin{cases} x-\mu & ; \quad |x-\mu|\le c \\ 0 & ; \quad |x-\mu|>c \end{cases}$$

となる。このように M 推定の考え方は簡単だが，実際に方程式を解いて推定値を求める計算はかなり面倒である。

ところで，ロバスト推定はなぜノンパラメトリック法なのだろうか。例えば測定値の母集団分布は正規分布と仮定できるが，何らかの理由により異常値が混入してしまったとしよう。外れ値の混入率やその確率分布が分からなければ，外れ値を含むデータ全体の母集団分布に特定の確率分布を仮定することはできない。だから，ノンパラメトリック法なのである。

(3) 標本平均 $\bar{X}$ は加重平均 $\bar{X}_w$ より有効である。

この性質を証明するには，不等式 $V[\bar{X}_w] \geq V[\bar{X}]$ を示せばよい。まず，加重平均 $\bar{X}_w$ の分散は，

$$V[\bar{X}_w] = V[w_1 X_1 + w_2 X_2 + \cdots + w_n X_n] = \sigma^2 \sum_{i=1}^{n} w_i^2$$

となる。ここで，条件 $\sum_{i=1}^{n} w_i = 1$ の下で次の不等式が成立する（補足 8.2）。

$$\sum_{i=1}^{n} w_i^2 \geq \frac{1}{n}$$

この不等式から，$V[\bar{X}_w] \geq V[\bar{X}]$ は明らかである。

(4) 不偏分散 S^2 は母分散 σ^2 の不偏推定量である。

平均からの偏差の二乗和 $\sum_{i=1}^{n}(X_i - \bar{X})^2$ を計算すると，

$$\sum_{i=1}^{n}(X_i - \bar{X})^2 = \sum_{i=1}^{n}(X_i - \mu)^2 - n(\mu - \bar{X})^2$$

となる（補足 8.3）。ここに期待値の線形性 (7.16) を適用する。

$$E\left[\sum_{i=1}^{n}(X_i - \bar{X})^2\right] = \sum_{i=1}^{n} E[(X_i - \mu)^2] - nE[(\mu - \bar{X})^2]$$

ここで，期待値を用いた分散の定義式 (7.10) から，

$$E[(X_i - \mu)^2] = V[X_i] = \sigma^2, \quad i = 1, 2, \cdots, n$$

であり，同じく分散の定義式と推定の結論 (1) と (2) より，

$$E[(\mu - \bar{X})^2] = E[(\bar{X} - \mu)^2] = V[\bar{X}] = \frac{1}{n}\sigma^2$$

である。これらをまとめると次のようになる。

$$E\left[\sum_{i=1}^{n}(X_i - \bar{X})^2\right] = n\sigma^2 - n \times \frac{\sigma^2}{n} = (n-1)\sigma^2$$

以上から，

$$E[S^2] = \frac{1}{n-1} E\left[\sum_{i=1}^{n}(X_i - \bar{X})^2\right] = \frac{1}{n-1} \times (n-1)\sigma^2 = \sigma^2$$

であることが分かる。

❖ 補足 8.2　$\sum_{i=1}^{n} w_i^2 \geq \frac{1}{n}$

$\sum_{i=1}^{n} w_i = 1$ であるとき，$\sum_{i=1}^{n} w_i^2 \geq \frac{1}{n}$ が成立することを証明する。まず，新しく n 個の変数を次のように定義する。

$$v_i = w_i - \frac{1}{n}, \quad i = 1, 2, \cdots, n$$

条件 $\sum_{i=1}^{n} w_i = 1$ より，新しい変数については $\sum_{i=1}^{n} v_i = 0$ が成立する。これらの変数を $\sum_{i=1}^{n} w_i^2$ に代入すると，

$$\sum_{i=1}^{n} w_i^2 = \sum_{i=1}^{n} \left(v_i + \frac{1}{n} \right)^2 = \sum_{i=1}^{n} v_i^2 + \frac{2}{n} \sum_{i=1}^{n} v_i + n \times \left(\frac{1}{n} \right)^2 = \sum_{i=1}^{n} v_i^2 + \frac{1}{n}$$

となる。ここで，$\sum_{i=1}^{n} v_i^2 \geq 0$ だから，

$$\sum_{i=1}^{n} w_i^2 \geq \frac{1}{n}$$

であることが分かる。

❖ 補足 8.3　$\sum_{i=1}^{n} (X_i - \bar{X})^2 = \sum_{i=1}^{n} (X_i - \mu)^2 - n(\mu - \bar{X})^2$

平均からの偏差の二乗和を次のように変形する。

$$\sum_{i=1}^{n} (X_i - \bar{X})^2 = \sum_{i=1}^{n} (X_i - \mu + \mu - \bar{X})^2 = \sum_{i=1}^{n} \{(X_i - \mu)^2 + 2(\mu - \bar{X})(X_i - \mu) + (\mu - \bar{X})^2\}$$

右辺の $\mu - \bar{X}$ はシグマ記号に関して定数だから，計算を進めると，

$$\sum_{i=1}^{n} (X_i - \bar{X})^2 = \sum_{i=1}^{n} (X_i - \mu)^2 + 2(\mu - \bar{X}) \sum_{i=1}^{n} (X_i - \mu) + n(\mu - \bar{X})^2$$

となる。ここで，標本平均 $\bar{X}$ の定義式 (8.1) から，

$$\sum_{i=1}^{n} (X_i - \mu) = \sum_{i=1}^{n} X_i - n\mu = n(\bar{X} - \mu)$$

が成立する。上の式にこの等式を代入すれば，

$$\sum_{i=1}^{n} (X_i - \bar{X})^2 = \sum_{i=1}^{n} (X_i - \mu)^2 - n(\mu - \bar{X})^2$$

を得る。

8.2 母集団分布の仮定の必要性

推定に関するシミュレーションの予想が正しいことはこうして証明することができた。前提とした母集団分布は**表 6.5** なので，証明では分布の形状に関する仮定を一切使っていない。つまり，これらの結論は母集団分布がどのような形状であっても必ず成立するわけである。これは非常に重要な結果である。ただし，**表 6.5** は離散変数の分布なので，証明自体は変数が離散型であることを前提としている。次章で説明するように，これらの結論は連続変数を仮定した場合でもそのまま成立する。

このように母集団分布に何の仮定も置かない推測統計学の手法を**ノンパラメトリック法**という（**発展 8.1**）。そもそも，推測統計学が必要となる場面では，母集団分布に関する情報は不足していることが多い。したがって，どのような母集団分布の下でも良い性質が保証されるノンパラメトリック法は分析者にとって非常にありがたい手法ということができる。

一方で限界があることを忘れてはならない。標本平均と不偏分散は確かに不偏推定量である。しかし，母集団分布を仮定せずに主張できるのはここまでである。ある推定量が有効推定量であることは，母集団分布に仮定を置くことなしに示すことはできないのである。

8.3 母比率の推定

8.3.1 問題の例

ここでは母集団分布を仮定できる最も簡単な例として母比率の推定を取り上げる。**例題 8.1** は典型的な母比率の推定の問題である。近畿地方在住の全世帯がこの問題の母集団となる。ちなみに平成 27 年国勢調査によれば近畿地方の世帯数は 8852092 世帯であった。

問題文ではデータを回答のまま質的変数で表現しているが，これでは何かと都合が悪い。ホームベーカリーの所有の有無さえ分かればいいので，ここ

【例題 8.1】

ある家電メーカーはホームベーカリーの所有率を推定するため，パンの消費量の多い近畿地方で無作為に10世帯を選び，ホームベーカリーの所有状況について調査した。ただし，ここでの近畿地方とは滋賀県，京都府，大阪府，兵庫県，奈良県，和歌山県の2府4県である（総務省公表の家計調査に基づく）。回答は次のようになった。

無, 無 , 無 , 有 , 無 , 無 , 無 , 無 , 有 , 無

このデータを集計すると，ホームベーカリーを所有しているのは2世帯，持っていないのは8世帯である。近畿地方におけるホームベーカリーの所有率を推定しなさい。

Column 8.1 パンの消費量とホームベーカリー

以下の表は平成28年度家計調査から抜粋したパンに対する一世帯当たり年間支出である。地方別にまとめたのが左の表で，都道府県庁所在地別に上位10市を見たものが右の表である。ただし，世帯とは単身世帯と二人以上世帯を合わせた総世帯のことである。年間支出の単位は円である。

地方

No.	地　方	年間支出
1	近畿	29094
2	中国	27492
3	東海	26218
4	関東	25387
5	四国	25297
6	北陸	24264
7	九州	21917
8	東北	20059
9	北海道	19768
10	沖縄	17727

都道府県庁所在地（上位10市）

No.	都　市	年間支出
1	京都市	34704
2	大津市	31095
3	横浜市	29206
4	松山市	28880
5	和歌山市	28515
6	神戸市	27913
7	大阪市	27790
8	岡山市	27389
9	津市	27001
10	徳島市	26492

年間支出が最も多いのは近畿地方で，都市別の表を見ても確かに半分が近畿地方の都市となっている。東京都区部は意外と少なく，17位で25115円であった。

やや古い調査になるが，総務省が公表している平成26年全国消費実態調査によれば，二人以上世帯におけるホームベーカリーの普及率は24.1%である。

では所有の有無を所有していれば1，していなければ0を取る量的変数xで表すことにしよう（この段階では確率変数ではない）。このとき，この問題のデータは次のように表すことができる。

$$0,\ 0,\ 0,\ 1,\ 0,\ 0,\ 0,\ 0,\ 1,\ 0$$

観測値の合計が所有世帯数2となることは明らかだろう。

母集団で$x=1$となる世帯の相対度数をpと書くことにする。この値を**母比率**という。母比率とは母集団におけるホームベーカリーの所有率のことであり，この問題の推定対象である。変数xの値は0と1だけなので，母集団分布は必然的に表8.1となる。このように母比率の推定問題では母集団分布を簡単に仮定することができるのである。

8.3.2 ベルヌーイ分布

母集団から無作為に選んだ世帯がホームベーカリーを所有しているかどうかを確率変数Xで表すことにすれば，その確率分布は表8.2となる。この確率分布を**ベルヌーイ分布**という。ベルヌーイ分布は二通りの結果しか起こらない確率現象を表現するための確率分布である。成功率，内閣支持率，試験の正答率，テレビ視聴率など，“率”で表される指標の分析で用いられ，応用範囲はとにかく広い。

表8.2のベルヌーイ分布は$B(1,p)$と表記することが多い。確率論では確率変数Xの確率分布が$B(1,p)$であることを，「確率変数Xは$B(1,p)$に従う」と簡潔にいい，次のように表記する。

$$X \sim B(1,p) \tag{8.4}$$

この表現法は本書に限らず多用されるので，慣れる必要がある。

確率変数Xの値と対応する確率の関係

$$P(X=0)=1-p, \quad P(X=1)=p$$

は，次のような確率変数の値xの式で表すことができる。

$$P(X=x)=p^x(1-p)^{1-x}, \quad x=0,1 \tag{8.5}$$

この式を**確率関数**という。ベルヌーイ分布のように名前の付いている特別な確率分布は，表ではなく確率関数を用いて定義するのが普通である。

ベルヌーイ分布の平均と分散は簡単に計算することができる。

■表 8.1　変数 x の母集団分布

x の値	相対度数
0	$1-p$
1	p

■表 8.2　確率変数 X の確率分布

X の値	確　率
0	$1-p$
1	p

❖補足 8.4　分散の最大値と最小値

確率変数の値は様々な値となる可能性があるため，その散らばり具合を表現したのが確率変数の分散であった（**7.2** 節）。この意味を考えれば，ベルヌーイ分布の分散が，$p=1$ の場合，すなわち，確率変数の値が常に 1 となる場合（最早，確率現象ではない）にゼロとなるのは明らかだろう。反対に最も散らばりが大きくなるのは，0 と 1 が半々で出現する $p=0.5$ の場合というのも納得できるのではないだろうか。この結論は分散 $V[X]=p(1-p)$ のグラフを見れば一目瞭然である。

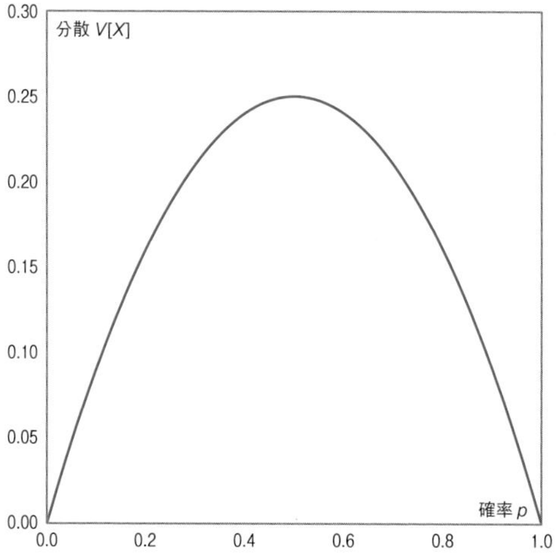

$$E[X]=0\times(1-p)+1\times p=p \tag{8.6}$$

$$V[X]=(0-p)^2\times(1-p)+(1-p)^2\times p=p(1-p) \tag{8.7}$$

平均が確率 p，すなわち，母比率 p に一致するというこの結果は非常に重要である。母比率というこれまでとは違う推定対象を考えているが，実際には母平均の推定と何も変わらないからである。

8.3.3 母比率の推定

母比率の推定について説明するため，確率変数を用いてこの問題を定式化しよう。母集団分布は母比率 p のベルヌーイ分布である。標本は，

$$X_1, X_2, \cdots, X_n$$

とし，これらは独立とする。母比率 p がここでの推定対象である。

母比率は母平均のことでもあるので，その推定では母平均の推定に関する結論(1)と(2)を適用すればよい。標本平均は標本の中で値が1となる確率変数の比率なので（推定値もデータの中で値が1の観測値の比率となる），母比率の推定では標本平均のことを**標本比率**と呼び，$\bar{P}$ と表記する。

$$\bar{P}=\frac{1}{n}\sum_{i=1}^{n}X_i \tag{8.8}$$

母平均の推定（**8.1** 節）と比較すると，母比率の推定の議論で母平均 μ に対応するのは母比率 p であり，母分散 σ^2 は式(8.7)より $p(1-p)$ に対応する。したがって，母平均の推定の結論を母比率の推定用に書き換えると，

(1) 標本比率 $\bar{P}$ は母比率 p の不偏推定量である。

(2) 標本比率 $\bar{P}$ の分散は $\frac{1}{n}p(1-p)$ である。

となる。これらを式で書くと次のようになる。

(1) $E[\bar{P}]=p$

(2) $V[\bar{P}]=\frac{1}{n}p(1-p)$

母集団分布がベルヌーイ分布の場合は，不偏性に加えて有効性に関する結果も得られる。

(3) 標本比率 $\bar{P}$ は母比率 p の有効推定量である。

これは非常に強力な結果である。ここでは標本平均と加重平均しか取り上げていないが，まだ誰も知らない不偏推定量があるかもしれない。この結論は

□発展 8.2　ベルヌーイ分布から派生する重要な確率分布

ベルヌーイ分布 $B(1,p)$ に従う n 個の独立な確率変数の和の分布を**二項分布**という。この二項分布は $B(n,p)$ と書く約束である。二項分布はコインを n 回投げたときに表が出る回数 X の確率分布といってもいい。確率関数と平均，分散は次のようになる。

$$P(X=x)=\binom{n}{x}p^x(1-p)^{n-x},\quad x=0,1,\cdots,n$$

$$E[X]=np,\quad V[X]=np(1-p)$$

ただし，$\binom{n}{x}$ は**発展 6.4** で説明した二項係数である。二項分布からは**ポアソン分布**が導かれるが，これについては**補足 9.1** で説明しよう。

コインを投げ続けたとき，X 回目に初めて表が出たとする（$X-1$ 回続けて裏が出る）。回数 X が従う確率分布を**幾何分布**という。確率関数と平均，分散は以下で与えられる。

$$P(X=x)=p(1-p)^{x-1},\quad x=1,2,3\cdots$$

$$E[X]=\frac{1}{p},\quad V[X]=\frac{1-p}{p^2}$$

表が k 回出るまでコインを投げ続けたとき，それまでに出た裏の回数 X が従う確率分布を**負の二項分布**という。確率関数と平均，分散は以下で与えられる。

$$P(X=x)=\binom{k+x-1}{k-1}p^k(1-p)^x,\quad x=0,1,2\cdots$$

$$E[X]=\frac{k(1-p)}{p},\quad V[X]=\frac{k(1-p)}{p^2}$$

ここで表の出る回数 k を 1 とすれば，その確率分布は幾何分布となる。ただし，この場合は $X-1$ 回ではなく X 回続けて裏が出て，$X+1$ 回目に初めて表が出るという状況となる。

これらはいずれも確率を使う分野では非常に重要な確率分布だが，母集団分布として仮定されるのは負の二項分布だけである。ただし，ここでの説明とは全く異なる解釈で用いられる（**9.1.2** 項）。

こうした未知の不偏推定量を含めたとしても，標本比率 $\bar{P}$ の分散は最も小さいと主張しているのである。ただし，有効性の証明は非常に難しい。

ホームベーカリーの所有率の問題に戻ろう。有効性の話は難しくても，計算は簡単である。母比率の有効推定値は $\bar{p} = \frac{2}{10} = 0.2$ となる。

8.4 実験データの分析

8.4.1 実験データの分析の例

例題 8.2 も母比率の推定問題である。ホームベーカリーと歪んだコインという“物語”が違うだけで，二つの問題は表面上全く同じである。したがって，この問題の母集団分布はベルヌーイ分布であり，標本比率が母比率の有効推定量となる。推定値はやはり 0.2 となる。しかし，この問題が「全体から一部を抜き出して，その一部から全体について推論する」という標本調査の構造になっていないことは明らかである。

標本調査のデータを確率変数の実現値としたのは，無作為復元抽出で得られたデータは偶然に左右される確率現象の結果だからである。母集団でホームベーカリーの所有の有無は確定した事実であり，ここに確率的な性質は一切ない。これに対してコインの問題では，コインを投げた結果自体が確率現象なのである。確率現象を確率変数で表したときの確率分布（例題 8.2 ではベルヌーイ分布）が関心の対象で，確率現象の結果がデータであるような問題のことを推測統計学では**実験データの分析**という。

実験室で環境を一定に保った中で実験を繰り返しても，制御できない微小な環境変化の影響や測定誤差のため，通常，同じ測定値を続けて得ることはできない。実験データの分析とは元々こうした測定値を分析するために考えられた問題である。自然科学ではこのタイプの問題が当然のことながら多くなる。読者の多くは意外に思うかもしれないが，社会科学でも実験データの分析として扱う問題は多い。もちろん，ここでの実験とは比喩であり，実験室で行う実験を意味しているわけではない。この話題については**第 9 章**で改めて考察する。

【例題 8.2】

歪みのあるコインがある。このコインを投げたときに表が出る確率が知りたい。そこで，このコインを 10 回投げたところ，結果は次のようになった。

裏，裏，裏，表，裏，裏，裏，裏，表，裏

集計すると，表が出たのは 2 回，裏は 8 回である。このコインを投げて表が出る確率を推定しなさい。

※ ポイント 8.2　二つの例題の違い

例題 8.1　**標本調査**

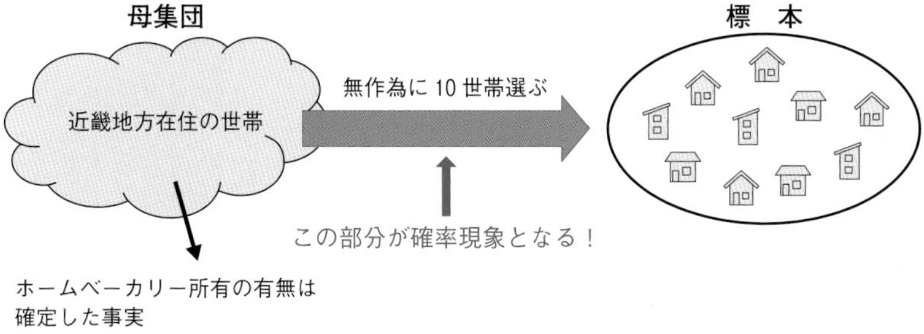

例題 8.2　**実験データの分析**

8.4.2 頻度による確率の定義

実験データの分析では確率現象の結果が観測値となるため，改めて確率について考える必要が生じてくる。歪みのないコインを投げたときの結果であれば，**6.4** 節で学習した理由不充分の原則により，表の出る確率は 0.5 と考えればいいだろう。しかし，この原則は歪んだコインに適用することはできない。このような場合に適用される考え方が確率の**頻度説**である。

確率の頻度説とは思考実験に基づいた考え方である。歪んだコインの例であれば，コインを無限回投げて表が出た回数の比率（相対度数）を表が出る確率と定義するのである。もちろん，実際に実験を無限に繰り返して確率の値を定めることを要求しているのではない。ここでは歪んだコインを投げて表が出る可能性を確率という概念で表現したいわけだが，これを正当化するのが頻度説なのである。

8.4.3 実験データの分析と母集団分布の仮定

8.2 節で説明したように，ある推定量が有効推定量であることを示すには母集団分布に何らかの仮定を置く必要がある。しかし，何らかの仮定とはどのような意味なのか。実験データの分析を前提にすると，その説明は分かり易い。実験データの分析では確率現象を表現する確率分布を考えなければならないが，これは母集団分布を仮定することに他ならないからである。

確率論では，様々な確率現象に対して，それを表現する確率分布が理論的に求められている。母集団分布に確率分布を仮定する際は，こうした結果を参考にすることができる。

実験データの分析では統計学用語の母集団分布と確率論用語の確率分布は全く同じ意味である。一方，標本調査の場合，年間国内旅行回数の問題であれば，母集団分布を「母集団から無作為に選んだ女性の旅行回数は何回になるだろうか」という視点で表したものが確率分布であった。標本調査でも確率論から確率分布を借りてくることに変わりはないが，その解釈は少々面倒になる。次章では実用上の観点から母集団分布の仮定について解説する。標本調査のことはそこで改めて説明しよう。

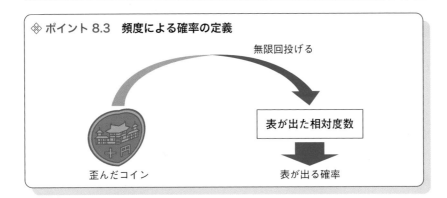

❖ ポイント 8.3　頻度による確率の定義

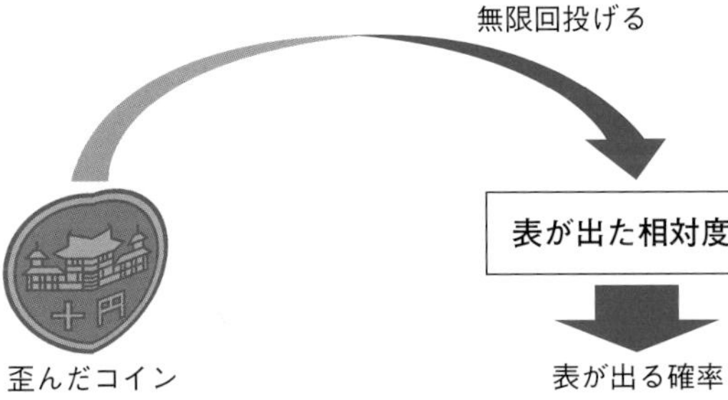

❖ 補足 8.5　頻度による定義の問題

頻度による確率の定義は1920年代にオーストリアの物理学者フォン・ミーゼスによって体系化された。このような考え方が必要とされた背景には確率の応用分野としての推測統計学の発展がある。現実のデータを確率現象の結果と見なしたとき，本文で説明したように，ラプラスの定義では確率を上手く説明できないことが多いからである。その論理的欠陥（補足 **6.2**）が問題視されたのではないことが興味深い。

相対度数の極限という確率の解釈は疑いもなく魅力的であり，この定義が受け入れられた時期があったことも確かである。頻度による確率の定義が問題となるのは，この解釈を数学という“言葉”で記述すると，どうしても無理が生じてしまうことにある。このように確率を定義するには，その極限が特定の値に収束し，しかも規則的でない無限数列を確率という概念を使わずに定義しなければならない。ここに無理が生じるわけである。そもそも論理の順番を考えると，確率の定義が最初にあって，その性質として試行回数を増やしたときに相対度数が特定の値に収束することを証明しなければならないはずである。この性質を確率論では大数の法則という（**13.1** 節）。頻度による確率の定義もやはり論理的に欠陥を抱えているのである。

ところで，フォン・ミーゼス自身は，実際に試行を無限回繰り返すことのできる事象にしか確率を定義できないと考えていた。確率現象というものをかなり狭くとらえていたようである。確率をこのように考えてしまうと，売上データの分析のような社会科学特有の問題（**9.5** 節）の多くは推測統計学の問題として扱えなくなる。このことを最後に指摘しておく。

8.5 連続型確率変数と正規分布

8.5.1 連続型確率変数と密度関数

これまではずっと離散変数を前提に推定の考え方を説明してきた。離散型だと確率変数の説明が簡単になるからである。しかし，実際の分析では連続変数を扱う方が多いので，そろそろこの話を始めることにしよう。

連続変数に対応した確率変数を**連続型確率変数**という。確率変数の意味は離散型の場合と何も変わらない。異なるのは確率分布の表現方法とそれに伴う計算方法だけである。連続型確率変数の確率分布は**密度関数**を用いて表現する。確率の頻度説を前提にすると，密度関数の考え方を理解し易い。

ある確率現象の確率分布を調べるため，実験を無限に繰り返してデータを作成したとしよう。**第2章**で説明したように，分布を調べるには度数分布表とヒストグラムを作成すればよい。そこで作成した度数分布表とヒストグラムが表 8.3a〜c と図 8.1a〜c であるとする。これらは3通りの階級に対応している。非常に重要なことだが，ヒストグラムは棒の面積が対応する階級の相対度数と等しくなるように作成している（**2.3** 節）。これらのヒストグラムを見れば，階級の幅を狭くして階級数を増やしていくと，隣接する棒の高さの違いは小さくなり，階段状のごつごつした山は徐々に滑らかな山になっていくと予想することができる。観測値は無限にあるので，階級の幅をいくら狭くしても度数がゼロになる心配はない。そこで，階級の幅を極限まで狭くして作成したヒストグラムの描く曲線（変数の関数）を考え，この曲線を密度関数と呼ぶのである。図 8.1d は階級の幅を 0.2 として作成したヒストグラムだが，この程度の階級の幅でもヒストグラムは十分滑らかとなり，曲線で表現できることが分かるだろう。

連続型確率変数の確率分布を度数分布表で表現しないのは取りうる値が多すぎるからである。それから，表 8.3a〜c を見れば予想できるように，階級の幅を狭くすると相対度数（度数ではない）がゼロに近づいてしまうという理由もある。これでは分布の表現する手段とはなり得ない。

密度関数は棒の面積が相対度数と等しくなるように作成したヒストグラム

■表 8.3a　階級の幅を 3 とした場合

下　限	上　限	階級値	相対度数	高　さ
0	3	1.5	0.1912	0.0637
3	6	4.5	0.3857	0.1286
6	9	7.5	0.2496	0.0832
9	12	10.5	0.1116	0.0372
12	15	13.5	0.0417	0.0139
15	18	16.5	0.0140	0.0047
18	21	19.5	0.0044	0.0015
21	24	22.5	0.0013	0.0004

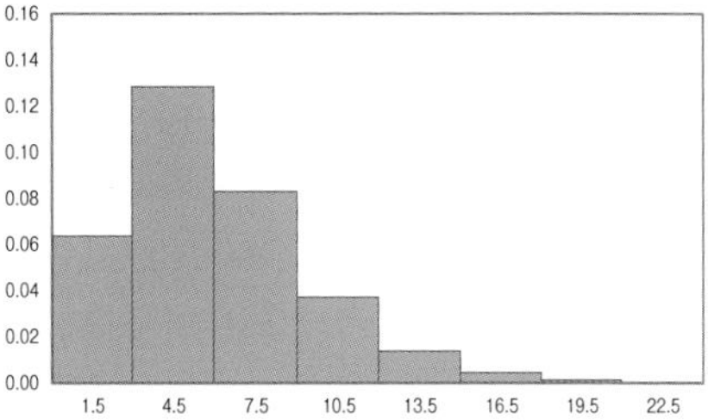

■図 8.1a　幅 3 に対応したヒストグラム

■表 8.3b　階級の幅を 2 とした場合

下　限	上　限	階級値	相対度数	高　さ
0	2	1.0	0.0803	0.0402
2	4	3.0	0.2430	0.1215
4	6	5.0	0.2535	0.1267
6	8	7.0	0.1851	0.0925
8	10	9.0	0.1135	0.0567
10	12	11.0	0.0627	0.0313
12	14	13.0	0.0323	0.0162
14	16	15.0	0.0159	0.0079
16	18	17.0	0.0075	0.0038
18	20	19.0	0.0035	0.0017
20	22	21.0	0.0016	0.0008
22	24	23.0	0.0007	0.0003

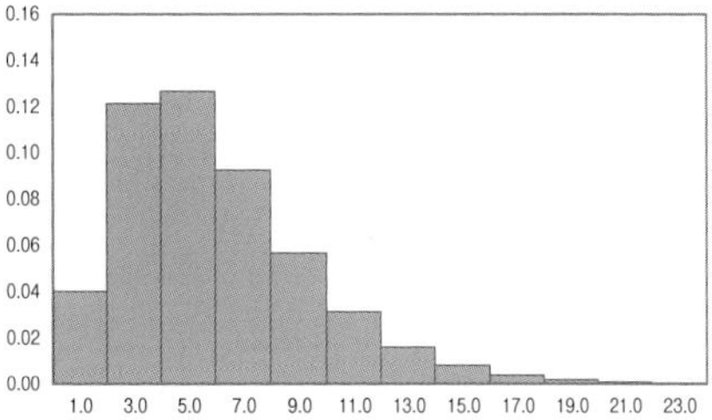

■図 8.1b　幅 2 に対応したヒストグラム

■表 8.3c　階級の幅を 1 とした場合

下　限	上　限	階級値	相対度数	高　さ
0	1	0.5	0.0144	0.0144
1	2	1.5	0.0659	0.0659
2	3	2.5	0.1109	0.1109
3	4	3.5	0.1322	0.1322
4	5	4.5	0.1329	0.1329
5	6	5.5	0.1206	0.1206
6	7	6.5	0.1023	0.1023
7	8	7.5	0.0827	0.0827
8	9	8.5	0.0645	0.0645
9	10	9.5	0.0489	0.0489
10	11	10.5	0.0363	0.0363
11	12	11.5	0.0264	0.0264
12	13	12.5	0.0189	0.0189
13	14	13.5	0.0134	0.0134
14	15	14.5	0.0094	0.0094
15	16	15.5	0.0065	0.0065
16	17	16.5	0.0045	0.0045
17	18	17.5	0.0031	0.0031
18	19	18.5	0.0021	0.0021
19	20	19.5	0.0014	0.0014
20	21	20.5	0.0009	0.0009
21	22	21.5	0.0006	0.0006
22	23	22.5	0.0004	0.0004
23	24	23.5	0.0003	0.0003

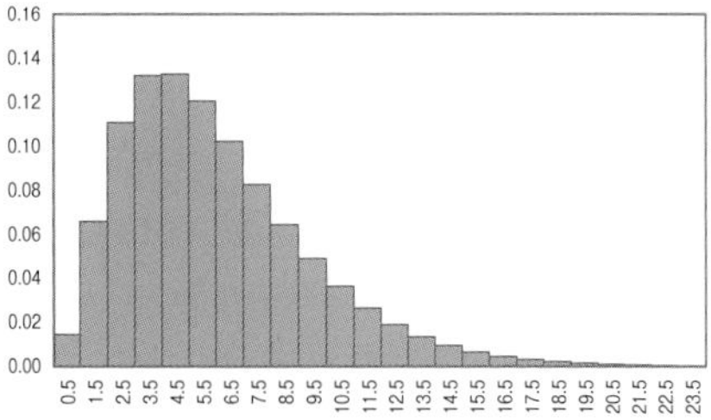

■図 8.1c　幅 1 に対応したヒストグラム

を表現したものなので，密度関数の値は棒の高さであり（確率論では**尤度**（ゆうど）という），確率ではないことに注意する必要がある。確率変数がある範囲に含まれる確率はその範囲で密度関数と横軸に囲まれた領域の面積となる。このイメージは必ず理解しなければならない（図 8.2）。具体的な計算方法については補足 8.7 で説明した。

8.5.2　正規分布

2.4 節では釣鐘型の分布の例として測定誤差の分布を紹介した。測定誤差という確率現象を記述するために考え出された確率分布が有名な**正規分布**である。したがって，正規分布は物理的な測定値をデータとする実験データの分析と非常に相性がいい。推測統計学は自然科学の問題のため開発された経緯があるため，初等的な推測統計学の手法は母集団分布として正規分布を仮定したものが多い。正規分布の学習を避けて通れない理由である。

測定誤差と正規分布の関係は**発展 13.2** にまとめたので，ここでは正規分布を所与のものとして，その性質を説明しておく。正規分布の定義域はマイナス無限大から無限大まで全実数である。変数を x と書くことにすれば，以下がその密度関数となる。

$$p(x)=\frac{1}{\sqrt{2\pi\sigma^2}}e^{-\frac{1}{2\sigma^2}(x-\mu)^2},\quad -\infty<x<\infty \tag{8.9}$$

いろいろと文字が含まれているので順番に説明しよう。分母の π はもちろん円周率であり，中央にある e は円周率と並ぶ有名な無理数でおよそ 2.72 である。これらはどのような正規分布でも同じ値なので，正規分布を特徴付ける定数ではない。重要な定数は μ と σ^2 の二つである。計算方法はまだ説明していないが，実はこれらは正規分布の平均と分散なのである。平均 μ，分散 σ^2 の正規分布は $N(\mu,\sigma^2)$ と書く約束である。これまでに学習した表記法を使って書くと，$X\sim N(\mu,\sigma^2)$ とすれば，

$$E[X]=\mu,\quad V[X]=\sigma^2$$

ということである。図 8.3 は正規分布 $N(\mu,\sigma^2)$ の密度関数を示している。

特に平均 0，分散 1 の正規分布 $N(0,1)$ を**標準正規分布**という。密度関数は次のように簡潔になる。

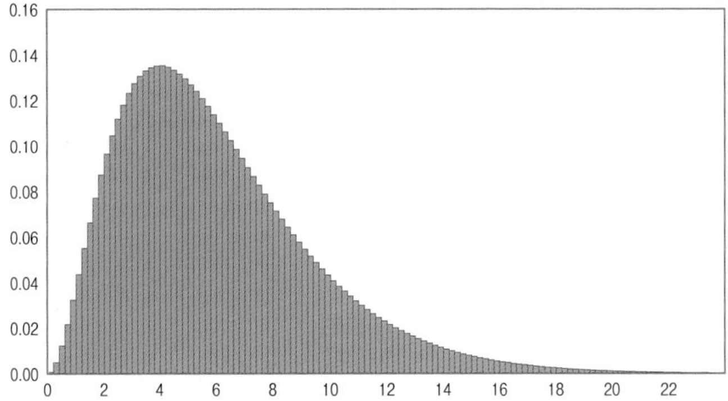

■図 8.1d　幅 0.2 に対応したヒストグラム

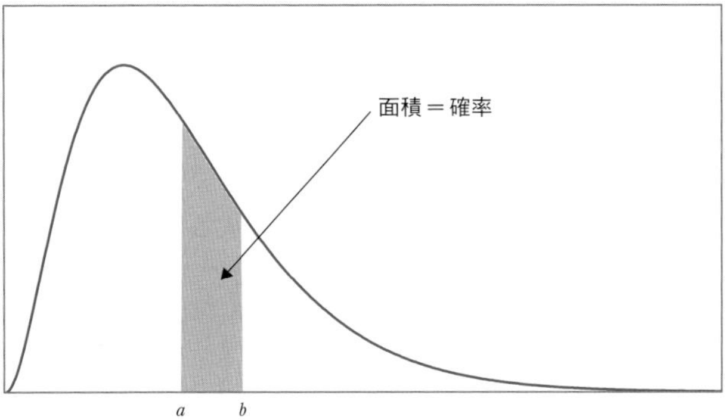

■図 8.2　確率変数が a 以上 b 以下となる確率

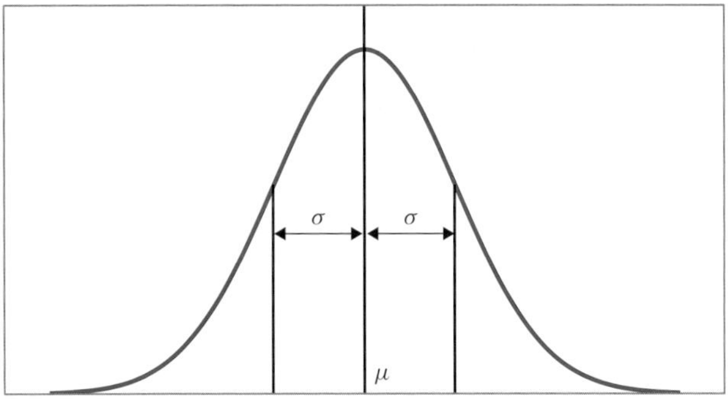

■図 8.3　正規分布 $N(\mu, \sigma^2)$ の密度関数

$$p(x)=\frac{1}{\sqrt{2\pi}}e^{-\frac{1}{2}x^2}, \quad -\infty<x<\infty$$

ところで，確率分布はその分布を特徴付ける定数を必ず持つ。この定数を確率分布の**母数**（パラメータ）という。ベルヌーイ分布の場合は確率 p，正規分布の場合は平均 μ と分散 σ^2 が母数となる。8.2 節で言及したノンパラメトリック法という名称の語源である。

8.5.3 正規分布と母平均・母分散の推定

最初に正規分布が母集団分布であるときの母平均と母分散の推定について説明しておく。まず，以下を標本とする。

$$X_i \sim N(\mu, \sigma^2), \quad i=1,2,\cdots,n$$

ただし，これらは独立とする。推定対象は母平均 μ と母分散 σ^2 だから，推定の結論 (1)～(4) は当然適用することができる。さらに，標本平均と不偏分散は単なる不偏推定量ではなく，有効推定量であることが証明されている。

(5) 標本平均 $\bar{X}$ は母平均 μ の有効推定量である。

(6) 不偏分散 S^2 は母分散 σ^2 の有効推定量である。

この結果の重要性は母比率の推定で説明しているので，改めて繰り返す必要はないだろう。

具体例として例題 8.3 を考えてみよう。調査対象時期に製造されたすべての 500 円硬貨を母集団とすれば，この問題は標本調査となるが，貨幣を製造する工程を実験と見なせば実験データの分析と考えることもできる。ここでは推定結果の解釈まで踏み込まないので，どちらで考えても問題はない。

また，測定における真の値と測定誤差の関係を 500 円硬貨製造で設定した重さとそのばらつきの関係に読み替えれば，この問題の母集団分布を正規分布で表すことは妥当だろう。

母平均と母分散の有効推定値は次のようになる。

$$\bar{x}=\frac{113.297}{16}\cong 7.081, \quad s^2=\frac{1}{15}\{802.628-16\times 7.081^2\}\cong 0.0252$$

❖補足 8.6　数 e について

正規分布の密度関数に含まれる数 e を初めて見た読者は少なくないかもしれない。本書でもこれから何度か必要となるし，数学では極めて重要な数なので説明しておこう。

歴史的には，数 e は $\left(1+\frac{1}{n}\right)^n$ で n を無限大にしたときの極限として導入された。つまり，

$$\lim_{n\to\infty}\left(1+\frac{1}{n}\right)^n = e$$

としたのである。この式は連続複利での金利の計算で使われる。現代の数学では指数関数の微分に関連して学習することが多い。指数関数 $y=a^x$, $a>0$ の x における微分係数は，

$$\lim_{h\to 0}\frac{a^{x+h}-a^x}{h} = a^x \lim_{h\to 0}\frac{a^h-1}{h}$$

である。そこで，$\lim_{h\to 0}\frac{a^h-1}{h}=1$ を満たす実数 a を用いた指数関数を考えると，導関数は $y'=a^x$ となり，微分しても変化しないことが分かる。微分を多用する議論では，これは非常に都合の良い性質である。この条件を満たす実数 a が既に定義した e なのである。

本文で書いたように，数 e は無理数であることが証明されている。具体的には，およそ $e=2.71828182845904\cdots$ である。また，数 e のことをネイピア数ということもある。

【例題 8.3】

現在日本で流通している 500 円硬貨は重さが 7g となるように製造されている。製造したばかりの 500 円硬貨を無作為に 16 枚選び重さを測ったところ，次のようになった。

7.388, 6.986, 7.277, 7.186, 7.263, 7.033, 7.095, 7.036,
6.939, 6.948, 7.189, 6.842, 7.215, 6.892, 6.973, 7.035

集計すると観測値の合計は 113.297，二乗の合計は 802.628 である。硬貨の重さの平均と分散を推定しなさい。

8.5.4 連続型確率変数と密度関数

本書では階級の幅を極限まで狭くして作成したヒストグラムの描く曲線を密度関数と定義した。ここから想像できるように，連続型確率変数は離散型確率変数で近似することができる。大雑把に言うと，定義域をたくさんの階級に分割し，その階級値を定義域とする離散型確率変数を考えればいいからである。階級値に定義される確率はその階級に対応する棒の面積となる。この近似を認めてしまえば，離散型確率変数の性質が連続型確率変数の場合でも成立することは明らかだろう。

繰り返すと，**第 7 章**で学習した離散型確率変数に関する様々な性質や公式は連続型確率変数の場合でも成立する。**8.5.1** 項で指摘したように，異なるのは表現方法とそれに伴う計算方法だけである。

本書に限らず初等的な統計学の教科書で実際に連続型確率変数の期待値や確率の計算することはほとんどないので，連続型確率変数の説明はここで終了する。しかし，こうしたことが本来であれば説明しなければならない大切な内容であることに変わりはない。**補足 8.7** では最低限の内容をまとめたので，できるだけ目を通しておく方がいい。

練習問題

問題 1　推測統計学で学習する推定とは何か。その目的や考え方などを初学者に教えるつもりで説明しなさい。

問題 2　推測統計学で推定を学習するときに，確率変数が必要となる理由を説明しなさい。

問題 3　第 1 章の初めにスーパーの売上データの話をした。この分析は標本調査なのか，それとも実験データの分析と考えるのが適切なのか。9.5 節を読む前に，自分なりに考えてみなさい。

❖補足 8.7　密度関数を用いた表現

連続型確率変数 X の定義域は区間 I とし，密度関数は $p(x)$ と書くことにする。図 8.2 で見たように，確率変数 X の値が a 以上 b 以下となる確率は，この区間で密度関数と横軸に囲まれた領域の面積のことである。面積は定積分により定義されるので，確率の計算式は，

$$P(a \le X \le b) = \int_a^b p(x)dx$$

となる。確率変数 X の値が区間 I に含まれる確率は当然 1 である。

$$P(X \in I) = \int_I p(x)dx = 1$$

ただし，積分記号にある I は積分範囲を表している。

ところで，区間ではなく一点に対応した確率は常にゼロとなる。

$$P(X = a) = P(a \le X \le a) = \int_a^a p(x)dx = 0$$

これは離散型確率変数との最大の違いである。この性質を認めると，実験の結果として確率変数 X がどのような値になったとしても，それは確率ゼロの事象が実際に起きたということになる。納得できないかもしれないが，階級の幅を狭くすると相対度数がゼロに近づいていくことを考えれば認めざるを得ないだろう。数学的には単なる定積分の性質である。

関数 $f(X)$ の期待値も定積分により定義される。

$$E[f(X)] = \int_I f(x)p(x)dx$$

この定義式は離散型確率変数の期待値 (7.9) に対応している。**7.4** 節の議論と同様に，平均 $E[X]$ と分散 $V[X]$ は期待値を用いて定義すればよい。

2 次元連続型確率変数 (X,Y) の同時確率分布は**同時密度関数**を用いて表現しなければならない。考え方は **8.5.1** 項で説明した密度関数と同じなので，ここでは図形としてのイメージを説明しておく。元になるのは棒（直方体）の体積が相対度数と等しい 3 次元のヒストグラムである。もちろん，棒の底面（長方形）の縦と横は二つの変数の階級の幅に対応している。ここで階級数を増やしたときに想定される滑らかな 3 次元ヒストグラムが同時密度関数となる。ただし，**第 7 章**で同時確率分布が最終的に不要となったように，独立性の定義を除くと，本書で同時密度関数を使うことはない。

2 次元確率変数 (X,Y) の同時密度関数と定義域は，

$$p_{X,Y}(x,y),\quad x \in I_X,\quad y \in I_Y$$

であるものとする。確率変数 X の周辺密度関数は $p_X(x)$，確率変数 Y については $p_Y(y)$ と書くことにする。**周辺密度関数**の定義式は次のようになる。

$$p_X(x) = \int_{I_Y} p_{X,Y}(x,y)dy,\quad p_Y(x) = \int_{I_X} p_{X,Y}(x,y)dx$$

これらは式 (7.3) と (7.4) に対応している。

確率変数の独立性は密度関数を用いて定義される。つまり，以下の式が成立とき，確率変数 X と Y は独立であるという。

$$p_{X,Y}(x,y) = p_X(x)p_Y(y),\quad x \in I_X,\quad y \in I_Y$$

連続型確率変数の場合も期待値の性質はすべて成立する。特に重要なのは確率変数の和の平均 (7.15) と独立性を仮定した場合の和の分散（**公式 7.2** の (3)）である。

$$E[cX + dY] = cE[X] + dE[Y]$$
$$V[cX + dY] = c^2V[X] + d^2V[Y]$$

これらの式の左辺は同時密度関数を用いて定義される期待値だが，実際には周辺密度関数から求めた平均や分散さえ分かれば求めることができるのである。同時密度関数が不要となる理由である。

第 9 章

実際の分析と推定

この章では母集団分布をどのように仮定すればいいのかなど，実際の推定で必要となる内容をまとめておく。

初等的な統計学の教科書で母集団分布として仮定するのは本書に限らずベルヌーイ分布と正規分布だけである。しかし，実際の分析では他の確率分布を仮定する場合も多い。そこで，9.1 節と 9.2 節ではこうした重要な確率分布を紹介したが，ここでの内容は推定の考え方と直接関係はない。次章以降で使うこともないので，気軽に読んでもらいたい。

9.1 離散型確率分布の例

9.1.1 ポアソン分布

待ち行列の理論で有名な**ポアソン分布**とは，一定時間に発生する確率現象の回数を表現する確率分布である。定義域はゼロ以上の整数で上限はない。母数 λ のポアソン分布に従う確率変数 X の確率関数は，

$$P(X=x)=\frac{e^{-\lambda}}{x!}\lambda^x, \quad x=0,1,2\cdots$$

で与えられる。ただし，母数 λ は正でなければならない。この式の分母にある $x!$ は x の階乗（発展 6.3），分子の e は正規分布の密度関数で説明した定数である。この式を見ても直ぐには分からないかもしれないが，確率関数の合計が 1 になることは指数関数のテイラー級数（発展 9.1）を用いることで簡単に示すことができる。

母数 λ はポアソン分布の平均であると同時に，実は分散でもある。

$$E[X]=V[X]=\lambda$$

これはポアソン分布を特徴付ける重要な性質である。図 9.1 は 3 通りの平均 λ に対応した確率関数のグラフを示している。

例えば，あるコンビニエンスストアで平日の朝 8 時から 9 時までの間のホットコーヒーの購入者数が従う確率分布はポアソン分布で表現することができるだろう。母集団分布がポアソン分布であるとき，標本平均は母平均の有効推定量であることが証明されている。

9.1.2 負の二項分布

負の二項分布も回数のデータに仮定する重要な確率分布である。負の二項分布は発展 8.2 で紹介しているが，母集団分布の仮定で必要となるのはそこで説明した内容ではない。具体的に説明しよう。

ある専門誌の電子版を特定の会員が 1 週間に閲覧する回数はポアソン分布に従う典型的な確率現象である。しかし，頻繁に閲覧する会員もいれば，ほとんど利用しない幽霊会員もいるわけだから，すべての会員で閲覧回数が平

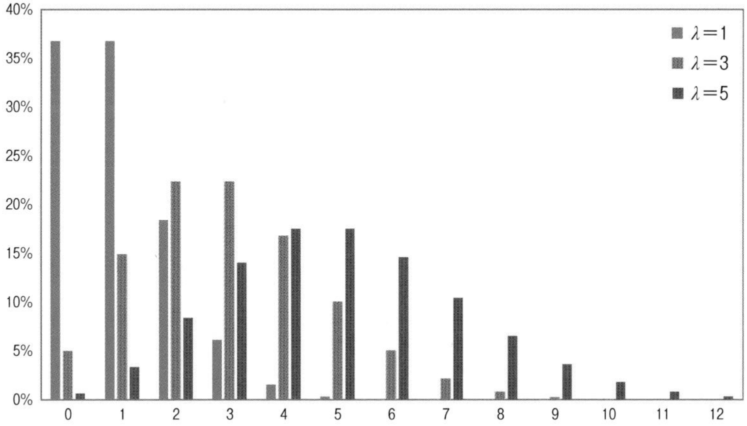

■図 9.1　ポアソン分布の確率関数

❖補足 9.1　ポアソン分布導出の考え方

平日の朝 8 時から 9 時までの間にホットコーヒーを買う可能性のある顧客は n 人いるものとする。これらの顧客が実際にホットコーヒーを買うかどうかは互いに無関係（独立）とし，購入確率はどの顧客についても等しいと仮定する。そこで，この購入確率を p と書くことにする。このような条件の下でホットコーヒーを購入する顧客数を確率変数 X で表すと，確率分布は成功確率 p，試行回数 n の二項分布となる（発展 8.2）。平均購入者数 $E[X]=np$ を改めて λ と書くことにする。

ここからが本題になるのだが，平均 λ を固定して，顧客数 n が非常に大きい状況を考えてみる。当然，購入確率 p は非常に小さい値でなければならない。このとき，二項分布に従う購入者数 X の確率はポアソン分布の確率関数で表すことができる。つまり，$n\to\infty$ とすると，

$$P(X=x)=\binom{n}{x}\left(\frac{\lambda}{n}\right)^x\left(1-\frac{\lambda}{n}\right)^{n-x}\to\frac{e^{-\lambda}}{x!}\lambda^x$$

が成立するのである。

均の等しい同一のポアソン分布に従うと考えることはできない。つまり，会員1000人に対して1週間の閲覧回数を調べたデータにポアソン分布を仮定することはできない。このような場合に仮定する確率分布が負の二項分布なのである。詳細は**補足 9.2**で説明してある。

負の二項分布の定義域もゼロ以上の整数で上限はない。形状母数 α，尺度母数 β という二つの母数を持ち，いずれも正でなければならない。負の二項分布に従う確率変数 X の確率関数は，

$$P(X=x)=\binom{\alpha+x-1}{\alpha-1}\left(\frac{1}{\beta+1}\right)^{\alpha}\left(\frac{\beta}{\beta+1}\right)^{x},\quad x=0,1,2\cdots$$

となる。ただし，二つの母数の有効推定量を求めることはできない。平均と分散は次のようになる。

$$E[X]=\alpha\beta,\quad V[X]=\alpha\beta^2+\alpha\beta$$

ここから分かるように，負の二項分布では $E[X]<V[X]$ となる。これがポアソン分布との大きな違いである。

図 9.2は3通りの母数 (α,β) の値に対応した確率関数のグラフである。いずれも平均が3，すなわち，$E[X]=\alpha\beta=3$ を満たす母数 (α,β) である。平均 λ が3のポアソン分布の確率は確率変数の値が10程度でほとんどゼロとなってしまうが（図 9.1），分散 $\alpha\beta^2+\alpha\beta$ が大きい場合の負の二項分布の確率はなかなかゼロに収束しない。これと対応するように確率変数の値がゼロとなる確率が大きくなる。負の二項分布の重要な特徴である。

9.2 連続型確率分布の例

9.2.1 指数分布

一定時間に発生する確率現象の回数がポアソン分布に従うとき，その時間間隔の確率分布を**指数分布**という。ホットコーヒー購入者数の例では，午前8時から9時までの間に限定されるが，ある顧客がホットコーヒーを買ってから次に売れるまでの時間間隔が指数分布に従うということである。

前提となるポアソン分布の平均を λ とし，時間間隔を確率変数 Y で表す

❖補足 9.2　ポアソン分布と負の二項分布導出の関係

電子版の閲覧回数の問題で特定の会員を固定して考えてみる。**補足 9.1** で説明したポアソン分布導出の条件で，1 時間の平均購入者数 λ をこの会員の平均閲覧回数，潜在的な顧客数 n を 1 週間の閲覧機会，そして各顧客の購入確率 p を各機会での閲覧確率と読み替えれば，この会員による 1 週間の閲覧回数 X は平均 λ のポアソン分布に従うことが分かる。ポアソン分布は一定時間に発生する確率現象の回数を表現する確率分布と説明したが，この例で一定時間に対応するのは一人の会員となる。

平均閲覧回数は会員により異なるはずだから，本文で説明したように，すべての会員に同じポアソン分布を仮定することはできない。そこで，すべての会員について調べた平均閲覧回数の分布が形状母数 α，尺度母数 β のガンマ分布（**9.2.2** 項）で近似できると考えるのである。強引な感じもするが，ガンマ分布の密度関数は母数の値に応じて様々な形状となるため，これはそう無理な仮定ではない。

この仮定の下で無作為に選んだ会員の閲覧回数 X の確率は，

$$P(X=x)=\binom{\alpha+x-1}{\alpha-1}\left(\frac{1}{\beta+1}\right)^{\alpha}\left(\frac{\beta}{\beta+1}\right)^{x},\quad x=0,1,2\cdots$$

となる。これがポアソン分布とガンマ分布から導出した負の二項分布の確率関数である。具体的な計算は本書のレベル超えるので省略する。

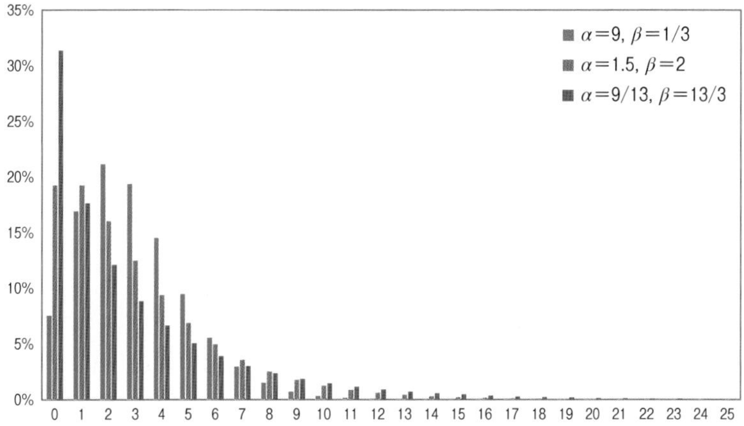

■図 9.2　負の二項分布の確率関数

ことにすれば，対応する指数分布の密度関数は次のようになる。

$$p(y)=\lambda e^{-\lambda y},\quad y\geq 0$$

指数分布の平均と分散は，

$$E[Y]=\frac{1}{\lambda},\quad V[Y]=\frac{1}{\lambda^2}$$

となる。時間間隔の確率分布という意味から，平均が $\frac{1}{\lambda}$ となるのは直感的に自然な結果だろう。図 9.3 は図 9.1（ポアソン分布の確率関数）と同じ λ の値を用いて描いた密度関数のグラフである。

標本平均が母平均 $\frac{1}{\lambda}$ の有効推定量であることは証明されている。それなら標本平均の逆数が母数 λ の有効推定量と思うところだが，残念ながらこれは間違いである。不偏推定量にすらならない。母数 λ の有効推定量は“標本平均の逆数の $\frac{n-1}{n}$ 倍”で与えられる。

待ち行列とは無関係に指数分布を用いる場合は $\frac{1}{\lambda}$ を β と書いて，これを母数とすることも多い。母数 β のことを尺度母数という。このとき尺度母数 β は平均（$E[Y]=\beta$）となるから，標本平均がその有効推定量となる。

9.2.2 ガンマ分布

ガンマ分布には形状母数と尺度母数と呼ばれる二つの母数があり，いずれも正でなければならない。形状母数 α，尺度母数 β のガンマ分布の密度関数は次のようになる。

$$p(x)=\frac{1}{\beta^{\alpha}\Gamma(\alpha)}x^{\alpha-1}e^{-\frac{x}{\beta}},\quad x\geq 0$$

ただし，$\Gamma(\alpha)$ はガンマ関数という特殊な関数である（補足 9.3）。平均と分散は次のようになる。

$$E[X]=\alpha\beta,\quad V[X]=\alpha\beta^2$$

図 9.4 は図 9.3（負の二項分布の確率関数）の母数 (α,β) を用いて描いた密度関数のグラフである。負の二項分布との関係については補足 9.2 を読んでほしい。これらのグラフを見れば分かるように，ガンマ分布は必ず山の右側がなだらかな歪んだ形状となる。この性質のため，歪んだ分布になることが経験的に分かっている場合に母集団分布として仮定されることが多い。ただ

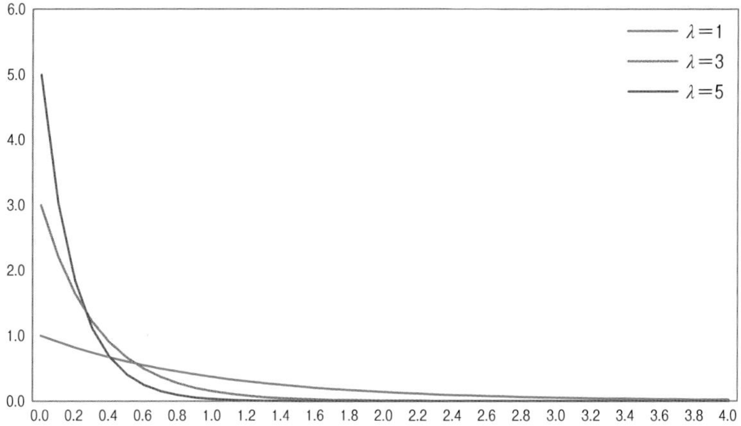

■図 9.3　指数分布の密度関数

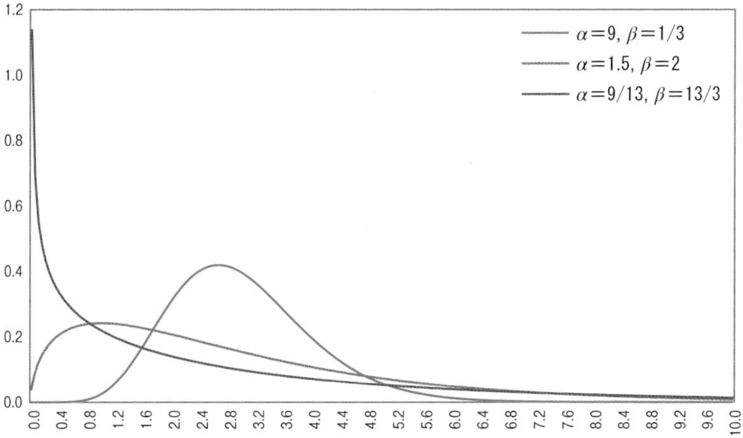

■図 9.4　ガンマ分布の密度関数

し，母数の有効推定量を求めることはできない。

ところで，形状母数 α が 1 のガンマ分布は尺度母数 β の指数分布であることは密度関数を見れば明らかだろう。発生回数が平均 λ のポアソン分布に従うとき，その現象が α 回起きるまでの時間間隔の確率分布が形状母数 α，尺度母数 $\frac{1}{\lambda}$ のガンマ分布であることも分かっている。自然科学では，この解釈に基づいて，母集団分布にガンマ分布を仮定することもある。

9.2.3 ベータ分布

ベータ分布の母数は二つあり，いずれも正でなければならない。これらの母数を (α,β) とすれば，ベータ分布に従う確率変数 X の密度関数は，

$$p(x)=\frac{1}{B(\alpha,\beta)}x^{\alpha-1}(1-x)^{\beta-1},\quad 0\leq x\leq 1$$

となる。ただし，$B(\alpha,\beta)$ は**ベータ関数**というガンマ関数に関連した特殊な関数である（補足 9.3）。母数 (α,β) のベータ分布は $Be(\alpha,\beta)$ と書く約束である。ベータ分布の平均と分散は次のようになる。

$$E[X]=\frac{\alpha}{\alpha+\beta},\quad V[X]=\frac{\alpha\beta}{(\alpha+\beta)^2(\alpha+\beta+1)}$$

図 9.5 は 5 通りの母数 (α,β) を用いて描いた密度関数のグラフである。密度関数は母数の値に応じて様々な形状となることが分かるだろう。**9.5** 節で紹介するように，ベータ分布は確率現象の結果が比率で表される場合に母集団分布として仮定されることが多い。

9.3 母集団分布の仮定

9.3.1 実験データの分析の場合

実験データの分析で母集団分布を仮定することは，考察の対象である確率現象を確率分布で表現することに他ならない。それではどのように確率分布を仮定すればいいのだろうか。

様々な確率現象に対して，それを表現する確率分布が数学的に求められて

❖補足 9.3　ガンマ関数とベータ関数

いずれも数学では有名な普通の式で表現できない特殊な関数である。ガンマ関数とは正の実数 α の関数で，

$$\Gamma(\alpha) = \int_0^\infty t^{\alpha-1} e^{-t} dt$$

と定義される。よく使われるガンマ関数の性質には，

$$\Gamma(\alpha+1) = \alpha\Gamma(\alpha)$$

がある。また，検算する必要はないが，$\Gamma(1)=1$ となる。一方，ベータ関数は二つの正の実数 α と β の関数で，

$$B(\alpha,\beta) = \int_0^1 t^{\alpha-1}(1-t)^{\beta-1} dt$$

と定義される。ベータ関数とガンマ関数の間には，

$$B(\alpha,\beta) = \frac{\Gamma(\alpha)\Gamma(\beta)}{\Gamma(\alpha+\beta)}$$

という関係が成立する。

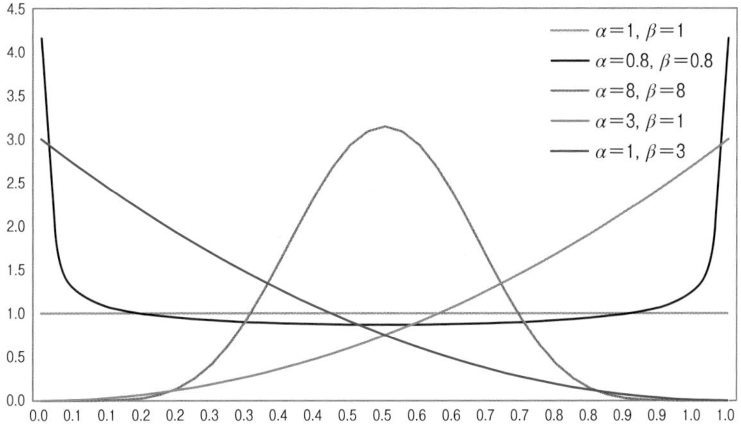

■図 9.5　ベータ分布の密度関数

いる。この結果を利用するのが理想的な方法である。歪んだコインの問題でベルヌーイ分布を仮定したことや，物理的な測定値のデータに正規分布を仮定することなどが該当する。待ち行列に関連したデータにポアソン分布や指数分布を仮定するのもこの例である。このようにして確率分布を仮定するには，対象とする確率現象がその確率分布の導出で必要な条件を満たしていなければならない。

しかし，常にここまで厳密である必要はない。例えば負の二項分布はポアソン分布の平均がガンマ分布に従う確率変数であるときに成立する確率分布である。この“物語”が説得力を持つのであれば，母集団分布に負の二項分布を仮定することは可能だろう。

確率分布導出の理論から正当化できなくても，経験則などから母集団分布の形状について何らかの知識があれば，その形状を表現する確率分布を仮定すればよい。例えば歪んだ分布と考えられる場合にはガンマ分布，確率現象の結果が比率であればベータ分布を仮定することができる。

母集団分布の仮定に関してもう一つ大切なことは，観測値の分布との整合性を確認することである。観測値の分布は母集団分布の形状を反映しているからである。観測値の分布が仮定した確率分布とかけ離れた形状している場合はその仮定を再検討する必要があるだろう。観測値の分布が二峰型であるのに母集団分布として釣鐘型の正規分布を仮定するようなことは絶対に避けなければならない。

9.3.2 標本調査の場合

標本調査の場合は現実に存在する母集団分布を確率分布で表現しなければならない。しかし，たとえ連続変数であっても，現実のヒストグラムが滑らかな形状であるはずはなく，不規則な凹凸が生じることは避けられない。標本調査の場合は現実の分布というよりも，理想化された母集団分布を考えることが多い。これが実験データの分析との大きな違いである。ホームベーカリー所有率の推定では母集団分布をベルヌーイ分布で表現したが，これは理想化を必要としない例外的な問題である。

母集団での値をある確率現象の結果と考えれば，その確率現象を表現する

□発展 9.1　指数関数のテイラー級数とオイラーの公式

数 e を底とした指数関数 e^x は無限に続く関数の和として表現することができる。それも，x^2 や x^3 など，x^n の形をした簡単な関数の和である。

$$e^x = 1 + x + \frac{x^2}{2!} + \frac{x^3}{3!} + \cdots = \sum_{n=0}^{\infty} \frac{x^n}{n!}$$

ただし，分母の $n!$ は n の階乗である（**発展 6.3**）。ゼロの階乗 $0!$ が 1 であることも説明した通りである。右辺の関数の和を指数関数 e^x のテイラー級数という。両辺に $x=1$ を代入すれば，$e = \sum_{n=0}^{\infty} \frac{1}{n!}$ と表現できることが分かる。

今度は ix を代入してみよう。ただし，i は虚数（$i^2 = -1$）である。

$$\begin{aligned} e^{ix} &= 1 + ix + \frac{(ix)^2}{2!} + \frac{(ix)^3}{3!} + \frac{(ix)^4}{4!} + \frac{(ix)^5}{5!} + \frac{(ix)^6}{6!} + \frac{(ix)^7}{7!} + \cdots \\ &= \left(1 - \frac{x^2}{2!} + \frac{x^4}{4!} - \frac{x^6}{6!} + \cdots\right) + i\left(x - \frac{x^3}{3!} + \frac{x^5}{5!} - \frac{x^7}{7!} + \cdots\right) \end{aligned}$$

実は，この式で第一項は $\sin x$ のテイラー級数，第二項の括弧内は $\cos x$ のテイラー級数となっている。ただし，三角関数の角度はいずれもラジアンである。したがって，

$$e^{ix} = \sin x + i \cos x$$

であることが分かる。この関係式をオイラーの公式という。もともと累乗とは複数回の掛け算のことであった。例えば，x^n とは x を n 回掛けることである。話がここまで進むと，こうした意味は全くなくなるので注意しよう。複数回の掛け算をいくら考えても，オイラーの公式は理解できない。

確率変数 X の関数 e^{itX} を考える。ただし，t は実数とする。確率論ではこの関数の期待値 $E[e^{itX}]$ を実数 t の関数と考え，確率変数 X の**特性関数**という。計算の過程で期待値の意味を考える必要はないと **7.4** 節で書いたが，特性関数についてはまさにその通りである。年間国内旅行回数の問題やコイン投げの例で確率変数の特性関数をいくら考えても，その意味は誰も分からないので安心してほしい。このような意味不明の概念がなぜ必要になるのかといえば，例えば**第 13 章**で学習する中心極限定理は特性関数を使わなければ証明できないからである。確率論において特性関数は極めて重要である。

確率分布が理想化された母集団分布となる。このような解釈が可能なら，確率分布を実験データの分析の場合と同様に仮定すればよい。**9.5** 節で説明するように，女子学生の年間国内旅行回数は確率現象の結果と解釈することができる。問題の構造は電子版の閲覧回数の場合と同じだから，母集団分布には負の二項分布を仮定すればよい。

母集団分布の形状に関して経験則などが利用できる場合は観測値を確率現象の結果と考える必要はない。その形状を確率分布で表現すればよい。例えば身長（もちろん，性別や年齢を揃えた場合）の分布は正規分布で近似できることが経験的に知られている。図 9.6 は 17 歳高校生男子の身長のヒストグラムである。階級値 169.5cm の相対度数は異常だが，分布の形状は確かに釣鐘型となっている。このヒストグラムと正規分布の密度関数を比較してみよう。図 9.6 の曲線は度数分布表から求めた平均 170.16cm と分散 33.75 を代入した密度関数のグラフである（標本サイズが不明なので記述統計学の分散を用いた）。階級値 169.5cm の階級を除いて，このグラフはヒストグラムの形状を上手く近似している。この結果は 17 歳高校生男子の身長の母集団分布は正規分布で近似できることを強く示唆している。現実の母集団分布はこのヒストグラムのように凸凹している。この場合の理想化された母集団分布とは，現実の不規則な凸凹を滑らかにした分布のことなのである。

その他の例も挙げておこう。体重の分布はガンマ分布で近似できるといわれている。所得の対数の分布が正規分布で近似できることもよく知られている（補足 9.4）。**2.4** 節では卵の売上数量のヒストグラムを 120 円以下と 130 円以上の日に分けて作成すると，いずれも単峰型で歪んだ形状となることを紹介した。これは架空のデータの話だが，実際に売上数量の母集団分布を層別に仮定すると，これらはガンマ分布で表現できることが多い。

9.3.3 確率分布の定義域

正規分布の定義域は全実数である。身長の母集団分布に 3m 以上の身長やマイナスの値を認めるような確率分布を仮定しても大丈夫なのだろうか。身長の例に限らず，分析する変数の定義域に下限や上限がある場合は常に考えなければならないことである。

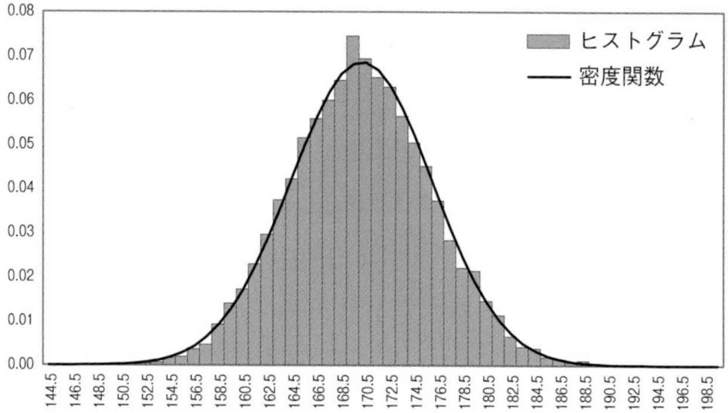

出典は文部科学省が公表している平成 28 年学校保健統計調査。標本調査法は最初に全国から学校を無作為抽出し，次に選ばれた学校から児童・生徒を性別年齢別に系統抽出する二段抽出法である（発展 6.1）。このヒストグラムは公表されている 17 歳男子の身長の度数分布表に基づいて作成した。

母平均と母分散の推定では元のデータではなく，度数分布表を用いている。他に手段がないとはいえ，推定として考えるとかなり不適切な方法である。それにもかかわらず，たった二つの推定値から計算した正規分布の密度関数が現実のヒストグラムを上手に再現していることに注意してほしい。

■図 9.6　17 歳高校生男子の身長のヒストグラム

❖ 補足 9.4　対数正規分布

以下は **2.4** 節で紹介した勤労者世帯（家族構成は二人以上）の年収のヒストグラムに対数正規分布を当てはめた結果である。

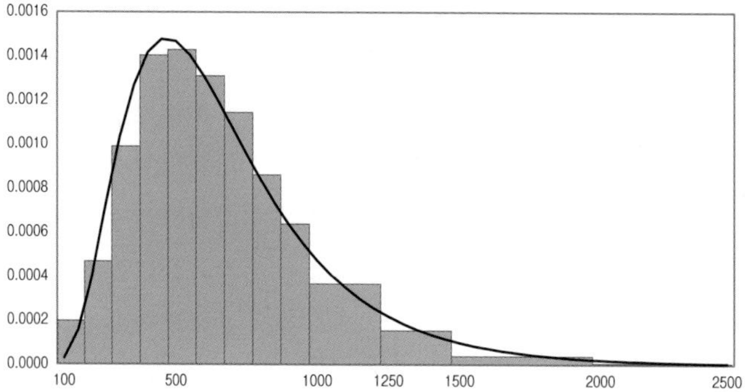

ヒストグラムは棒の面積が相対度数と等しくなるように作成している。対数正規分布の密度関数はこの形状を上手く表現している。

定義域が正の確率変数 X の自然対数（数 e を底とする対数）の確率分布が正規分布 $N(\mu, \sigma^2)$ であるとき，元の確率変数 X の確率分布を**対数正規分布**という。

確率分布の定義域が現実にあり得ない値を含んでいるとしても，こうした値を観測する確率が実質的にゼロとなるなら，この仮定により問題が生じることはない。観測値の分布と仮定した確率分布の整合性を確認すれば，おおよその見当はつくはずである。

幸いに 17 歳高校生男子の身長の母集団分布に正規分布を仮定しても全く問題はない。度数分布表から求めた正規分布 $N(170.16,\ 33.75)$ から確率変数の値が 3m 以上となる確率を求めると，$6.0288 \times \frac{1}{10^{111}}$ となる。10^{111} 人の 17 歳高校生男子を調べれば 6 人程度は身長が 3m 以上ということだから，事実上ゼロと考えて差し支えない。10^{111} がどれほど大きい数字であるのかは読者の想像に任せるが，この程度の不合理を認めても困ることは何もないだろう。ちなみに，ゼロ以下となる確率はさらに小さい $7.0418 \times \frac{1}{10^{189}}$ となる。

9.4 実際の分析と推定

9.4.1 推定量の求め方

これまでベルヌーイ分布や正規分布といった標準的な確率分布について母数の有効推定量を説明してきたが，有効推定量の求め方については一切触れなかった。疑問に思った読者もいるのではないだろうか。実は有効性の議論は案外無力である。例えば負の二項分布やガンマ分布は標準的な確率分布だが，その母数の有効推定量は知られていない。まして母数が別の母数の関数であるような複雑な問題（**補足 9.5**）では推定量の不偏性や有効性を調べる以前に，推定量を求めること自体が困難となる。このように推定では良い推定量とは何かを考えるだけでなく，どのように推定量を求めるのかということも同時に考えなければならないのである。

現在広く使われている推定方法には**最尤法**（さいゆうほう）と**ベイズ法**がある。いずれも本書のレベルを超えるので，ここでは概略のみ説明しておく。

考え方として簡単なのは最尤法である。データが得られる確率（連続変数の場合は尤度）は観測値（確率変数の実現値）の関数だが，最尤法ではこれを未知母数の関数として扱う。そしてこの確率を最大化する母数の値を推定値密度関数は以下で与えられる。

$$p(x)=\frac{1}{\sqrt{2\pi\sigma^2 x}}e^{-\frac{1}{2\sigma^2}(\log x-\mu)^2},\quad x>0$$

この例でも元のデータは公表されていない。度数分布表における階級値の対数を使い，対数正規分布ではなく正規分布の平均と分散を推定した。ヒストグラムに重ねた曲線は，この推定値を対数正規分布の密度関数に代入したものである。17 歳高校生男子の場合と同様に，二つの数値だけで年収のヒストグラムを再現できることが分かるだろう。

❖補足 9.5　複雑な問題の例

確率分布は確率現象を表現するものなので，この点を強調して**確率モデル**と呼ぶこともある。特に統計学の応用分野で広く使われている。実際の分析で仮定されるのは正規分布やポアソン分布といった標準的な確率モデルばかりではない。母数が別の母数の関数で定義されるような複雑な確率モデルも普通に使われている。

第 5 章で学習した回帰分析を推測統計学で扱う場合，標準的な回帰モデルは平均が回帰係数の一次関数（この場合は説明変数の一次関数といった方が自然）である正規分布として定義される。

$$Y_i \sim N(\alpha+\beta x_i, \sigma^2),\quad i=1,2,\cdots,n$$

説明変数の個数は 2 個以上でも構わない。母回帰係数と母分散の有効推定量は求められているので，これはそれほど複雑な問題ではない。ところがポアソン分布や指数分布の母数 λ を別の母数の関数と表した場合（母数 λ は正なので一次関数は適切でない），話は途端に難しくなる。最尤法やベイズ法が必要となる複雑な問題の例である。

ベルヌーイ分布の確率 p が別の母数の関数で表される確率モデルのことを**離散選択モデル**という。これも複雑な問題の例である。離散選択モデルは 3 通り以上の結果が起こる場合にも拡張され，マーケティングでは消費者が複数のブランドの中から一つを選ぶ消費行動を分析するために用いられる。このときの確率分布は多項分布となる（**発展 11.2**）。

共分散が別の母数の関数で表される共分散構造分析（**補足 7.2**）も当然複雑な問題の例である。

とするのである。最尤法により求めた推定量を**最尤推定量**という。

確率の最大化はコンピューターを用いて実行すればよい。確かに機械的に推定値を求めることはできるが，最尤推定量はどのような意味で良い推定量なのだろうか。実は以下に述べる非常に優れた性質を持つ。

(1) 確率関数または密度関数がある緩やかな仮定を満たせば最尤推定量は一致推定量であり，標本サイズが十分大きければ有効推定量となる。正確には**漸近有効推定量**という。
(2) 母数の関数の最尤推定量は母数の最尤推定量をその関数に代入すれば求めることができる。

ベイズ法がこれまでの議論と異なるのは，母数を形式的に確率変数の実現値と考えることである。確率変数というからには，母集団分布に加えて母数の確率分布も考えなければならない。これは母数の値はこのくらいだろうという分析者の事前情報や主観を表したものと解釈できるので，この確率分布のことを**事前分布**という。最も標準的な推定値の求め方は，データを条件とした母数の条件付期待値（**発展 7.4**）を推定値にするというものである。このようにして定義する推定量を**ベイズ推定量**という。

ただし，この説明は非常に表面的で，肝心なことは何も説明していない。ベイズ推定量が良い推定量であることは本当だが，その良さはこれまで学習してきた不偏性や有効性とは全く異なる基準で評価される。具体的なことは**発展 9.2〜9.5** で説明したので，ベイズ法に関心がある読者は必ず目を通してほしい。

9.4.2 推定値の使い方

第 6 章で説明したように，良い推定量の良さとは「あらゆるデータの下で求めた推定値の平均的な推定精度が最も高くなる」という意味での良さである。平均的な推定精度が高いだけなので，実際に求めた推定値が推定対象に近い値となる保証は全くない。標本サイズがよほど大きくない限り，推定値は不正確なものだと思った方がいい。あくまでも一般論だが，推定値は推定対象の目安として使うべきで，推定値をそのまま意思決定に使うのは問題だ

□発展 9.2　損失関数とリスク関数

推定精度の基準として不偏性や有効性を紹介したが，これらが推定誤差を直接評価していないことに違和感を持った読者もいるのではないだろうか。推定誤差を正面から論じる場合，推測統計学では**損失関数**と呼ばれる概念が用いられる。

表記を簡単にするため，ここでは標本 $X_1, X_2, \cdots, X_n$ をまとめて太字の $\boldsymbol{X}$ で表すことにしよう。推定対象は母数 θ とし，その推定量は標本 $\boldsymbol{X}$ の関数となるので $\delta(\boldsymbol{X})$ と書くことにする。データ $\boldsymbol{x}$ から求めた推定値は d と書くことにする。すなわち，$d=\delta(\boldsymbol{x})$ ということである。このとき，推定値 d の誤差を表すのが損失関数 $L(\theta, d)$ である。例えば二乗誤差を用いる場合，損失関数は次のようになる。

$$L(\theta, d)=(\theta-d)^2$$

6.3 節で説明したように，良い推定量を求めるには平均的な推定精度を考える必要がある。そのためには損失関数の期待値を用いればよい。損失関数の期待値を**リスク関数**という。リスク関数を式で書くと次のようになる。

$$R(\theta, \delta)=E[L(\theta, \delta(\boldsymbol{X}))]$$

リスク関数が小さいほど良い推定量であることは言うまでもない。

□発展 9.3　許容性

二つの推定量 δ^* と δ があって，母数 θ の定義域全体で，

$$R(\theta, \delta^*) \leq R(\theta, \delta)$$

であり，さらに，少なくともある一点では，

$$R(\theta, \delta^*) < R(\theta, \delta)$$

が成立するとき，推定量 δ^* は推定量 δ を**優越**するという。推定量 δ^* があらゆる推定量を優越するなら，それは最良の推定量ということになる。しかし，そのような都合の良い推定量は残念ながら存在しない。そこで推定量 δ^* を優越する推定量は存在しないという消極的な状況を考えてみよう。このような推定量 δ^* を**許容的**という。許容的でない推定量は良い推定量でないことは明らかだろう。

しかし，厄介なのは，許容的な推定量が良い推定量とは限らないことである。許容的な推定量として，データとは無関係に推定値を常にゼロとする無茶苦茶な推定量 $\delta_0(\boldsymbol{X})=0$ を考えてみよう。この推定量は確率変数ではなく定数だから，θ がゼロのときのリスク関数の値はゼロとなる。したがって，いかなる推

ろう。意思決定に使うのであれば，そのための損失関数の下で推定値を求めるか（**発展 9.2**），これから学習する仮説検定を利用しなければならない。

推定値の使い方に関して，もう一つ注意すべきことがある。推定値は最終的なアウトプットなので，別の計算のインプットとして使うのは避けた方がいい。計算が複雑になるほど問題は大きくなる。母数の関数の推定値を母数の推定値をその関数に代入して求めるというのは合理的な方法に見えるかもしれない。しかし，これは推定精度を考慮しない好い加減な方法である。例えば不偏分散の平方根 $\sqrt{S^2}$ は母分散の平方根 $\sqrt{\sigma^2}$，すなわち，母標準偏差 σ の不偏推定量とはならない。証明は省略するが，不等式 $E[\sqrt{S^2}]<\sigma$ が必ず成立するからである。気になる読者は**第 6 章**のシミュレーションで不偏分散の平方根を求めて確認してみればいい。1 万個の推定値の平均は母標準偏差より必ず小さくなるはずである。別の例としては **9.2.1** 項で説明した指数分布の母数の推定がある。標本平均は母平均 $\frac{1}{\lambda}$ の有効推定量であるが，その逆数は母数 λ の不偏推定量ですらない。このような単純な問題であっても，推定値を代入する素朴な方法は不適切なのである。

そうは言っても，実際には推定値を代入する方法が唯一の現実的な推定方法ということもあるだろう。その場合は最初に書いたように，推定値はあくまでも目安であることを忘れてはならない。最尤法ではこの方法が認められているが，このようにして求めた推定量が良い性質を持つのは標本サイズが大きい場合だけである。

9.5 分析する問題の解釈

9.5.1 標本調査と実験データの分析

第 1 章の初めにスーパーの売上データの話をした。ここで立ち止まって考えてほしいのは，こうした売上データの分析は標本調査なのか，それとも実験データの分析なのか，ということである。

最初に記述統計学との違いを確認しておく。ここに一年分の全売上データがあったとする。この年の売上実績を調べることが目的であれば，記述統計

定量も θ がゼロの所では推定量 δ_0 のリスク関数を下回ることはできない。この一点のために推定量 δ_0 を優越できないのである。

許容性の議論にはもう一つ問題がある。以下の図は母数 θ を推定対象とする二つの推定量 δ_1 と δ_2 のリスク関数のグラフである。

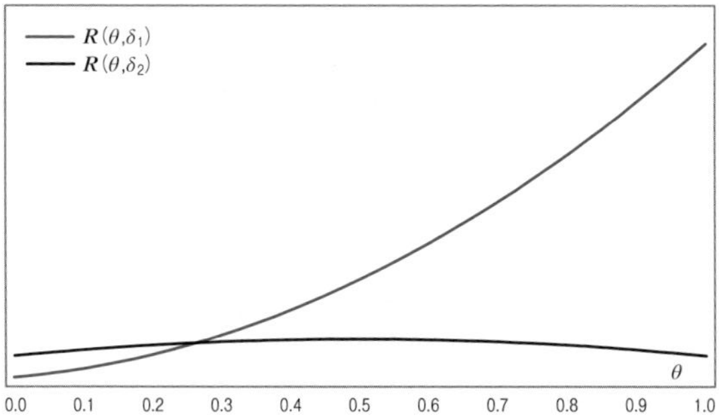

常識的に考えれば良い推定量は全体的にリスク関数の小さい δ_2 である。しかし，二つのリスク関数は $\theta = 0.25$ で交差するため，優越するとかしないといった基準だけでは，これらの優劣を決めることはできないのである。良い推定量を求めるためにリスク関数を使うのであれば，もう少し深く考える必要がありそうである。

□発展 9.4　不偏性と有効性再考

リスク関数の大小だけでは良い推定量を決めることはできない。解決策の一つは考察の対象とする推定量を制限することである。例えば考察の対象を不偏推定量に制限してみよう。すなわち，$E[\delta(\boldsymbol{X})] = \theta$ を満たす推定量だけを対象とするのである。この条件に注意すると，損失関数を二乗誤差としたときのリスク関数は次のようになる。

$$
\begin{aligned}
R(\theta, \delta) &= E[(\theta - \delta(\boldsymbol{X}))^2] = E[\{(\theta - E[\delta(\boldsymbol{X})]) - (\delta(\boldsymbol{X}) - E[\delta(\boldsymbol{X})])\}^2] \\
&= (\theta - E[\delta(\boldsymbol{X})])^2 + V[\delta(\boldsymbol{X})] \\
&= V[\delta(\boldsymbol{X})]
\end{aligned}
$$

このようにリスク関数の最小化は推定量の分散 $V[\delta(\boldsymbol{X})]$ を最小にすることと同値となる。これが有効推定量の正当化である。また，良い推定量の条件として不偏性を課すことにより，**発展 9.3** で示した不合理な推定量が排除されるのは明らかだろう。

学の問題として分析しなければならない。しかし，その場合は手元に存在しない観測値について言及することはできない。この年の平日の平均売上金額から翌年の平均売上金額を予想することはできないのである。この問題を正しく考えるには，手元にあるデータと手元にないデータの関係を正しく理解しておく必要がある。このようなことを考えるということは，売上データを推測統計学の問題として分析することに他ならない。

読者の多くは意外に思うかもしれないが，推測統計学の立場で行う売上データの分析は標本調査でなく，実験データの分析と考えることが多い。消費者が来店してある商品を買うまでの一連の行動の中には，偶然の結果もあれば，その場の気分でとしかいいようのない消費者自身にも説明できない行動もあるだろう。こうした行動を確率現象と考えるのである。売上金額や数量はこうした消費行動の結果であるから，これらを確率現象の結果と考えても全く問題ないわけである。

売上データの分析を標本調査と考えた場合の問題は適切な母集団を定められないことである。この例では過去や他の店舗の売上記録を母集団とするのが自然だが，本当にこれが知りたいことだろうか。しかも，売上金額や売上数量の分布は年や店舗によって異なるので，特定の店舗の一年分の売上データしかなければ，過去のことや他の店舗のことを推測できるはずがない。この問題は立地条件や店舗の規模などの条件を揃えれば解決するが，条件を揃えるほど該当する売上記録は少なくなり，“一部”が“全体”と変わらなくなってしまう。これでは推測統計学の問題ということはできない。

さらに言えば，仮に適切な母集団を定めることができたとしても，翌年の売上金額や実績のない価格に対応した売上数量を推論できないという問題もある。**8.4** 節で説明したように，標本調査では母集団での値を確定した事実として扱うため，現時点で実績のない状況を議論の対象にすることはできないのである。初めから実験データの分析と考えれば，こうした無意味とも思える議論から解放される。これから実験をしたらどうなるかを考えるだけなので，何の不合理も生じないからである。

標本調査か実験データの分析かということをそこまで気にする必要があるのかと思うかもしれないが，推定値を正しく解釈するにはそれが必要なので

□発展 9.5 ベイズ法

母数 θ の各点でリスク関数の大小を比較して推定量の優劣を決めるのではなく，リスク関数の平均的な大きさを見て判断するのが **9.4.1** 項で紹介したベイズ法である。**発展 9.3** の推定量 δ_1 と δ_2 であれば，実際に計算するまでもなく，リスク関数の平均が小さいのは推定量 δ_2 であることは明らかだろう。これが常識的な判断ではないだろうか。

平均の計算では母数 θ の値に対して同じ重みである必要はなく，重みを変えて加重平均にしても構わない。母集団分布に正規分布を仮定した身長の問題であれば（**9.3.3** 項），母平均の定義域は全実数だが，負の値や 3m 以上といったあり得ない範囲にまで重みを与えることはないだろう。母平均が負のときのリスク関数を考える必要はないからである。

母数 θ の重みを関数 $\pi(\theta)$ で表すことにする。母数 θ が離散変数であれば総和は 1，連続変数であれば定積分は 1 でなければならない。母数 θ を形式的に確率変数 Θ（θ の大文字）として扱えば，リスク関数の加重平均は期待値として定義することができる。

$$r(\pi, \delta) = E[R(\Theta, \delta)]$$

この加重平均を**ベイズリスク**という。そしてベイズリスクを最小とする推定量がベイズ推定量の正確な定義となる。ある緩やかな仮定を必要とするが，ベイズ推定量は許容的であることが示されている。ベイズリスクの最小化という合理的な根拠で求めた推定量が許容的なのだから，ベイズ推定量は確かに良い推定量なのである。

リスク関数の加重平均を求めるための重みは分析者の事前情報を表す確率分布と解釈することができる。この確率分布が事前分布なのである。そして，損失関数を二乗誤差としたとき，ベイズ推定量は標本 X を条件とした母数 Θ の条件付期待値となることが示されている。これが本文に書いた説明である。

ところで，母数 Θ の条件付確率分布はベイズの定理（**発展 7.6**）を用いて求めることができる。ベイズ法という名称の由来である。

ある。記述統計学の分散と推定の不偏分散で定義式が異なるように，推定の結論は「データでは○○だが本当は △△ である」となることが多い。次章で学習する仮説検定ではデータと“本当は”の区別がもっとはっきりとした形で現れる。推測統計学として分析するのであれば，この“本当は”を正しく説明する義務がある。標本調査として分析しているのか，それとも実験データの分析なのかを正しく理解していなければ，それが不可能なことは明らかだろう。売上金額の母分散を標本調査として推定したのであれば，母集団における売上金額の分散が“本当は”の意味であり，実験データの分析であれば，売上金額が従う確率分布の分散ということになる。

ここまでは売上データのことを説明してきたが，最後にもう少し一般的なことを補足しておく。社会科学では意思決定の結果がデータとなることが非常に多い。女子卒業生による年間国内旅行回数に関する問題もホームベーカリー所有率の問題も，データは意思決定の結果ということができる。意思決定には程度の差こそあれ必ず偶然の要素が含まれるから，こうしたデータの分析は売上データと同様にすべて実験データの分析ということになる。しかし，これらはいずれも標本調査の例ではなかったのか。

結論から言えば，データが確率現象の結果であっても，確率現象の仕組み自体が関心の対象なのではなく，既に確定している状態のことを知りたいのであれば，標本調査として考えればよい。確率現象の仕組みに興味があるなら，もちろん実験データの分析として扱わなければならない。

9.5.2 階層モデル

例題 9.1 を考えてみよう。表面的にはホームベーカリーや歪んだコインの問題と同じなので，母集団分布はベルヌーイ分布であり，母比率（選好率）の有効推定値は 0.2 となるはずである。

この問題は標本調査のように見えるが（その側面もある），実は実験データの分析である。売上データの分析で消費者の行動を確率現象と解釈したように，学生による動画の選好も確率現象と考えられるからである。しかし，これが歪んだコインの問題と同じ構造でないことは少し考えれば分かるはずである。コインを投げて表が出る確率は何回目だろうと常に一定だから，共通

❖ 補足 9.6　一様分布

ある区間から無作為に数字を選ぶ実験を考えてみよう。選ばれる数字を確率変数 X で表したとき，その確率分布を**一様分布**という。どの数字も選ばれる可能性は等しいはずだから，密度関数は確率変数 X の値に依存しない定数でなければならない。区間を a 以上 b 以下とすれば，密度関数は，

$$p(x) = \frac{1}{b-a}, \quad a \leq x \leq b$$

となる。一様分布の平均と分散は次のようになる。

$$E[X] = \frac{a+b}{2}, \quad V[X] = \frac{(b-a)^2}{12}$$

一様分布が母集団分布として仮定されることはほとんどないが，様々な分野で利用されているので，目にする機会もあるだろう。推定のシミュレーションで用いた一様乱数（**6.5.1** 項）とは，0 以上 1 以下の区間で定義された一様分布に従う確率変数の実現値のことである。母数が $\alpha = \beta = 1$ のベータ分布は 0 以上 1 以下の区間で定義された一様分布となる。

ところで，冒頭で“可能性”という言葉を用いたのは，連続型確率変数の場合，特定の値が起きる確率はすべてゼロとなるため（**8.5.1** 項），確率という用語を使えないからである。

【例題 9.1】

ある広告代理店は学生向けのイベントのプロモーション用に二種類の動画（A 案と B 案）を作成した。これらの好感度を調べるため，無作為に選んだ 10 人の学生に動画を視聴してもらい，どちらを好むかを聞いたところ，結果は次のようになった。

B, B, B, A, B, B, B, B, A, B

集計すると，A 案を選んだ学生は 2 人，B 案は 8 人である。ターゲットとする学生による A 案の選好率を推定しなさい。

するベルヌーイ分布を仮定することができた。

$$X_i \sim B(1, p), \quad i = 1, 2, \cdots, 10$$

しかし，動画の選好度の問題では，A 案が選ばれる確率は学生によって異なるはずだから，この問題の標本を厳密に書けば，

$$X_i \sim B(1, p_i), \quad i = 1, 2, \cdots, 10$$

でなければならない。それでは，0.2 という母比率の推定値はどういう意味なのか。そもそもこの推定自体が間違っているのだろうか。

この問題をもう少し深く考えてみよう。母集団（ターゲットとするすべての学生）で各学生の A 案に対する選好率が異なるのであれば，その分布，すなわち，母集団分布を考えることができるはずである。そこで，選好度の母集団分布に **9.2.3** 項で紹介したベータ分布 $Be(\alpha, \beta)$ を仮定してみよう。無作為に選んだ学生の選好度を確率変数 P で表せば，

$$P \sim Be(\alpha, \beta)$$

ということである。つまり，この部分は標本調査の構造になっているのである。選好度の母集団分布を導入すると，選好度を条件とした選好結果の条件付確率分布（**発展 7.4**）がベルヌーイ分布ということになる。したがって，標本を改めて書くと，

$$X_i | P_i \sim B(1, P_i), \quad P_i \sim Be(\alpha, \beta), \quad i = 1, 2, \cdots, 10 \tag{9.1}$$

となる。このように母集団分布の母数を確率変数と扱い，そこに母集団分布をさらに仮定する確率モデル（**補足 9.5**）のことを**階層モデル**という。

ベルヌーイ分布は二通りの結果しか起こらない確率現象を表現するための確率分布と説明した。前項の繰り返しとなってしまうが，確率現象が意思決定の結果でその仕組みに興味があるなら，母集団分布は階層モデルで表現すべきだろう。

この階層モデルを整理すると，X_i の周辺確率分布は再びベルヌーイ分布となる。ただし，値が 1 となる確率はベータ分布 $Be(\alpha, \beta)$ の平均である。

$$P(X_i = 1) = E[P_i] = \frac{\alpha}{\alpha + \beta}$$

計算の概略は**補足 9.7** にまとめてある。したがって，標本を改めて書くと次のようになる。

❖補足 9.7　周辺確率分布の導出

表記を簡潔にするため，ここでは添え字 i を省略する。確率変数 X はベルヌーイ分布に従っているので，値が 1 となる確率 p を条件とした条件付確率は次のようになる。

$$P(X=1|p)=p$$

ここで乗法定理（**発展 7.3**）を適用すれば，2 次元確率変数 (X,P) の同時確率関数（確率変数 P については密度関数となる）は次のようになる。

$$P(X=1,p)=P(X=1|p)\pi(p)$$

ただし，$\pi(p)$ はベータ分布 $Be(\alpha,\beta)$ の密度関数である。確率変数 X の周辺確率分布を計算すると，

$$P(X=1)=\int_0^1 P(X=1,p)dp=\frac{1}{B(\alpha,\beta)}\int_0^1 p\times p^{\alpha-1}(1-p)^{\beta-1}dp$$

となる。最後の式はベータ分布 $Be(\alpha,\beta)$ の平均の定義式だから，

$$P(X=1)=\frac{\alpha}{\alpha+\beta}$$

であることが分かる。これは $X\sim B\left(1,\frac{\alpha}{\alpha+\beta}\right)$ であることを意味している。

Column 9.1 ● 階層モデルとマーケティング

動画の選好度の問題を例として説明する。ベイズ法においては選好度の母集団分布はその事前分布と解釈することができる。そのため階層モデルはベイズ法と非常に相性がいい。ただし，ベイズ法を適用する場合はベータ分布の母数 (α,β) にも事前分布を仮定しなければならない。最尤法とは違いベイズ法では標本 (9.1) をそのまま扱えるので，各学生の選好度まで推定することができる。これは最尤法にはないベイズ法の利点である。

この例では個人の選好度を推定してもあまり意味はないが，マーケティングの分野では，消費者の行動を階層モデルで表現し，個人別の母数とその母集団分布の母数をベイズ法で推定するというアプローチが今世紀に入り増加している。この傾向は従来の消費者全体を対象としたマーケティングに加えて，個人を対象としたマーケティングの重要性が高まっていることと軌を一にしているといえるだろう。

$$X_i \sim B\left(1, \frac{\alpha}{\alpha+\beta}\right), \quad i=1,2,\cdots,10$$

実は母比率の推定値0.2とは，母比率というよりも，母集団分布における選好度の平均 $\frac{\alpha}{\alpha+\beta}$ の有効推定値なのである。

この問題を標本調査として考えた場合，推定値0.2の解釈は母集団でA案を選ぶ学生の比率ということになる。標準的な実験データの分析と考えた場合は，無作為に選んだ学生がA案を選ぶ確率という意味である。そして階層モデルとして扱った場合は，母集団の中にはA案の選好率が高い学生もいれば低い学生もいて，その平均が0.2という意味になる。このように前提に応じて全く異なる解釈になるのでる。

この例ではあまり現実的ではないが，同じ学生から聞き取りを2回以上実施できれば，ベータ分布の母数 (α, β) は最尤法を用いて個別に推定することができる。これらの推定値が得られれば，選好度の平均だけでなく，その分布を議論することが可能となる。

練習問題

問題1　経営や経済に関する教科書にはデータを分析した多くの事例が載っている。こうした事例をいくつか取り上げ，それが推測統計学の事例であるのかどうかを考えなさい。さらに，その事例が標本調査なのか，それとも実験データの分析として扱っているのかについても考えなさい。

問題2　推定値はどのように活用すべきなのか，自分なりに考えてみなさい。

本書のレベルを超えるのでここでは紹介できないが，階層モデルの母数をベイズ法で推定するには MCMC 法（マルコフ連鎖モンテカルロ法）と総称される数値計算法が必要になる。階層モデルのような複雑な問題では，かつては現実よりも計算の都合を優先して確率モデルを仮定せざるを得ないことが度々あった。これに対して階層モデルにおけるベイズ法と MCMC 法の組み合わせにはこうした制約が少なく，はるかに現実的な確率モデルを扱うことができる。このアプローチの大きな利点である。

□発展 9.6　連続型確率変数の期待値

発展 3.5 で説明した“連続的に測定した観測値の平均”を見てほしい。平均気温はやはり定積分を用いて，

$$\bar{y} = \frac{1}{24}\int_0^{24} h(t)dt$$

と定義された。この平均を等間隔で抜き出した n 個の気温を用いて近似してみよう。抜き出した時刻を，

$$t_1 = \frac{24}{n},\ t_2 = 2\times\frac{24}{n},\ \cdots,\ t_{n-1} = (n-1)\times\frac{24}{n},\ t_n = n\times\frac{24}{n} = 24$$

とし，これらの時刻における気温は，

$$y_i = h(t_i),\quad i = 1, 2, \cdots, n$$

と書くことにする。このとき，定積分 $\int_0^{24} h(t)dt$ は以下の図のように n 個の長方形の面積の和で近似することができる。

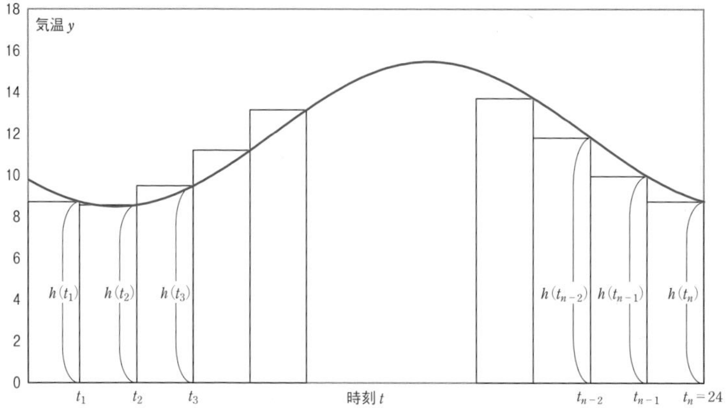

ここで長方形の横の長さはすべて $24/n$，縦は気温だから，確かに平均気温を近似する式は普通の平均の式となる。

$$\frac{1}{24}\int_0^{24} h(t)dt \cong \frac{1}{24}\sum_{i=1}^{n}\left\{h(t_i)\times\frac{24}{n}\right\} = \frac{1}{n}\sum_{i=1}^{n} y_i$$

定積分の定義から，観測値の個数 n を無限にすれば，普通の平均は近似ではなく正確な平均と一致することが分かっている。

それでは連続型確率変数の話に戻ろう。午前 0 時から 24 時までの間で無作為に選んだ時刻を確率変数 T で表すことにする。どの時刻が選ばれる可能性も等しいので，確率変数 T の確率分布は一様分布となる（**補足 9.6**）。密度関数は確率変数の値 t を含まない定数となる。

$$p(t) = \frac{1}{24}$$

無作為に選んだ時刻の気温 $h(T)$ は確率変数 T の関数だから，その平均，つまり，期待値は式 (8.7) より，

$$E[h(T)] = \int_0^{24} h(t)p(t)dt = \frac{1}{24}\int_0^{24} h(t)dt$$

となる。最初に示した平均気温の定義式に他ならない。

Column 9.2 ● 待ち行列

9.1.1 項の冒頭で言及したが，あまり馴染みのない言葉だろう。日本オペレーションズ・リサーチ学会が作成した OR 事典 Wiki をそのまま抜粋しよう。待ち行列モデルとは「混雑現象を解析するための代表的なモデル群の 1 つ。単一の待ち行列モデルは，客の到着，窓口における客のサービス，サービスを待つ客が成す待ち行列，などから構成され，平均待ち時間などによって混雑の程度が評価される。近年，待ち行列がネットワーク状につながった“待ち行列ネットワーク”が積極的に解析され，コンピュータシステムや通信システムなどの性能評価に利用されている」。

社会科学で扱う確率現象は精度の高い確率モデルで表現できないことが多いのだが，待ち行列モデルはそれが可能な稀有な例である。精度が高いだけに応用範囲は非常に広い。日常的に目にする混雑現象はもちろんのこと，最近では情報通信ネットワークへの応用が盛んなことは OR 事典 Wiki に書かれている通りである。もっとも待ち行列モデルの起源は窓口に並ぶ行列ではなく，19 世紀後半の電話交換の設備数に関する研究とされている。

第 10 章

仮説検定の考え方

推定値を意思決定に使うのであれば，推定ではなく仮説検定を適用しなければならない（9.4.2 項）。仮説検定とは母集団でのホームベーカリー所有率は 25%とか，製造した 500 円硬貨の重さの母平均は 7g といった母数に関する仮説が正しいかどうかを判断する推測統計学の手法のことである。意思決定との関係は 500 円硬貨の例が分かり易いだろう。仮説が正しくなければ製造を中止して，生産ラインを点検しなければならない。この意思決定のために仮説検定を用いるのである。この例から想像できるように，仮説検定は現実の様々な場面で使われている。

この章では仮説検定の基本的な考え方を説明する。しかし，これだけでは不十分なので，正確な説明は第 12 章で与える。第 11 章では具体的な仮説検定の手法を辞書的に紹介する。

10.1 基本的な考え方

例題 10.1 は母集団分布に正規分布を仮定した推定の問題（**例題 8.3**）を仮説検定の問題に作り変えたものである。ただし，**有意水準**とは仮説が正しいにもかかわらず，誤って正しくないと判断してしまう確率のことである。有意水準については **10.3** 節で改めて説明する。

母平均の推定値 7.081g は仮説の値 7g より僅かに重い。しかし，推定値はそもそも不正確なものなので，推定値が仮説の値と少し異なっているからといって直ちに仮説は間違っていると結論することはできない。そこで必要になるのが，これから説明する仮説検定なのである。

基本的な考え方は簡単である。既に述べたように，仮説が正しくても推定値と仮説の値が一致するはずはなく，多少のずれは認めざるを得ない。したがって，ずれの許容範囲を決めておけばいいのである。推定値と仮説の値の間に多少のずれがあっても，この許容範囲内であれば仮説を受け入れることができる。仮説検定では仮説を受け入れることを**採択**という。反対にずれが許容範囲の外に出てしまった場合は，仮説は間違っていると判断することになる。この判断を仮説検定では**棄却**という。採択と棄却という判断については **10.3** 節で改めて説明する。

これから考えなければならないことは次の二点に絞られる。推定値と仮説の値のずれをどのように評価するのかということ，それから許容範囲の求め方である。順を追って説明しよう。

10.2 検定統計量と許容範囲

前節では所与のデータに対して仮説が正しいかどうかをどのように判断するのかについて説明した。しかし，推定の場合と同様に，仮説検定の考え方は調査や実験の前であることを前提に説明しなければならない。以下の説明で確率が出てくるのはそのためである。

【例題 10.1】

現在日本で流通している 500 円硬貨は重さが 7g となるように製造されている。製造工程が正常かどうかを検証するため，製造したばかりの 500 円硬貨を無作為に 16 枚選び，重さを測ったところ次のようになった。

7.388, 6.986, 7.277, 7.186, 7.263, 7.033, 7.095, 7.036,
6.939, 6.948, 7.189, 6.842, 7.215, 6.892, 6.973, 7.035

標本平均は 7.081g と設定より僅かに重い。製造工程は正常，すなわち，母平均は 7g という仮説を有意水準 5% で検定しなさい。ただし，製造した硬貨の母集団分布は分散 0.0256（標準偏差 0.16g）の正規分布で近似できるものとする。

※　偽造防止のため分散の正確な値は非公開。この値は貨幣大試験のやり方に **12.5.2** 項で学習する区間推定の考え方を適用して求めた数である。問題作成の都合から，やや大きめに見積もっている。

◈ ポイント 10.1　仮説検定とは

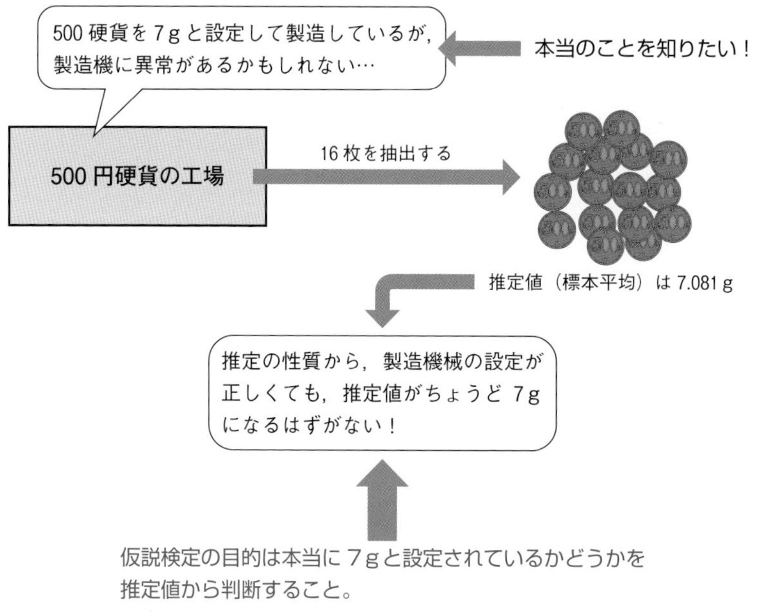
500 硬貨を 7 g と設定して製造しているが，
製造機に異常があるかもしれない…
本当のことを知りたい！
500 円硬貨の工場
16 枚を抽出する
推定値（標本平均）は 7.081 g
推定の性質から，製造機械の設定が
正しくても，推定値がちょうど 7 g
になるはずがない！
仮説検定の目的は本当に 7 g と設定されているかどうかを
推定値から判断すること。

10.2.1　検定統計量

推定値と仮説の値のずれを評価する指標を**検定統計量**という。“量”という漢字から想像できるように，検定統計量とは推定量と同様に標本の関数であることに注意する。推定で良い推定量を考えたように，仮説検定では良い検定統計量を考えなければならないのだが，ここではそうした説明を省いて話を進めていく。仮説検定における良さの基準は **12.3** 節で説明する。

500 円硬貨の問題での良い検定統計量は既に分かっている。この検定統計量は Z_0 と書く約束である。

$$Z_0 = \frac{\bar{X} - 7}{\sqrt{\dfrac{0.16^2}{16}}}$$

ただし，$\bar{X}$ は標本平均である。検定統計量 Z_0 は推定値と仮説の値のずれを差で評価しているが，問題によっては比や二乗誤差で評価する場合もある。右下にあるゼロは一種の目印だが，ちゃんと意味があるので勝手に省略してはならない。ゼロの意味は **12.1** 節で説明する。

検定統計量の値 z_0 は次のようになる。

$$z_0 = \frac{7.081 - 7}{\sqrt{\dfrac{0.16^2}{16}}} \cong 2.025$$

母平均が 7g という仮説が正しければ，母平均の推定（**8.1** 節）で証明したように，標本平均の性質として，

$$E[\bar{X}] = 7, \quad V[\bar{X}] = \frac{0.16^2}{16} = 0.04^2$$

が成立する。したがって，検定統計量の値 2.025 は推定値 7.081g の標準得点であることを意味している（**7.5** 節）。確率変数の標準化という説明で分かり難ければ，次のように理解してもいいだろう。あらゆるデータの下で推定値を求めたとき，その分布における推定値 7.081g の標準得点が検定統計量の値 2.025 ということである。もちろん，母平均が 7g という仮説が正しい場合の話である。標準得点をどのように解釈するにせよ，2.025 というのはかなり大きい値である。

Column 10.1 ● モデル選択

統計学では小さいデータから精度の高い分析を行うことが要求される。そのためには **9.3** 節で説明したように，データに関する知識を利用して現実をできるだけ忠実に表現する確率モデル（**補足 9.5**）を用いる必要があった。しかし，ちょっと考えれば分かるように，現実の複雑な問題では母集団分布を表現する“真の確率モデル”を仮定することなど不可能に近い。比較的簡単な回帰分析であっても，被説明変数に影響を与えている真の説明変数はどれなのか，本当に一次関数でいいのか，正規分布は正しいのかなど，実際には分からないことだらけである。

こうした問題意識を背景に生み出されたのが**モデル選択**と呼ばれる理論である。嚆矢となったのは 1970 年代前半に提案された AIC と呼ばれる**情報量基準**である。情報量基準とは真の確率モデルからの近さを表す指標であり，真の確率モデルの候補となる確率モデルが複数あるときは，この指標を確率モデル毎に求め，この値が最も小さい確率モデルを選べばいいのである。AIC は次のように定義される。

$$\mathrm{AIC} = -2 \times \{最大対数尤度 - 母数の個数\}$$

ただし，最大対数尤度とは最尤法（**9.4.1** 項）において最大化したデータが観測される確率（連続型確率変数の場合は尤度）の対数である。確率モデルに含まれる母数の個数を引くことには，母数が多いほど確率（尤度）は大きくなるため，無駄に母数を増やさないようにするペナルティの意味がある。この定義式に数学的な根拠があることは言うまでもない。

この説明から分かるように，AIC は推定方法として最尤法が前提となっている。他の推定方法に対応した情報量基準もあり，ベイズ法に対応したものとしては WAIC が提案されている。この分野では日本人研究者の貢献が極めて大きいことも記しておこう。

ところで，現実の複雑な問題では，真の確率モデルがあったとしても，それを具体的な数式で表現できるとは限らない。そのため，近年ではモデル選択の目的が，真の確率モデルを見つけることから，予測能力の最も高い確率モデルを選ぶことに変わってきている。この考え方が ***Column* 10.2** で紹介する機械学習につながっていくのである。

10.2.2 許容範囲

推定値と仮説の値が一致すれば検定統計量の値はゼロとなる。そして，検定統計量が推定値と仮説の値のずれを差で評価していることと，この問題では推定値が仮説の値より小さい場合と大きい場合を区別する必要がないことを考えれば，許容範囲はゼロを中心に左右対称の範囲と考えるのが自然だろう。したがって，許容範囲は次のように書くことができる。

$$-C \leq z_0 \leq C$$

定数 C が大きすぎれば推定値がどれほど仮説の値から離れていても採択となってしまうし，小さすぎればちょっとずれているだけで棄却となってしまう。それではどのように定数 C を決めるのかというと，ここで必要となるのが問題文に書いた有意水準という概念である。この問題で有意水準は5%であった。母平均は7gという仮説を正しいと仮定し，あらゆるデータの下で検定統計量の値を求めたとき，これらの95%が含まれる範囲を許容範囲とするのである。この95%が“1－有意水準”であることに注意しよう。コンピューターを用いて有意水準5%に対応した検定統計量の許容範囲を求めると次のようになる。

$$-1.960 \leq z_0 \leq 1.960 \tag{10.1}$$

データから求めた検定統計量の値は2.025だから，母平均は7gという仮説は“有意水準5%”で棄却される。

第6章ではシミュレーションという方法を用いて推定値の平均と分散を求めたが，この許容範囲もシミュレーションによって求めることができる。具体的なやり方については**補足10.1**にまとめてある。

確率変数を用いた許容範囲の定義を書いておこう。母平均は7gという仮説を正しいと仮定するので，標本は，

$$X_i \sim N(7, 0.16^2), \quad i = 1, 2, \cdots, 16$$

と書くことができる。したがって，定数 C は，

$$P(-C \leq Z_0 \leq C) = 0.95 \tag{10.2}$$

を満たす値ということになる。同じことだが，定数 C は，

$$P(Z_0 < -C) = P(Z_0 > C) = \frac{0.05}{2} = 0.025 \tag{10.3}$$

❖補足 10.1　シミュレーションによる許容範囲の確認

有意水準 5%に対応した検定統計量 Z_0 の許容範囲が式 (10.1) であることを確認してみよう。説明で使う Excel のブック「検定統計量の許容範囲」は新世社のホームページからダウンロードすることができる。

ここでは仮説が正しいことを前提とするので，母集団分布は平均 7g，分散 0.16^2 の正規分布となる。これらの値はセル範囲 A4:B6 に入力してある。セル範囲 B9:Q9 が 1 個目のデータであり，セル B9 はその中の 1 個目の観測値となっている。セル B9 には "=NORM.INV(RAND(),$B$4,$B$6)" という数式が入力されている。これは平均がセル B4，標準偏差がセル B6 の正規分布から一様乱数 RAND() の値に対応した下側パーセント点（**10.2.3** 項）を求めるための式である。下側パーセント点が正規分布に従う乱数なのである。

セル R9 はこのデータから求めた標本平均，セル S9 は検定統計量の値である。セル S9 には数式 "=(R9-$B$4)/SQRT($B$5/16)" が入力されている。ただし，SQRT は正の平方根を求めるための Excel 関数である。このようにして検定統計量の値を 2 万個求めた結果がセル範囲 S9:S20008 である。

2 万個の検定統計量の値から，検定統計量の許容範囲を確認した結果がセル範囲 U8:Y16 である。特に式 (10.1) に対応するのがセル範囲 U13:Y13（黄色くマークしてある）である。セル W13 ではセル範囲 S9:S20008 の中で値が −1.96 未満のセルの個数を数えている。条件を満たすセルの個数を数えるための数式が "=COUNTIF($S$9:$S$20008,CONCATENATE("<",U13))" である。ただし，CONCATENATE("<",U13) は括弧内の文字列を結合して出力する Excel 関数で，この場合は "<−1.96" と出力される。つまり，条件を意味している。右にあるセル X13 では 1.96 以下のセルの個数を数えている。最後にセル Y13 で −1.96 以上 1.96 以下のセルの比率を求めている。セルの数式は "=(X13-W13)/20000" となっている。シミュレーションなので許容範囲に含まれるセルの比率は正確に 95%とはならないが，概ねそれに近い値であることが分かるだろう。

推定のシミュレーションと同様に，F9 キーを押して一様乱数を再計算すれば，許容範囲に含まれるセルの比率は変化する。データが入力されているセル範囲 A8:S20008 をすべて表示する必要はないので，ここではワークシートの G 列目から O 列目と 19 行目から 19997 行目は表示していない。

と定義してもよい。

実際に定数Cの値を計算するには，検定統計量Z_0の確率分布を知る必要がある。母平均は7gという仮説が正しければ，検定統計量は標本平均$\bar{X}$の標準得点となるから，$E[Z_0]=0, V[Z_0]=1$が成立する（**7.5**節）。実はこれだけではなく，検定統計量の確率分布は平均0，分散1の正規分布，すなわち，標準正規分布となることが分かっている。

$$Z_0 \sim N(0,1)$$

式(10.2)を満たす定数Cは標準正規分布という検定統計量Z_0の性質を利用して求めるのである（**補足 10.2**）。

10.2.3 パーセント点

許容範囲の上限や下限は式(10.2)や式(10.3)を使わなくても，**パーセント点**という概念を用いれば簡潔に説明することができる。

許容範囲の下限$-C$は，標準正規分布に従う確率変数Xについて（パーセント点の説明で検定統計量Z_0を使う必要はないだろう），

$$P(X < -C) = 0.025$$

を満たす値である。このような値を標準正規分布の下側2.5%点，またはパーセント記号を使わず下側0.025点という。許容範囲の上限Cは，

$$P(X > C) = 0.025$$

を満たす値だから，上側2.5%といえばよい。理屈の上では，上側2.5%は下側97.5%ということもできる。この考え方はExcelで上側パーセントを計算するときに必要となる（**補足 11.3**）。ただし，文章中でこのような言い方をすることはない。

具体的な仮説検定の手法を紹介する**第11章**ではパーセント点という用語を多用する。言うまでもないことだが，いつも標準正規分布のパーセント点というわけではない。

❖ ポイント 10.2　標準正規分布のパーセント点

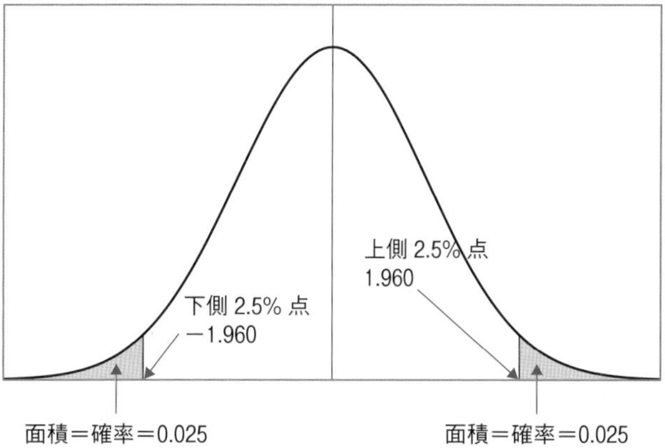

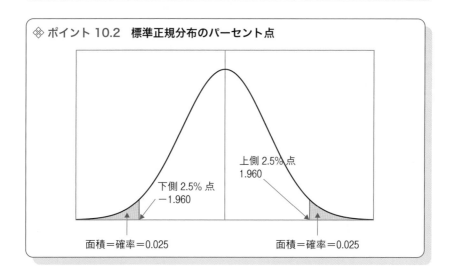

❖ 補足 10.2　有意水準と p 値

500 円硬貨の問題で母平均は 7g という仮説が有意水準 5% で棄却されたのは，検定統計量の値（2.025）が許容範囲の上限 C（1.960）より大きかったからである。許容範囲の定義式 (10.2) から明らかなように，有意水準を小さくすれば定数 C の値は大きくなる。例えば有意水準を 1% とすれば，定数 C の値は 2.576 となり，仮説は採択となる。それでは有意水準がどのくらいなら検定統計量の値 2.025 が定数 C と等しくなるのだろうか。これは式 (10.3) で C の値（$C=2.025$）から右辺の値を求める問題となる。この値を計算すると，

$$P(Z_0>C)=P(Z_0>2.025)=0.0214$$

だから，対応する有意水準は

$$2\times 0.0214=4.28\%$$

ということになる。この値を p 値という。

この説明から分かるように，有意水準が 4.28% の場合，仮説はぎりぎり採択となり，有意水準が 4.28% より少しでも小さいと仮説は棄却される。p 値とはデータから求めた検定統計量の値を所与としたとき，仮説を採択できる有意水準の最小値なのである。したがって，実際の分析では p 値さえ分かれば，わざわざ定数 C を求める必要はない。有意水準が p 値より大きければ仮説は採択され，小さければ棄却ということになる。

10.3 棄却という結果

10.3.1 有意水準と棄却

棄却と採択という判断の意味を理解することは仮説検定において非常に重要である。正確な説明は**第 12 章**で与えるので，ここでは有意水準と棄却の関係を解説しておく。

まず，棄却という判断の根拠について説明しよう。許容範囲(10.1)の求め方から分かるように，検定統計量の値が許容範囲の外に出るということは，仮説が正しければ5 %の確率でしか起こらないずれが実際に生じたことを意味している。しかし，仮説は間違っていると考えれば，こうした不自然な結論にはならないわけである。例えば母平均は 7.081g と考えれば何の矛盾も生じない。仮説が正しいか否かを判断するときに一方は不自然で他方は自然な結論ということなら，仮説は間違っていると判断するのが合理的だろう。不自然な結論を受け入れてまで仮説に肩入れする義理はないのである。

しかし，仮説が正しくても 5 %の確率で検定統計量の値は許容範囲の外に出てしまう。したがって，棄却という判断を使う限り，たとえ仮説が正しくても確率 5 %で間違って棄却してしまう可能性があることは覚悟しなければならない。この確率が有意水準の意味である。

実際の分析では分野を問わず，有意水準の大きさは 1%や 5%とすることが多い。ただし，最近では有意水準の代わりに**補足 10.2** で説明した p 値を用いて棄却かどうかを判断することも多い。

10.3.2 仮説が棄却された場合

これまでの内容は分析前にこの検定方法を適用したらどのようになるかという視点で説明してきた。だから標本，すなわち，確率変数を用いた説明となり，正しい仮説を間違って棄却してしまう確率は 5%という議論が可能となったのである。しかし，分析後はたとえ仮説が有意水準 5%で棄却されたとしても，この判断が間違っている確率は 5%と主張することはできない。仮説が正しいかどうかは物理的に確定した事実なので，この判断が正しいか

□発展 10.1　主観確率

10.3.2 項の説明に納得できただろうか。正しい仮説を間違って棄却する確率が5%しかない方法を適用しているのだから，今回の判断が間違っている可能性は小さいはずである。この主張のどこが間違っているのか。

問題はここで学習した仮説検定の理論が想定する確率と分析者の信念を表す**主観確率**を混同していることにある。**8.5.3** 項で説明したように，この問題は標本調査とも実験データの分析とも解釈できる。これらの問題における確率の意味は **8.4** 節で解説した。確率をこのように解釈すると，既に述べたように，棄却という判断が正しいかどうかは確率現象ではないのである。

例えば二枚のくじがありその中の一枚が当たりだとしよう。ある人がくじを引いたとき，そのくじが当たっているかどうかは物理的に確定している。しかし，この人はその事実を知らないのだから，この人にとっての確率を考えてもおかしくはないだろう。このような場面で用いる確率を主観確率という。したがって，棄却という判断が正しいかどうかを確率で評価したければ主観確率を導入すればよい。

しかし，分析後に棄却という判断が間違っている確率を5%と考えるのはいささか短絡的である。主観だろうと客観だろうと，確率であるからには確率の計算ルールに従わなければならない。棄却という判断に対してそれが間違っているというのは，要するに仮説は正しいということだから，ここに確率を定めるには“仮説は正しい”を事象（**発展 7.1**）として考える必要がある。“棄却が間違っている確率”を正確に定義すると，“棄却”を条件とした以下の条件付確率（**発展 7.3**）ということになる。

$$P(\text{仮説は正しい}|\text{棄却})$$

この値を計算するにはベイズの定理（**発展 7.6**）を用いればよい。ただし，そのためには“仮説は正しい”の確率が必要となる。また，ここでの議論における有意水準とは“仮説は正しい”を条件とした“棄却”の確率となる。

ところで，普通に仮説検定をして，最後に主観確率を持ち込んで棄却という判断が間違っている確率を計算するくらいなら，初めから **9.4** 節で紹介したベイズ法で仮説検定をすればよい。ベイズ法では **8.4** 節で解説した確率と主観確率を矛盾なくまとめて最適な判断が可能となるからである。このとき“仮説は正しい”の確率が事前分布となる。なお，事前分布は主観確率である必要はない。問題によっては客観的な根拠により“仮説は正しい”の確率を定められる場合もあるだろう。

どうかも確定した事実である。したがって，分析者がこの判断が正しいかどうかを知らないだけで，最早これは確率現象ではないからである。誤解し易いことなので，注意する必要があるだろう。

有意水準には適用する検定方法の信頼性の指標という意味もあるので，この値を小さくすれば，検定方法という“道具”の信頼度はいくらでも高めることができる。しかし，道具の信頼度を高めることはできても，棄却という判断が正しいかどうかを議論することはできない。多くの読者は意外に思うかもしれないが，ここで学習した仮説検定の理論では道具の信頼度を分析後における判断の信頼度につなげることはできないのである。

有意水準という信頼度で棄却という判断を受け入れる。これが棄却という判断に対する正しい態度である。

10.4 標本分布

次章では様々な問題に対する仮説検定の方法を紹介する。問題毎に検定統計量が定義されるので，その都度，許容範囲を求めなければならない。そこで必要となるのが検定統計量の確率分布である。例えば500円硬貨の問題では，母平均が7gという仮説が正しいときに検定統計量Z_0が従う確率分布は標準正規分布であった。検定統計量に限らず，推定量など標本の関数が従う確率分布のことを**標本分布**という。

ここでは次章で必要になる標本分布をまとめておく。ただし，確率分布の説明なので，ここでは統計学から離れて確率論用語を用いることにする。

10.4.1 χ^2 分布

χ^2 分布は母分散の検定や独立性の検定など様々な仮説検定で用いられる非常に重要な確率分布である。確率論では，標準正規分布に従うk個の独立な確率変数の二乗和が従う確率分布のことを自由度kのχ^2 **分布**と定義する。自由度kのχ^2分布は$\chi^2(k)$と表記する約束である。式で書くと，

$$Z_i \sim N(0,1), \quad i=1,2,\cdots,k$$

❖補足 10.3　有意という用語

仮説が棄却されたときに用いる慣用的な表現に**有意**という用語がある。例えば「仮説の値との差 0.081g は有意である」とか「推定値は仮説の値 7g と有意に異なる」などである。もっと簡潔に「推定値は有意である」という場合もある。これらはすべて推定値と仮説の値に偶然ではない統計学的に“意味の有る”ずれがあると主張しているのである。しかし，いずれも言葉を省略しすぎている。正式な文書で使うのは避けた方がいいだろう。「仮説は有意水準 5%で棄却された」と書けばいいのである。

❖補足 10.4　χ^2 分布の密度関数

自由度 k の χ^2 分布の密度関数は以下で与えられる。

$$p(x)=\frac{1}{2^{\frac{k}{2}}\Gamma\left(\frac{k}{2}\right)}x^{\frac{k}{2}-1}e^{-\frac{x}{2}},\quad x\geq 0$$

ただし，分母の $\Gamma\left(\frac{k}{2}\right)$ はガンマ関数である（**9.2.2** 項）。

以下は 3 通りの自由度 k に対応した密度関数のグラフである。χ^2 分布の密度関数は歪んだ形状となるが，自由度が大きくなるにつれ歪みは縮小していくことが分かる。

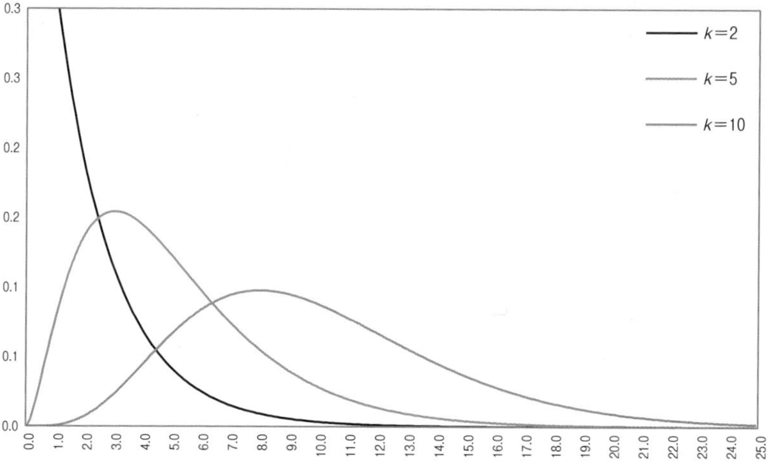

であるとき，$X = \sum_{i=1}^{k} Z_i^2$ とすれば，

$$X \sim \chi^2(k)$$

ということである。χ^2 分布の定義域がゼロ以上の実数となるのは明らかだろう。平均と分散は以下で与えられる。

$$E[X] = k, \quad V[X] = 2k$$

ところで，自由度 k の χ^2 分布とは形状母数 $k/2$，尺度母数 2 のガンマ分布のことである（**9.2.2** 項）。密度関数やそのグラフについては**補足 10.4** を見てほしい。

母分散の検定や独立性の検定では検定統計量の標本分布は χ^2 分布となるのだが，χ^2 分布の定義を学習しただけでは，この結果を示せないことに注意しなければならない。これは別途証明することなのである。しかし，その証明は本書のレベルを超えてしまう。他の標本分布についてもいえることだが，検定統計量の標本分布は証明なしで受け入れるしかない。

10.4.2 *t* 分布

母平均の検定で用いられる t **分布**は次のように定義される。標準正規分布に従う確率変数 X と自由度 k の χ^2 分布に従う確率変数 Y は独立とする。このとき，

$$T = \frac{X}{\sqrt{Y/k}}$$

の確率分布を自由度 k の t 分布といい，$t(k)$ と表記するのである。定義域は全実数である。t 分布の平均と分散は次のようになる。

$$E[T] = 0, \quad V[T] = \frac{k}{k-2}$$

分散の式から明らかなように，分散が存在するのは自由度 k が 3 以上の場合である。さらに自由度 k が 1 のときは分散だけでなく平均も存在しない。

t 分布の密度関数は標準正規分布とよく似ている。原点を中心とした左右対称の釣鐘型だが，標準正規分布の密度関数を潰したような形状となる。自由度 k が大きくなるにつれ，t 分布の密度関数は標準正規分布の密度関数に近づいていく。最終的に標準正規分布に収束することは証明されている。こ

❖補足 10.5　t 分布の密度関数

自由度 k の t 分布に従う確率変数 T の密度関数は次のようになる。

$$p(t)=\frac{\Gamma\left(\frac{k+1}{2}\right)}{\sqrt{\pi k}\,\Gamma\left(\frac{k}{2}\right)}\left(1+\frac{t^2}{m}\right)^{-\frac{k+1}{2}},\quad -\infty<t<\infty$$

以下は3通りの自由度に対応した t 分布と標準正規分布の密度関数のグラフである。自由度 k が大きくなると，本文で書いたように，t 分布の密度関数は確かに標準正規分布の密度関数に近づいていく。反対に自由度が小さいほど，密度関数は標準正規分布を潰したような形状となり，絶対値の大きな値を取り易いことが分かる。

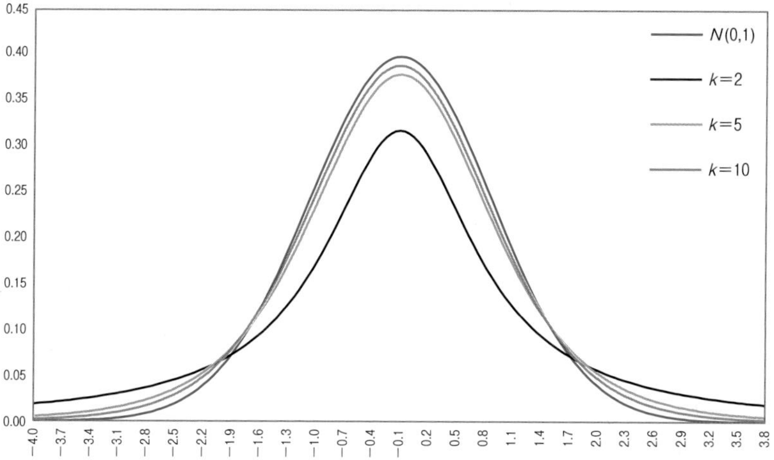

特に自由度 k が1のときの t 分布を**コーシー分布**という。コーシー分布は平均も分散も存在しない。密度関数のグラフから想像できるように，コーシー分布に従う確率変数はゼロから離れた値を取る確率が高いことが分かるだろう。コーシー分布は標本分布としてではなく，こうした特徴を持つ確率現象を表現するために適用されることが多い。ファイナンスや物理学での適用事例が知られている。

れはt分布の重要な性質である。密度関数やそのグラフは**補足 10.5** にまとめてある。

10.4.3 F 分布

二標本の問題で母分散が等しいかどうかの仮説検定や分散分析で使われるのがF分布である。**F 分布**は次のように定義される。χ^2 分布に従う確率変数 X と Y は独立とする。

$$X \sim \chi^2(k), \quad Y \sim \chi^2(m)$$

このとき，

$$F = \frac{X/k}{Y/m}$$

の確率分布を自由度 (k,m) の F 分布といい，$F(k,m)$ と表記する。自由度の順番は重要なので注意する必要がある。F 分の定義域はゼロ以上の実数である。分母の自由度 m が 3 以上のとき平均が存在し

$$E[F] = \frac{m}{m-2}$$

となる。分散は自由度 m が 5 以上のとき存在する。

$$V[F] = \frac{2m^2(k+m-2)}{k(m-2)^2(m-4)}$$

定義から明らかなように，$G = F^{-1}$ とすれば，$G \sim F(m,k)$ となる。密度関数やグラフは**補足 10.6** にまとめた。

練習問題

問題 1　仮説検定とは何か。その目的や考え方などを初学者に教えるつもりで説明しなさい。

問題 2　有意水準を 5%とすれば，正しい仮説を間違って棄却してしまう確率は 5%である。仮説検定で生じる間違いは他にどのようなものがあるか考えなさい。

❖補足 10.6　F 分布の密度関数

自由度 (k,m) の F 分布に従う確率変数 F の密度関数は，

$$p(f)=\frac{\Gamma\left(\frac{k+m}{2}\right)k^{\frac{k}{2}}m^{\frac{m}{2}}}{\Gamma\left(\frac{k}{2}\right)\Gamma\left(\frac{m}{2}\right)}\frac{f^{\frac{k}{2}-1}}{(m+kf)^{\frac{k+m}{2}}},\quad f\geq 0$$

となる。密度関数は山の右側がなだらかな歪んだ形状となる。以下は 3 通りの自由度 (k,m) に対応した密度関数のグラフである。

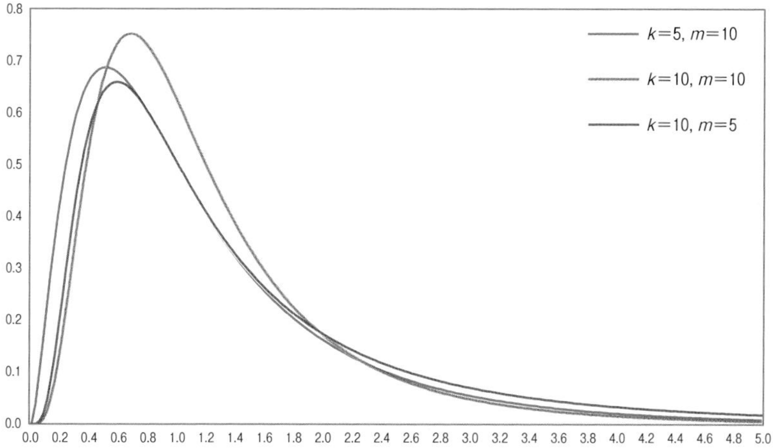

Column 10.2 ● 機械学習

統計学と関連した分野に**機械学習**というものがある。人工知能（AI）やディープラーニング（深層学習）といった言葉と使われることも多く，初耳という読者は少ないだろう。統計学の立場から見ると，機械学習の手法は実験データの分析における推定であることが多い。推定方法として最尤法やベイズ法も普通に使われる。ただし，機械学習の分野では推定を学習という。本書のレベルを超えるので具体的には説明できないが，こうした推定方法の妥当性は本書の説明，つまり標準的な統計学とは異なる視点から示される。

こうした違いが生じるのは，二つのアプローチが異なる適用場面を想定しているからである。標準的な統計学はデータを収集し，そこから母数の推定値を

求め，場合によっては仮説検定をして調査や実験が終了するという状況を想定している。一方，機械学習の適用場面では，**Column** 3.1 で紹介したビッグデータのようにデータは継続的に収集されることが多いため，推定値を求めて終わりということにはならない。データの追加に応じて推定値はその都度更新しなければならない。確かに推定より学習という言葉の方が適切かもしれない。機械学習で仮説検定があまり重視されないのはこの辺りに理由がありそうである。

機械学習でも変数間の関係を確率モデル（**補足 9.5**）で表現することに変わりはない。基準となる変数があって，この変数とそれ以外の変数の関係を表現する確率モデルの学習を教師あり学習という。例えば回帰モデルの推定が該当する。基準となる変数とは被説明変数のことである。基準となる変数がない場合は教師なし学習という。データの構造を明らかにする目的で使われることが多い。本書では言及していないが，多変量解析におけるクラスター分析や主成分分析などは典型的な教師なし学習である。

統計学では現実を表現する真の確率モデルを仮定しなければならず，実際には困難でも，このようにすべきだと誰もが考えていた。一方，機械学習ではこうしたことにやや無頓着である。母数の値によって柔軟に形を変えられる確率モデル（**発展 8.1** で紹介したカーネル密度推定法など）を使えばいいというのが一つの理由である。非常に多くの母数を必要とするが，ビッグデータがあれば母数がいくら多くても推定できないことはない。

予測精度が高ければ，言い換えると機械学習が仮定する仮想的な機械が上手く動けば，確率モデルが真だろうとそうでなかろうと大きな問題ではないというのがもう一つの理由である。これはモデル選択の考え方そのものである。例えばテキストマイニング（**Column** 3.2）にトピックモデルという文書に含まれる話題を抽出する分析手法がある。ただし，話題とは単語の集合とその出現確率として定義される。トピックモデルではある確率分布に従い単語が次々に生成される，文法も語順も無視した仮想的な機械を仮定する。この確率モデルが現実の文書作成を表現していないとしても，新しい文書が与えられたとき，そこに含まれる話題を正確に見つけられさえすればいいわけである。既に述べた適用場面の違いが，確率モデルに対する姿勢の違いとなって表れているのである。

第 11 章

仮説検定の例

この章では初等的な統計学で必ず学習しなければならない基本的な仮説検定の方法を紹介する。いずれも正規分布かベルヌーイ分布が母集団分布となる。どのような問題でも検定統計量は推定値と仮説の値のずれを表現する式になっていることに注意してほしい。社会科学で利用頻度の高い仮説検定の問題は二つの母平均の検定，母比率の検定，そして独立性の検定である。

11.1 理解するために重要なこと

推定では標本平均，不偏分散，標本比率を学習すれば十分だったが，仮説検定では問題に応じて検定統計量とその許容範囲を考えなければならない。これはかなり面倒なことである。しかし，仮説検定の基本的な考え方，すなわち，推定値と仮説の値のずれを検定統計量で表現し，その値が許容範囲に含まれるか否かで仮説を採択するかどうかを決定するという考え方はどの問題でも共通である。したがって，新しく学習する仮説検定の方法を理解するためには，次の二点を確認すればいいのである。

(1) 検定統計量が推定値と仮説の値のずれを表現する式であること。
(2) 仮説が正しければ，検定統計量はどのような値になり易いか。

この二点が分かれば，検定統計量の許容範囲が，例えばゼロを中心とした左右対称の範囲になるなど，どのような範囲で表されるかは自動的に分かるはずである。

許容範囲を数値で表現するには検定統計量の標本分布を知らなければならないが，これは初学者が気にすることではない。初等的な統計学の教科書では標本分布の導出を示せないのだし，具体的な数値もコンピューターを用いて計算するだけなのだから。“t 分布”や“χ^2 分布”は計算方法の名前だと思えばよい。

11.2 1 標本の問題

この節では母集団分布が正規分布であるときの母平均と母分散の検定について説明する。独立に正規分布に従う標本を次のように書く。

$$X_i \sim N(\mu, \sigma^2), \quad i = 1, 2, \cdots, n$$

前章で考えた問題とは異なり，母分散 σ^2 の値は未知とする。これが現実的な問題設定である。

❖ ポイント 11.1　仮説検定を理解するポイント

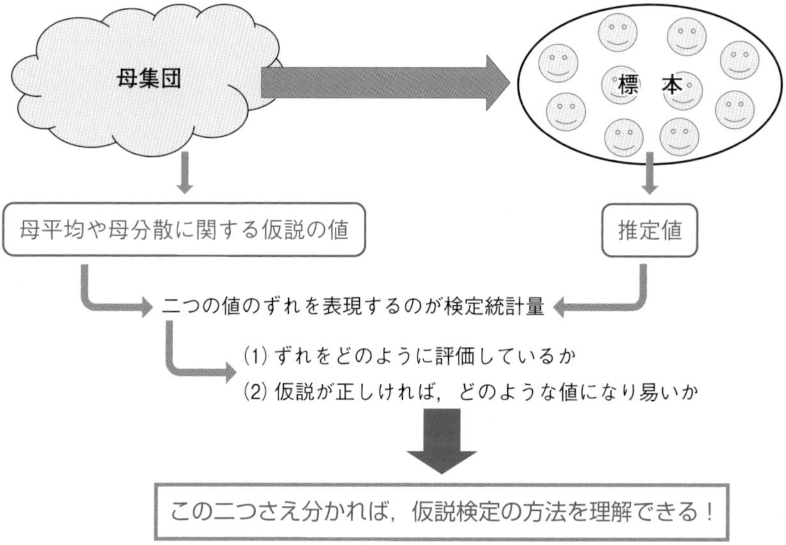
母集団
標　本
母平均や母分散に関する仮説の値
推定値
二つの値のずれを表現するのが検定統計量
(1) ずれをどのように評価しているか
(2) 仮説が正しければ，どのような値になり易いか
この二つさえ分かれば，仮説検定の方法を理解できる！

❖ 補足 11.1　標本分布のシミュレーション

仮説が正しい場合の検定統計量 T_0 の標本分布が自由度 $n-1$ の t 分布であることをシミュレーションで確認してみよう。説明で使うブック「標本分布のシミュレーション」はいつものように新世社のホームページからダウンロードすることができる。

16 個の観測値から成る 20000 個のデータはセル範囲 A8:Q20008 に入力されている。ここは補足 10.1 で説明した「検定統計量の許容範囲」と同じである。比較のため，標本サイズ n が 2，5，そして 16 の場合で検定統計量の標本分布を求めてみた。最初に標本サイズが 2 の場合を説明すると，1 個目のデータで最初の 2 個の観測値を用いて計算した標本平均がセル S9，不偏分散はセル T9 である。ただし，不偏分散を求める Excel 関数は “VAR.S” である。セル U9 では数式 “＝(S9-$B$4)/SQRT(T9/2)” を用いて検定統計量の値を計算している。

11.2.1 母平均の検定

最初は母平均の検定である。仮説は一般的に $\mu=\mu_0$ と書くことにする。もちろん，右辺の μ_0 が仮説の値である。有意水準も一般的に α で表そう。

この問題の検定統計量は以下で与えられる。

$$T_0=\frac{\bar{X}-\mu_0}{\sqrt{\dfrac{S^2}{n}}}$$

ただし，$\bar{X}$ は標本平均，S^2 は不偏分散である。要するに，この検定統計量は母分散が既知の場合の検定統計量 Z_0 で母分散 σ^2 をその有効推定量である不偏分散 S^2 で置き換えた式なのである。仮説 $\mu=\mu_0$ が正しい場合，検定統計量 T_0 の標本分布は自由度 $n-1$ の t 分布となる。ただし，その証明は難しい。この定義式をいろいろと変形していくと，最終的に **10.4.2** 項で説明した t 分布の定義と同じ式になると理解していれば十分だろう。

第6章では標本平均や加重平均の推定精度をシミュレーションで比較したが，検定統計量 T_0 の標本分布が t 分布になることもシミュレーションで確認することができる。シミュレーションの方法は**補足 11.1** で解説した。

検定統計量 Z_0 と同様に，検定統計量 T_0 も推定値と仮説の値のずれを差で評価している。したがって，この場合もゼロを中心とした左右対称の範囲

$$-C\leq t_0\leq C$$

が許容範囲となる。定数 C は，

$$P(-C\leq T_0\leq C)=1-\alpha$$

を満たす値として求めればよい。別の言い方をすれば，自由度 $n-1$ の t 分布の上側 $\frac{\alpha}{2}$ 点のことである。Microsoft 社の表計算ソフト Excel を用いた定数 C の求め方は**補足 11.3** にまとめてある。

11.2.2 数値例

例題 10.1 を母分散が未知の問題として検定してみよう。**例題 8.3** より不偏分散 S^2 の値は 0.0252 だから，検定統計量の値は次のようになる。

$$t_0=\frac{7.081-7}{\sqrt{\dfrac{0.0252}{16}}}\cong 2.041$$

このようにして 20000 個の検定統計量の値を求めた結果がセル範囲 U9:U20008 である。セル範囲 AH6:AK48 はこれらを集計した度数分布表である。ただし，階級と階級値はセル範囲 AC8:AE48 に載せてある。セル AH9 は階級 "−4.0 を超えて −3.8 以下" の相対度数であり**補足 10.1** で説明した Excel 関数 "COUNTIF" を用いて計算している。右のセル AI9 はヒストグラムを描くときの棒の高さである。相対度数を階級の幅で割った値だから，数式 "=AH9/(AD9-AC9)" が入力されている。一方，セル AJ9 は標本分布（自由度 1 の t 分布）から求めた，検定統計量の値がこの階級に含まれる確率で，"=T.DIST(AD9,1,TRUE)-T.DIST(AC9,1,TRUE)" という数式が入力されている。ここで第一項の T.DIST(AD9,1,TRUE) は自由度 1 の t 分布からセル AD9 の値以下となる確率を求める Excel 関数である。AK9 はこの確率に対応した棒の高さ（尤度）で，数式はセル AI9 と同じである。

標本サイズ n が 5 と 16 の場合も同様である。セル範囲 AL6:AS48 が対応する度数分布表である。参考として，同じ階級で求めた標準正規分布の確率と尤度をセル範囲 AF8:AG48 に載せてある。セル AF9 は標準正規分布に従う確率変数が −4.0 を超えて −3.8 以下となる確率で，Excel 関数 T.DIST の代わりに "NORM.S.DIST" を用いている。

グラフ「検定統計量 T_0 の標本分布」は，このようにして作成した度数分布表と標本分布の確率をグラフにした結果である。これを見れば，シミュレーションで作成した検定統計量のヒストグラムと標本分布の尤度の折れ線グラフはほぼ一致することが分かるだろう。また，標本サイズが大きくなるにつれ，ヒストグラムと標本分布の尤度の折れ線グラフは標準正規分布の折れ線グラフに近づいていく。これは **10.4.2** 項と**補足 10.5** で説明した通りの結果である。

仮説が正しい場合の検定統計量 X_0^2 の標本分布が自由度 $n-1$ の χ^2 分布となることは BC 列の右側で検証した。シミュレーションの方法は t 分布の場合とほとんど同じなので，詳細は省略する。ただし，χ^2 分布に従う確率変数がある値以下となる確率を求めるには Excel 関数 "CHISQ.DIST" を用いればよい。グラフ「検定統計量 X_0^2 の標本分布」を見れば，この場合もシミュレーションで作成したヒストグラムと標本分布の折れ線グラフがほぼ一致することを確認できる。

一方，自由度 15 の t 分布から定数 C の値を求めると 2.131 だから，検定統計量の値 2.041 は許容範囲に含まれる。

$$-2.131 \leq t_0 \leq 2.131$$

したがって，母平均は 7g という仮説は有意水準 5% で採択となる。

母分散を既知とした**例題 10.1** では，仮説は有意水準 5% で棄却されたことを思い出そう。ちなみに，検定統計量 Z_0 の許容範囲は，

$$-1.960 \leq z_0 \leq 1.960$$

であった。母分散が未知の場合に許容範囲が広くなるのは，検定統計量 T_0 が母分散 σ^2 を不偏分散 S^2 で代用していることが原因である。確率変数，つまりデータ毎に値の異なる S^2 を用いた T_0 の方が不安定で絶対値の大きな値を取り易いと想像できるだろう。t 分布が標準正規分布の密度関数を潰した形状となるのは（**10.4.2** 項），こうしたことから来る性質なのである。

11.2.3 母分散の検定

次は母分散に関する仮説 $\sigma^2 = \sigma_0^2$ の検定である。母平均 μ は未知とし，有意水準はここでも α とする。検定統計量は以下で与えられる。

$$X_0^2 = \frac{(n-1)S^2}{\sigma_0^2}$$

仮説 $\sigma^2 = \sigma_0^2$ が正しい場合，検定統計量 X_0^2 の標本分布は自由度 $n-1$ の χ^2 分布となる。この不思議な結果については**補足 11.2** で簡単に説明した。

検定統計量 X_0^2 は推定値と仮説の値のずれを比で表現している。推定値と仮説の値が等しければ $X_0^2 = n-1$ となるから，許容範囲は $n-1$ を中心とした範囲とすればよい。ただし，検定統計量 X_0^2 はゼロ以上なので，許容範囲は検定統計量 T_0 の場合と違って左右対称にはならず，

$$A \leq \chi_0^2 \leq B$$

としなければならない。定数 A と B は

$$P(X_0^2 < A) = P(X_0^2 > B) = \frac{\alpha}{2}$$

を満たす値として求めればよい。すなわち，下限 A は自由度 $n-1$ の χ^2 分布における下側 $\frac{\alpha}{2}$ 点であり，上限 B は上側 $\frac{\alpha}{2}$ 点となる。Excel を用いた定

❖補足 11.2　検定統計量 X_0^2 の自由度

10.4.1 項で説明したように，χ^2 分布の自由度とは材料となる確率変数の個数であった。しかし，仮説 $\sigma^2=\sigma_0^2$ が正しい場合，検定統計量 X_0^2 の標本分布は自由度 $n-1$ の χ^2 分布となる。つまり，X_0^2 は n 個の材料からできているにもかかわらず，材料は $n-1$ 個と主張しているのである。

厳密な証明は本書のレベルを超えるが，自由度が $n-1$ となる理由自体は難しいことではない。実は，標本（n 個の確率変数）から互いに独立に標準正規分布に従う n 個の確率変数 $Y_i,\ i=1,2,\cdots,n$ を作り，

$$X_0^2=\frac{(n-1)S^2}{\sigma_0^2}=\frac{1}{\sigma_0^2}\sum_{i=1}^{n}(X_1-\bar{X})^2=Y_1^2+Y_2^2+\cdots+Y_{n-1}^2$$

と表現することができるのである。これを認めてしまえば，$X_0^2\sim\chi^2(n-1)$ は明らかだろう。ちなみに，残りの 1 個は標本平均 $\bar{X}$ の標準得点となる。

$$Y_n=\frac{\bar{X}-\mu}{\sqrt{\dfrac{\sigma_0^2}{n}}}$$

❖補足 11.3　Excel 関数を用いたパーセント点の計算

Excel にあるのは下側パーセント点を求める関数なので，**10.2.3** 項で書いたように，Excel 関数で上側パーセント点を求めるには下側パーセント点に換算する必要がある。主な標本分布について，Excel 関数による上側 2.5%の求め方を以下にまとめておく。上側 2.5%が下側 97.5%であることに注意しよう。

- 正規分布 $N(\mu,\sigma^2)$ の上側 2.5%：NORM.INV(97.5%, μ, σ)
- 標準正規分布 $N(0,1)$ の上側 2.5%：NORM.S.INV(97.5%)
- 自由度 k の t 分布の上側 2.5%：T.INV(97.5%,k)
- 自由度 k の χ^2 分布の上側 2.5%：CHISQ.INV(97.5%,k)
- 自由度 (k,m) の F 分布の上側 2.5%：F.INV(97.5%,k,m)

正規分布のパーセント点を求める NORM.INV には，分散 σ^2 ではなく，標準偏差 σ を入力していることに注意する。

補足として，確率変数がある値（この値を a と書くことにする）以下となる確率を求める Excel 関数をまとめておく。

数 A と B の求め方は補足 11.3 にまとめてある。

例題 10.1 で母分散の検定をしてみよう。仮説は $\sigma^2 = 0.0256$ とする。検定統計量の値は次のようになる。

$$\chi_0^2 = \frac{(16-1)\times 0.0252}{0.0256} \cong 14.766$$

自由度 15 の χ^2 分布から求めた定数 A の値は 6.262，定数 B は 27.488 だから，検定統計量の値は許容範囲に含まれる。したがって，仮説 $\sigma^2 = 0.0256$ は有意水準 5% で採択となる。

11.3 2 標本の問題

この節では独立に正規分布に従う標本が二つあり，母平均や母分散を比較する問題を取り上げる。標本は次のように書くことにする。

$$X_i \sim N(\mu_X, \sigma_X^2), \quad i = 1, 2, \cdots, m, \qquad Y_i \sim N(\mu_Y, \sigma_Y^2), \quad i = 1, 2, \cdots, n$$

それぞれの標本サイズが異なっていることに注意しよう。

11.3.1 母分散の比較

最初に二つの母集団分布で分散が等しいという仮説 $\sigma_X^2 = \sigma_Y^2$ の検定について説明する。二つの母平均は未知とし，有意水準は α とする。

この問題では二つの分散を比較した結果を一つの数値で表現しなければならない。そこで，推定値については s_X^2/s_y^2，仮説の値は $\sigma_X^2/\sigma_y^2 = 1$ と，いずれも比を用いることにする。このとき，検定統計量は次のようになる。

$$F_0 = \frac{S_X^2}{S_Y^2} \div \frac{\sigma_X^2}{\sigma_Y^2} = \frac{S_X^2}{S_Y^2}$$

ここでは推定値と仮説の値のずれを“比の比”で表現しているのである。仮説 $\sigma_X^2 = \sigma_Y^2$ が正しい場合，検定統計量 F_0 の標本分布は自由度 $(m-1, n-1)$ の F 分布となる。

仮説が正しければ推定値は $s_X^2 \cong s_X^2$ となるはずだから，許容範囲が 1 を中心とした範囲になるのは分かるだろう。さらに $F_0 \geq 0$ だから，許容範囲は，

- 正規分布 $N(\mu, \sigma^2)$：NORM.DIST(a,μ,σ,TRUE)
- 標準正規分布 $N(0, 1)$：NORM.S.DIST(a,TRUE)
- 自由度 k の t 分布：T.DIST(a,k,TRUE)
- 自由度 k の χ^2 分布：CHISQ.DIST(a,k,TRUE)
- 自由度 (k, m) の F 分布：F.DIST(a,k,m,TRUE)

これらの Excel 関数で“TRUE”を“FALSE”にすれば，尤度（密度関数の値）を求めることができる。

【例題 11.1】 2 標本の問題の具体例

地球温暖化の影響か都市化の影響かは分からないが，とりわけ都市部では以前と比べて暑くなったと耳にすることが多い。現在（2015～2017 年）と 30 年前（1985～1987 年）を比較した大阪の月平均気温のデータを用いて確かめてみよう。このデータは気象庁の公式 HP から入手した。観測地点は大阪市中央区大手前である。

	現在の平均気温			30 年前の平均気温		
月	2015 年	2016 年	2017 年	1985 年	1986 年	1987 年
1	6.1	6.8	6.2	4.3	4.2	6.2
2	6.9	7.4	6.3	6.6	3.8	6.5
3	10.2	10.8	9.2	9.3	8.3	8.9
4	15.9	16.6	15.7	15.5	14.8	14.2
5	21.5	21.2	21.1	20.1	18.6	19.3
6	22.9	23.3	22.7	22.5	23.0	23.8
7	27.0	28.0	28.8	27.6	26.4	27.6
8	28.6	29.5	29.2	29.2	28.2	28.7
9	23.2	25.8	24.4	25.3	24.5	24.4
10	19.0	20.3	18.4	19.0	17.0	19.6
11	15.2	13.4	12.6	12.8	12.4	13.4
12	10.1	9.4	7.0	6.6	8.9	8.7

便宜上，現在は X，30 年前は Y で表すことにする。標本平均と不偏分散の値は次のようになる。

$$\bar{x} = 17.24, \quad s_X^2 = 62.4179, \quad \bar{y} = 16.39, \quad s_Y^2 = 67.8863$$

確かに現在の方が平均気温は高いが，その差は 0.85℃ と僅かである。現在と 30 年前で平均気温は等しいという仮説 $\mu_X = \mu_Y$ を検定するため，最初にこれらの母分散が等しいという仮説 $\sigma_X^2 = \sigma_Y^2$ を検定する。有意水準は 5%とする。検定統計

$$A \leq f_0 \leq B$$

となる。したがって，下限 A は自由度 $(m-1, n-1)$ の F 分布の下側 $\frac{\alpha}{2}$ 点，上限 B は上側 $\frac{\alpha}{2}$ 点とすればよい。Excel での求め方は補足 11.3 にまとめてある。

ところで，仮説が正しい場合の検定統計量の平均は 1 ではなく，**10.4.3** 項で説明したように，$E[F_0] = \frac{n-1}{n-3}$ であることを注意しておく。

11.3.2 母平均の比較

二つの母平均が等しいという仮説 $\mu_X = \mu_Y$ を検定するには，二つの母分散は等しいことが条件となる。したがって，この仮説を検定するためには，前項で説明した方法により仮説 $\sigma_X^2 = \sigma_Y^2$ が採択されている必要がある。

この問題では二つの母分散は等しいので，ここではこれらを改めて σ^2 と書くことにする。二つの標本を用いて母分散 σ^2 の不偏推定量を求めると，

$$S^2 = \frac{1}{m+n-2}\{(m-1)S_X^2 + (n-1)S_Y^2\}$$

となる。これが不偏推定量であることは，$E[S_X^2] = E[S_Y^2] = \sigma^2$ だから，期待値の性質を使えば明らかだろう。検定統計量は以下で与えられる。

$$T_0 = \frac{(\bar{X} - \bar{Y}) - (\mu_X - \mu_Y)}{\sqrt{\left(\frac{1}{m} + \frac{1}{n}\right)S^2}} = \frac{\bar{X} - \bar{Y}}{\sqrt{\left(\frac{1}{m} + \frac{1}{n}\right)S^2}}$$

仮説 $\mu_X = \mu_Y$ が正しい場合，検定統計量 T_0 の標本分布は自由度 $m+n-2$ の t 分布となる。ここでは二つの平均を比較した結果を差で評価し，推定値と仮説の値のずれを “差の差” で表現している。許容範囲はゼロを中心とした左右対称の範囲となる。

$$-C \leq t_0 \leq C$$

定数 C は自由度 $m+n-2$ の t 分布の上側 $\frac{\alpha}{2}$ 点である。

11.3.3 対応のあるデータの場合

最後に特殊なケースとして，**対応のあるデータ**における二つの母平均の検定を紹介しておく。例えば血圧を下げる効果があるとされる新薬を 10 人の患者に投与する臨床試験で，投与前後で測定した血圧の 2 次元データは対応

量は,

$$f_0 = \frac{62.4179}{67.8863} = 0.919$$

である。自由度 (35, 35) の F 分布から求めた下側 2.5% 点は 0.510, 上側 2.5% 点は 1.961 だから, 検定統計量の値は許容範囲内となり, 仮説 $\sigma_X^2 = \sigma_Y^2$ は有意水準 5% で無事採択される。

前提条件が満たされたので, それでは仮説 $\mu_X = \mu_Y$ を検定しよう。二つの標本から求めた母分散の不偏推定値は $s^2 = 65.1521$ だから, 検定統計量の値は,

$$t_0 = \frac{17.24 - 16.39}{\sqrt{\dfrac{65.1521}{18}}} = 0.447$$

となる。これはあまり大きな値ではない。自由度 70 の t 分布の上側 2.5% 点は 1.994 だから, この仮説は残念ながら有意水準 5% で採択となる。

□発展 11.1　母分散が異なる場合

2 標本の問題で二つの母平均が等しいという仮説を検定するには, 母分散は等しいという条件が必要であった。この条件が満たされないときの母平均の検定はベーレンス・フィッシャー問題と呼ばれている。しかし, この問題の正確な検定方法は残念ながら存在しない。そこで近似的な検定方法として用いられるのがウェルチにより提案された方法である。

ウェルチの方法による検定統計量は以下で与えられる。

$$T_0 = \frac{\bar{X} - \bar{Y}}{\sqrt{\dfrac{S_X^2}{m} + \dfrac{S_Y^2}{n}}}$$

仮説 $\mu_X = \mu_Y$ が正しい場合, 検定統計量 T_0 の標本分布は自由度 f の t 分布で近似できることが分かっている。自由度 f はかなり面倒な式である。

$$f = \left\{ \frac{s_X^4}{m^2(m-1)} + \frac{s_Y^2}{n^2(n-1)} \right\}^{-1} \left(\frac{s_X^2}{m} + \frac{s_Y^2}{n} \right)^2$$

もちろん, 自由度 f は整数とならない。自由度は整数でなくても構わないのだが (Excel では自由度の小数部分は無視される), 通常は f を四捨五入した値が用いられる。

のあるデータとなる。対応のあるデータがどのようなものであるかは，この例から大体イメージできるだろう。

標本を正確に書くと次のようになる。

$$\{X_i \sim N(\mu_X, \sigma_X^2), Y_i \sim N(\mu_Y, \sigma_Y^2)\}, \quad i = 1, 2, \cdots, n$$

臨床試験の例では，新薬の投与前の血圧と投与後の血圧は独立であるはずがない。したがって，対応のあるデータの問題では，

$$Cov[X_i, Y_i] = \sigma_{XY} \neq 0, \quad i = 1, 2, \cdots, n$$

であっても構わない。新薬の投与前後で血圧が変化するかどうかを知りたいので，二つの母平均は等しい，すなわち，$\mu_X = \mu_Y$ がここでの仮説となる。

これまでと全く異なる問題を扱っているようだが，実はそのようなことはない。投与後の血圧から投与前の値を引いた差をこの問題のデータとすればいいのである。そこで，$Z_i = X_i - Y_i$ とすれば，**7.5** 節で学習した期待値の性質から，平均と分散は次のようになる。

$$E[Z_i] = \mu_X - \mu_Y, \quad V[Z_i] = \sigma_X^2 + \sigma_X^2 - 2\sigma_{XY}$$

さらに，差 Z_i は正規分布に従うことも証明されている。

$$Z_i \sim N(\mu, \sigma^2), \quad i = 1, 2, \cdots, n$$

ただし，表記を簡単にするため，

$$\mu = \mu_X - \mu_Y, \quad \sigma^2 = \sigma_X^2 + \sigma_X^2 - 2\sigma_{XY}$$

とした。この標本の下では，元の仮説は $\mu = 0$ となる。つまり，対応のあるデータで仮説 $\mu_X = \mu_Y$ を検定するには，**11.2.1** 項で説明した母平均の検定で仮説を $\mu = 0$ とすればいいのである。もちろん，標本サイズは n である。

11.4 母比率に関する仮説検定

この節で説明する仮説検定の問題は，一見しただけでは分からないものもあるが，すべてベルヌーイ分布が母集団分布である。これまでに説明した仮説検定の方法と異なるのは，標本サイズ n は十分大きいという条件が必要になることである。ここで学習する方法を実際に適用する場合は十分注意してほしい。証明は本書のレベルを超えるが，この条件の下で検定統計量の標本

【例題 11.2】 対応のあるデータの具体例

ここでも大阪の月平均気温の問題を考える。2 標本の問題で仮説 $\mu_X = \mu_Y$ を棄却できなかった原因は，標本平均の差 0.85℃ に対して，年間を通しての気温変動が大きすぎることである。30 年間の気温変化を調べるには，四季による気温変動の影響を除いた方が良さそうである。今度は対応のあるデータとして検定してみよう。

月	2015 年－1985 年	2016 年－1986 年	2017 年－1987 年
1	1.8	2.6	0.0
2	0.3	3.6	−0.2
3	0.9	2.5	0.3
4	0.4	1.8	1.5
5	1.4	2.6	1.8
6	0.4	0.3	−1.1
7	−0.6	1.6	1.2
8	−0.6	1.3	0.5
9	−2.1	1.3	0.0
10	0.0	3.3	−1.2
11	2.4	1.0	−0.8
12	3.5	0.5	−1.7

差を標本としたときの標本平均と不偏分散の値は，

$$\bar{z} = 0.85, \quad s_Z^2 = 2.0386$$

だから，検定統計量の値は，

$$t_0 = \frac{0.85}{\sqrt{\dfrac{2.0386}{35}}} = 3.5719$$

となる。これは期待できそうな値である。自由度 35 の t 分布の上側 2.5%点を求めると 2.030 となり，有意水準 5%で仮説を棄却することができる。確かに現在の方が 30 年前より暑くなっているのである。

この問題は標本調査のように思えるが，**9.5** 節で説明した理由から，実験データの分析と考える方が自然だろう。売上数量と気温は全く異なる現象だが，データを確率現象の結果として扱う理由は同じなのである。

分布を求めるには中心極限定理（**第 13 章**）が必要となる。

11.4.1 母比率の検定

独立にベルヌーイ分布に従う標本を次のように書く。

$$X_i \sim B(1,p), \quad i=1,2,\cdots,n$$

最初に書いたように，標本サイズ n は十分大きいとする。検定するのは母比率に関する仮説 $p=p_0$ である。有意水準は α とする。

この問題の検定統計量は以下で与えられる。

$$Z_0=\frac{\bar{P}-p_0}{\sqrt{\dfrac{p_0(1-p_0)}{n}}}$$

ただし，$\bar{P}$ は標本比率である。**8.3** 節で学習した標本比率の性質より，

$$E[\bar{P}]=p_0, \quad V[\bar{P}]=\frac{p_0(1-p_0)}{n}$$

であることに注意すると，この検定統計量は母分散が既知の場合における母平均の検定で用いた検定統計量 Z_0 と同じものであることが分かるだろう。許容範囲は次のようになる。

$$-C \leq z_0 \leq C$$

仮説 $p=p_0$ が正しく，標本サイズ n が十分大きければ，検定統計量 Z_0 の標本分布は標準正規分布となることが証明されている。したがって，定数 C は標準正規分布の上側 $\frac{\alpha}{2}$ 点となる。

11.4.2 適合度検定

サイコロを振って 1 の目が出る確率が $\frac{1}{6}$ であるかどうかを調べるには母比率の検定を用いればよい。これに対し，どの目についても起こる確率が $\frac{1}{6}$ であることを確かめるには**適合度検定**を用いなければならない。

ここでは実験データの分析を想定して説明する。対象とする確率現象の結果を確率変数 X で表現し，**表 11.1** がその母集団分布（確率分布）であるものとする。適合度検定では確率変数の値を用いた計算は出てこないので，確率現象の結果は質的変数でも構わない。**表 11.1** において次の仮説が成立し

【例題 11.3】 母比率の検定の例

内閣府（政府広報室）は毎年「国民に関する世論調査」を実施している。層化二段無作為抽出法（**発展 6.1**）で抽出した全国 18 歳以上の日本国籍を有する者 10000 人が対象である。ただし，調査に協力してくれない人もいるので，実際の標本サイズはもっと小さな値となる。

平成 29 年度調査によれば，質問「現在の生活に対する満足度」で満足と回答した人は 6319 人中 4670 人であった。ただし，4670 人とは「満足していると」と「まあ満足している」と回答した人の合計である。標本比率を求めると 0.739 である。母集団の 7 割以上は現在の生活に満足していると考えて差し支えないだろうか。仮説 $p_0=0.7$ を有意水準は 5% で検定してみよう。

標本サイズ 6319 は十分大きいので，**11.4.1** 項で説明した方法を適用することができる。検定統計量の値を計算するとかなり大きな値となる。

$$z_0=\frac{0.739-0.7}{\sqrt{\dfrac{0.7(1-0.7)}{6319}}}=6.772$$

標準正規分布の上側 2.5% 点は 1.960 だから，仮説は期待通り棄却される。したがって，母集団の 7 割以上は現在の生活に満足していると自信を持って主張することができる。

■表 11.1 適合度検定での母集団分布

X の値	a_1	a_2	$\cdots$	a_J
確　率	p_1	p_2	$\cdots$	p_J

ているかどうかを調べることが適合度検定の目的である。

$$p_j = p_{j0}, \quad j = 1, 2, \cdots, J$$

サイコロの例であれば，仮説は $p_j = \frac{1}{6}$, $j = 1, 2, \cdots, 6$ となる。

標本は $X_1, X_2, \cdots, X_n$ と書けばいいのだが，適合度検定ではこの標本を直接使うのではなく，J 通りの値 $a_1, a_2, \cdots, a_J$ で集計した度数分布表（表 11.2）が用いられる。データを集計すれば度数は確定した値となるが，観測値を確率変数として扱うと事前に確定することはできない。つまり，度数は確率変数であることに注意しよう。度数を大文字で表記しているのはそのためである。相対度数の定義式は，

$$\bar{P}_j = \frac{1}{n} F_j, \quad j = 1, 2, \cdots, J$$

である。この項の最後で説明するように，相対度数 $\bar{P}_j$ は確率 p_j の推定量（標本比率）となっている。

適合度検定の検定統計量は

$$X_0^2 = \sum_{j=1}^{J} \frac{n(\bar{P}_j - p_{j0})^2}{p_{j0}}$$

と定義される。仮説が正しく，標本サイズ n が十分大きければ，検定統計量 X_0^2 の標本分布は自由度 $J-1$ の χ^2 分布となる。ここでは推定値と仮説の値のずれを二乗誤差の合計で表現している。推定値と仮説の値が等しければ検定統計量の値はゼロになるため，この値が小さい場合は何の矛盾もない。したがって，許容範囲は次のように表すことができる。

$$\chi_0^2 \leq C$$

定数 C は $P(X_0^2 > C) = \alpha$ を満たす値だから，自由度 $J-1$ の χ^2 分布の上側 α 点となる。これまでのように上側 $\frac{\alpha}{2}$ 点でないことに注意する。

最後に適合度検定とベルヌーイ分布の関係を説明しておく。元の標本における i 番目の確率変数 X_i を基にして，その値が a_1 の場合は 1，それ以外の値であれば 0 となる確率変数 Z_{1i} を新しく定義する。表 11.1 より，値が 1 となる確率は

$$P(Z_{1i} = 1) = P(X_i = a_1) = p_1$$

だから，$Z_{1i} \sim B(1, p_1)$ であることが分かる。同様にすれば，$a_2, a_3, \cdots, a_J$ のそ

■表 11.2　適合度検定での度数分布表

Xの値	a_1	a_2	$\cdots$	a_J	合　計
度　数	F_1	F_2	$\cdots$	F_J	n
相対度数	P_1	P_2	$\cdots$	P_J	1

【例題 11.4】 適合度検定の例

以下はサイコロを 600 回振って出た目を集計した結果である。

目	1	2	3	4	5	6	合　計
度　数	96	108	90	120	102	84	600
相対度数	0.16	0.18	0.15	0.20	0.17	0.14	1.00

サイコロの目の出方に異常がないかどうかを調べてみよう。本文で書いたように，この問題の仮説は $p_j=\frac{1}{6}, j=1,2,\cdots,6$ である。有意水準は 5%とする。検定統計量 X_0^2 の分母分子に n を掛けると計算し易い式となる。

$$X_0^2=\sum_{j=1}^{J}\frac{n(\bar{P}_j-p_{j0})^2}{np_{j0}}=\sum_{j=1}^{J}\frac{(F_j-np_{j0})^2}{np_{j0}}$$

この式で $np_{j0}=600\times\frac{1}{6}=100$ だから，検定統計量の値は,

$$\chi_0^2=\frac{(96-100)^2}{100}+\frac{(108-100)^2}{100}+\cdots+\frac{(84-100)^2}{100}=8.40$$

となる。一方，自由度 5 の χ^2 分布の上側 5%点は 11.071 だから，仮説は有意水準 5%で採択となる。4 の目や 6 の目の出方はやや異常に見えるが，この程度は偶然の範囲内ということである。

ところで，サイコロを振った回数は 6000 回で，相対度数は同じというデータを考えてみよう（例えば 1 の目は 960 回となる)。検定統計量の定義式を見れば明らかなように，このときの検定統計量の値は 84.0 となる。仮説は有意水準 5%で当然棄却される。相対度数で見れば同じずれでも，標本サイズが 6000 の場合は最早許容できないずれなのである。この結果は標本サイズがいかに重要であるかを示している。

れぞれについても，確率変数 $Z_{ji} \sim B(1, p_j)$, $j=2,3,\cdots,J$ を定義することができる。つまり，J 通りの値を取る確率変数 X_i を J 個のベルヌーイ分布に従う確率変数で表現するわけである。しかし，これらの確率変数は独立ではない。この確率現象は J 通りの結果のいずれか一つが起こることを前提としているので，J 個の確率変数は 1 個だけが 1 で，それ以外はすべてゼロでなければならないからである。式で書くと，$\sum_{j=1}^{J} Z_{ji}=1$ ということになる。

これが J 個の確率変数 $Z_{1i}, Z_{2i}, \cdots, Z_{Ji}$ による確率変数 X_i の表現だから，標本サイズ n の標本は，

$$\{Z_{ji} \sim B(1, p_j), \quad j=1,2,\cdots,J\}, \quad i=1,2,\cdots,n$$

と表現することができる。ただし，

$$\sum_{j=1}^{J} Z_{ji}=1, \quad i=1,2,\cdots,n$$

でなければならない。この標本と度数分布表（表 11.2）との関係は，

$$F_j=\sum_{i=1}^{n} Z_{ji}, \quad j=1,2,\cdots,J$$

となっている。ここから相対度数 $\bar{P}_j$ が母比率 p_j の標本比率であることは明らかだろう。ところで，J 個の確率変数 $F_1, F_2, \cdots, F_J$ の同時確率分布のことを**多項分布**という（発展 11.2）。

11.4.3 独立性の検定

4.2 節では変数の独立性を定義し，観測度数と期待度数のずれを評価する独立性の指標 χ^2 を説明した。この問題をいよいよ仮説検定の問題として考えてみよう。ここでも実験データの分析を前提に説明する。

対象とする確率現象の結果は 2 次元確率変数 (X, Y) により表されるものとする。適合度検定と同様に，これらは質的変数であっても構わない。同時確率分布（母集団分布）は**表 11.3** とする。これは確率変数の独立性の説明で用いた**表 7.6** のことである。二つの確率変数 X と Y が独立であるかどうかを調べたいので，仮説は独立性の定義式 (7.5) となる。

$$p_{j+}p_{+k}=p_{jk}, \quad j=1,2,\cdots,J, \quad k=1,2,\cdots,K$$

独立性の検定も JK 個のベルヌーイ分布に従う確率変数が本当の標本となるが

□発展 11.2　多項分布

表 11.2 における確率変数 $F_1, F_2, \cdots, F_J$ の同時確率分布を多項分布という。多項分布の同時確率関数は，

$$P((F_1, F_2, \cdots, F_J) = (f_1, f_2, \cdots, f_J)) = \frac{n!}{f_1! f_2! \cdots f_J!} p_1^{f_1} p_2^{f_2} \cdots p_J^{f_J}$$

と定義される。ただし，感嘆符！は**発展 6.3** で説明した階乗である。これらの確率変数は度数を表現しているので，その値はゼロ以上の整数で合計は常に n という条件を満たしていなければならない（$\sum_{j=1}^{J} f_j = n$）。対応する確率の総和が 1 であることも表 11.1 から明らかだろう（$\sum_{j=1}^{J} p_j = 1$）。確率現象の結果が 2 通りしかない場合（$J=2$），多項分布は二項分布（**発展 8.2**）と一致する。

多項分布の平均，分散，共分散は次のようになる。

$$E[F_j] = np_j, \quad V[F_j] = np_j(1-p_j), \quad Cov[F_j, F_k] = -np_jp_k, \quad j \neq k$$

多項分布は様々な場面で適用される非常に重要な確率分布である。

■表 11.3　独立性の検定での母集団分布

X＼Y	b_1	b_2	$\cdots$	b_K	合　計
a_1	p_{11}	p_{12}		p_{1K}	p_{1+}
a_2	p_{21}	p_{22}		p_{2K}	p_{2+}
$\vdots$			$\ddots$		$\vdots$
a_J	p_{J1}	p_{J2}		p_{JK}	p_{J+}
合　計	p_{+1}	p_{+2}	$\cdots$	p_{+K}	1

■表 11.4　独立性の検定での分割表

X＼Y	b_1	b_2	$\cdots$	b_K	合　計
a_1	F_{11}	F_{12}		F_{1K}	F_{1+}
a_2	F_{21}	F_{22}		F_{2K}	F_{2+}
$\vdots$			$\ddots$		$\vdots$
a_J	F_{J1}	F_{J2}		F_{JK}	F_{J+}
合　計	F_{+1}	F_{+2}	$\cdots$	F_{+K}	n

(補足 11.4), 実際の分析で使うのは表 11.4 である。ここでも標本サイズ n は十分大きいものとする。確率 p_{jk} を推定する標本比率は,

$$\bar{P}_{jk} = \frac{1}{n}F_{jk}$$

と定義される。周辺確率 p_{j+} と p_{+k} を推定する標本比率は, それぞれ,

$$\bar{P}_{j+} = \frac{1}{n}F_{j+} = \frac{1}{n}\sum_{k=1}^{K}F_{jk} = \sum_{k=1}^{K}\bar{P}_{jk}, \quad \bar{P}_{+k} = \frac{1}{n}F_{+k} = \frac{1}{n}\sum_{j=1}^{J}F_{jk} = \sum_{j=1}^{J}\bar{P}_{jk}$$

となる。このとき, 独立性の検定の検定統計量は以下で与えられる。

$$X_0^2 = \sum_{j=1}^{J}\sum_{k=1}^{K}\frac{n(\bar{P}_{jk} - \bar{P}_{j+}\bar{P}_{+k})^2}{\bar{P}_{j+}\bar{P}_{+k}}$$

二つの確率変数 X と Y が独立という仮説が正しく, 標本サイズ n が十分大きければ, 検定統計量 X_0^2 の標本分布は自由度 $(J-1)(K-1)$ の χ^2 分布となる。

検定統計量 X_0^2 において $\bar{p}_{jk}$ と $\bar{p}_{j+}\bar{p}_{+k}$ はいずれも確率 p_{jk} の推定値だが, 前者が仮説 $p_{jk} = p_{j+}p_{+k}$ とは無関係であるのに対し, 後者は仮説が正しい場合にだけ使うことができる推定値である。推定値 $\bar{p}_{j+}\bar{p}_{+k}$ は仮説の値と解釈できるということである。独立性の検定の場合も, 検定統計量 X_0^2 は推定値と仮説の値のずれを二乗誤差の合計で表現しているのである。ここまで来れば後の議論は適合度検定と同じである。検定統計量の許容範囲は

$$\chi_0^2 \leq C$$

であり, 定数 C は自由度 $(J-1)(K-1)$ の χ^2 分布の上側 α 点とすればよい。

ところで, 定義式の分母分子に n を掛けると, 検定統計量 X_0^2 は,

$$X_0^2 = \sum_{j=1}^{J}\sum_{k=1}^{K}\frac{(F_{jk} - \hat{F}_{jk})^2}{\hat{F}_{jk}}$$

と表すことができる。ただし, $\hat{F}_{jk} = \frac{1}{n}F_{j+}F_{+k}$ と置いた。**4.2** 節で学習した観測度数と期待度数のずれを評価する独立性の指標 (4.4) に他ならない。

11.4.4 一様性の検定

表 11.5 は例題 11.3 で用いた質問「現在の生活に対する満足度」の回答を性別で集計した分割表である。回答の傾向は性別で異なっているといえるだろうか。母集団分布を表 11.6 とすれば, この問題の仮説は,

【例題 11.5】 独立性の検定

4.2.2 項では風邪薬とメイクアップ用品の購買が性別と独立かどうかを示す指標を計算した。この問題を独立性の検定として正確に説明しよう。ただし，有意水準は5%とする。分割表は**表 4.3a** と**表 4.4a** である。どちらの場合も $J=K=2$ だから，χ^2 分布の自由度は1である。この χ^2 分布の上側5%点を求めると3.842となる。

風邪薬の場合，検定統計量 X_0^2 の値は0.137であった。したがって，風邪薬の購買と性別は独立という仮説は有意水準5%で採択となる。メイクアップ用品の場合は $\chi_0^2=31.421$ なので，風邪薬とは反対に仮説は有意水準5%で棄却される。いずれも予想通りの結果である。

この問題はあるドラッグストアのカード会員5000人を対象とした調査という設定である。標本調査という解釈も可能だが，**9.5** 節で説明した理由から，やはり実験データの分析と考える方が自然だろう。ただし，この実験の対象はあくまでもこのドラッグストアのカード会員であることに注意する必要がある。仮説検定の結論に間違いはないと思われるが，この結論を日本の消費者全体に適用することはできない。

■表 11.5 現在の生活に対する満足度

	満 足	まあ満足	やや不満	不 満	その他	合 計
男 性	312	1829	613	156	35	2945
女 性	459	2068	644	165	38	3374
合 計	771	3897	1257	321	73	6319

この表で“その他”は元の回答における“どちらともいえない”と“わからない”の合計した結果である。

■表 11.6 一様性の検定での母集団分布

	満 足	まあ満足	やや不満	不 満	その他	合 計
男 性	p_{11}	p_{12}	p_{13}	p_{14}	p_{15}	1
女 性	p_{21}	p_{22}	p_{23}	p_{24}	p_{25}	1

$$p_{1k}=p_{2k}, \quad k=1,2,\cdots,5$$

と表現することができる。このような問題を**一様性の検定**という。ここでは回答の傾向を性別という二つの集団で比較しているが，この分類は3種類以上でも構わない。

独立性の検定とは全く異なる仮説検定のように見えるが，実は独立性の検定と全く同じ検定方法となる。したがって，検定方法を説明する必要はないので，ここでは独立性の検定との違いを考えてみよう。仮説が違うのは見ての通りだが，もっと本質的で重要なことは，性別による分類が確率現象の結果ではないということである。この問題で男性が2945人となったのは予め決められた人数を調査した結果である（非協力者がいるため，正確には計画した人数に達していない）。一方，独立性の検定の例で男性が336人となったのは，性別を問わずに選んだカード会員5000人を調べた偶然の結果である。こうした違いにもかかわらず同じ検定方法を使えるというのが，この検定方法の便利なところである。

それでは実際に検定してみよう。有意水準は5%とする。検定統計量X_0^2の値は14.768である。この問題では$J=2$, $K=5$だから，χ^2分布の自由度は4となる。上側5%点は9.488なので，性別で回答の傾向に差はないという仮説は有意水準5%で棄却される。

練習問題

問題1　大阪の月平均気温のデータを用いて，仮説検定をしなさい*。

問題2　平成29年度の国民に関する世論調査をもとに，仮説検定をしなさい*。

問題3　サイコロを600回降って出た目を集計したデータを用いて，仮説検定をしなさい*。

問題4　ドラッグストアのカード会員5000人のデータを用いて，仮説検定をしなさい*。

＊　データと詳しい内容，Excel操作についての説明が，新世社ホームページ（https://www.saiensu.co.jp/）の本書紹介ページの「サポート情報」からダウンロードできます。

❖補足 11.4　独立性の検定における本当の標本

考え方は適合度検定の場合と全く同じである。元の標本を,

$$(X_1, Y_1), (X_2, Y_2), \cdots, (X_n, Y_n)$$

と表したとき, i 番目の 2 次元確率変数 (X_i, Y_i) を JK 個のベルヌーイ分布に従う確率変数 $Z_{jki} \sim B(1, p_{jk}),\ j=1,2,\cdots,J,\ k=1,2,\cdots,K$ を用いて表現すればよい。ただし, JK 個の確率変数は 1 個だけが 1 で, それ以外はすべてゼロでなければならないから, $\sum_{j=1}^{J}\sum_{k=1}^{K} Z_{jki}=1$ であることが条件となる。これらの確率変数は次のように並べれば分かり易いだろう。

X_i \ Y_i	b_1	b_2	$\cdots$	b_K	合　計
a_1	Z_{11i}	Z_{12i}		Z_{1Ki}	Z_{1+i}
a_2	Z_{21i}	Z_{22i}		Z_{2Ki}	Z_{2+i}
$\vdots$			$\ddots$		$\vdots$
a_J	Z_{J1i}	Z_{J2i}		Z_{JKi}	Z_{J+i}
合　計	Z_{+1i}	Z_{+2i}	$\cdots$	Z_{+Ki}	1

したがって, 標本サイズ n の標本は次のように表すことができる。

$$\{Z_{jki} \sim B(1, p_{jk}),\quad j=1,2,\cdots,J,\quad k=1,2,\cdots,K\},\quad i=1,2,\cdots,n$$

もちろん,

$$\sum_{j=1}^{J}\sum_{k=1}^{K} Z_{jki}=1,\quad i=1,2,\cdots,n$$

が成立している。この標本と**表 11.4** の関係は,

$$F_{jk}=\sum_{i=1}^{n} Z_{jki},\quad j=1,2,\cdots,J,\quad k=1,2,\cdots,K$$

となる。右端の合計は次のように定義される。

$$Z_{j+i}=\sum_{k=1}^{K} Z_{jki} \sim B(1, p_{j+}),\quad j=1,2,\cdots,J$$

確率変数 Z_{j+i} がベルヌーイ分布に従うことは, (X_i, Y_i) に関する分割表を見れば明らかだろう。なぜなら, $X_i=a_j$ であれば, Y_i の値とは無関係に $Z_{j+i}=1$ となるが, それ以外の場合は $Z_{j+i}=0$ となるからである。当然, $\sum_{j=1}^{J} Z_{j+i}=1$ が成立する。これらの確率変数と**表 11.4** との関係は,

$$F_{j+} = \sum_{i=1}^{n} Z_{j+i}, \quad j = 1, 2, \cdots, J$$

となっている。最下行の合計についても同様に考えればよい。

❖ 補足 11.5　適合度検定の使い方

第 12 章で説明するように，仮説検定で意味があるのは棄却という判断である。そのため仮説検定とは本来仮説が棄却されることを期待して行うものなのだが，適合度検定は採択を期待して用いる場合もある。

古典的な例だが，メンデルはエンドウ豆の栽培実験で，緑色で丸い豆の苗と黄色でしわのある豆の苗を交配させると第二世代の豆の形質が以下の確率で現れることを発見した（1865 年）。有名なメンデルの法則である。

豆の形質	黄・丸	黄・しわ	緑・丸	緑・しわ	合　計
確　率	9/16	3/16	3/16	1/16	1

メンデルの立場からすれば，栽培実験の結果を示すことで，この発生確率が正しいことを証明したいわけである。このような場面で採択を期待して行うのが適合度検定なのである。メンデルはオーストリアの司祭だが，こうした植物学の研究を行ったことから，現在では遺伝学の祖といわれている。ただし，メンデルの時代，適合度検定はまだ知られていなかった。

適合度検定はこのような単純な仮説だけでなく，確率が別の母数の関数で表されるような複雑な問題（**補足 9.5**）に対して適用することもできる。適合度検定は応用範囲が極めて広いのである。したがって，自然科学では提案する理論が正しいことを主張するには適合度検定で採択されることが条件となる。採択に積極的な意味はないとしても，暫定的に理論を受け入れることはできるからである。なお，残念ながら社会科学では，提案する確率モデルが適合度検定で採択されることはほとんどない。これが自然科学とは異なる社会科学特有の難しさである。

第 12 章

実際の分析と仮説検定

実務では仮説検定は意思決定のために使われる。与えられた問題を仮説検定の問題に“翻訳”することができれば，後は教科書の通りに計算するだけである。その計算もコンピューターが勝手にしてくれる。したがって，その“翻訳”が意思決定に対して妥当かどうかを見極めることが最も重要な作業となる。具体的には仮説の立て方ということになる。この章で仮説検定の理論を学習するのは，こうした判断の際に必要となるからである。

棄却という判断は，仮説は正しいと仮定したときの不自然な結論と間違っていると仮定したときの自然な結論を比較した結果であった。この考え方は仮説検定では仮説が間違っている場合のことも考えなければならないことを示している。第 10 章では内容が難しくなるのを避けるため，この点について深く考察しなかった。ここでは仮説が正しい場合のことに加えて，間違っている場合のことも同時に考えていくことになる。

12.1 帰無仮説と対立仮説

これまで単に仮説と呼んでいた検証すべき仮説のことを正確には**帰無仮説**という。帰無仮説が間違っているときに成立する仮説は**対立仮説**という。対立仮説は必ず帰無仮説の否定でなければならず，仮説検定では両方成立するとか，どちらも成立しないという状況を考えることはできない。ただし，これは検定対象である母数の話で，局外母数については“否定”である必要はない（**補足 12.1**）。

帰無仮説を記号で表すときは H_0 と書く約束である。検定統計量の右下にゼロを付けたのは，検定統計量が帰無仮説 H_0 の値と推定値のずれを評価していることを明示するためである。対立仮説を表すときは H_1 と書けばよい。ここで H という文字は仮説（Hypothesis）の頭文字である。

例えば**例題 10.1**（500 円硬貨の問題）の帰無仮説は $\mu=7$ である。対立仮説は帰無仮説の否定だから，

$$\mu \neq 7$$

となる。このように対立仮説が帰無仮説の値より小さい値と大きい値の両方を含む問題を**両側検定**という。両側検定では推定値が仮説の値より小さい場合と大きい場合を区別する必要がないため，許容範囲が

$$-1.960 \leq z_0 \leq 1.960$$

となったのである。**第 11 章**では様々な仮説検定の方法を紹介したが，そこではすべて両側検定を前提とした。具体的な対立仮説は**補足 12.1** にまとめてある。

事前の知識として $\mu \geq 7$ であることが分かっている場合は，対立仮説を

$$\mu > 7$$

としても構わない。このような問題を**片側検定**という。ずれの許容範囲はこれまでと異なるものとなるが，これはそれほど難しい話ではない。帰無仮説を $\mu \leq 7$ と拡張することもできるのだが，こちらはやや面倒な話となる。検定統計量の定義やずれの許容範囲を求めるときに仮説の値をどうするのかといったことを考えなければならないからである。本書のレベルを超えるため

❖補足 12.1　帰無仮説と対立仮説の例

第 11 章で紹介した仮説検定の方法の主なものについて，帰無仮説と対立仮説を整理しておく。すべて両側検定である。まず，母平均の検定は次のようになる。

$$H_0 : \mu = \mu_0 \quad \text{vs.} \quad H_1 : \mu \neq \mu_0$$

本書のレベルでは気にすることはないが，正確には，

$$H_0 : \mu = \mu_0,\ \sigma^2 > 0 \quad \text{vs.} \quad H_1 : \mu \neq \mu_0,\ \sigma^2 > 0$$

と書かなければならない。ここで，母分散 σ^2 については，対立仮説は帰無仮説の否定となっていないことに注意する。このように検定の対象とならない未知母数のことを**局外母数**という。

母分散の検定の場合も同様に考えればよい。

$$H_0 : \sigma^2 = \sigma_0^2 \quad \text{vs.} \quad H_1 : \sigma^2 \neq \sigma_0^2$$

2 標本の問題では，まとめて書いてしまうと次のようになる。

$$H_0 : \sigma_X^2 = \sigma_Y^2 \quad \text{vs.} \quad H_1 : \sigma_X^2 \neq \sigma_Y^2$$

$$H_0 : \mu_X = \mu_Y \quad \text{vs.} \quad H_1 : \mu_X \neq \mu_Y$$

適合度検定の対立仮説は“否定”という概念に慣れていないと少し難しいかもしれない。帰無仮説は，

$$p_j = p_{j0}, \quad j = 1, 2, \cdots, J$$

である。これは J 個の母比率のすべてについてこの等式が成立しているという意味だから，その否定とはこれらの中に等号の成立しないものが最低 1 個含まれているということになる。式で書くと，対立仮説は，

$$p_j \neq p_{j0} \text{ となる } j \text{ が 1 個以上ある}$$

となる。「すべての j で等号が成立しない」とはならないことに注意する。

ここで解説することはできないが，結論を言えば母平均や母分散の検定ではこうした仮説でも普通に検定できるので安心してほしい。片側検定のことについては**発展 12.1** で簡単に補足した。

念のため書いておくが，棄却と採択という用語は帰無仮説に対して使う約束である。日本語として意味が分かればいいという問題ではなく，混乱のもとになるので，対立仮説にこれらの用語を使うべきではない。

12.2 二種類の誤り

仮説検定について考察するのであれば，これまでの議論のように正しい帰無仮説を棄却する誤りを考えるだけでは不十分である。正しくない帰無仮説を採択してしまう誤りもあるからである。仮説検定の本質に係わる内容なので，ここで整理しておこう。覚え難い用語だが，仮説検定では前者を**第一種の誤り**，後者を**第二種の誤り**という。**表 12.1** は検定結果と本当のこと（帰無仮説が正しいか否か）の組み合わせで判断が正しいか否かを整理した結果である。二つの誤りはこの表を見れば理解し易いだろう。

これ以降の説明では誤りを犯す確率を考えることが多くなる。確率が出てくるのは，**10.2** 節で書いたように，調査や実験の前であることを前提に仮説検定の考え方を説明しているからである。このことを忘れないでほしい。

第一種の誤りを犯す確率が有意水準であることは **10.3** 節で説明した通りである。ただし，**例題 10.1** で帰無仮説を $\mu \leq 7$ とした場合，第一種の誤りを犯す確率は有意水準以下となる。

第二種の誤りを犯す確率を計算するには，正しくない帰無仮説の下で帰無仮説が正しいことを前提とした仮説検定を行うというねじれた状況を考えなければならない。しかし，母平均を具体的に決めないと，帰無仮説が正しくないというだけでは確率を計算することができない。そこで，便宜的に母平均の値を μ_1 と書くことにする。すなわち，母集団分布は，

$$X_i \sim N(\mu_1, 0.16^2), \quad i = 1, 2, \cdots, 16$$

であるものとする。このとき，

□発展 12.1　片側検定

例題 10.1 で帰無仮説を $\mu \leq 7$ とし，対立仮説を $\mu > 7$ とした問題を考えてみよう。500 円硬貨の問題でこのような仮説はあまり現実的でないが，あくまでも片側検定の説明のためと考えてもらいたい。ここで理由を説明することはできないが，検定統計量は両側検定のときと変わらない。

$$Z_0 = \frac{\bar{X} - 7}{\sqrt{\dfrac{0.16^2}{16}}}$$

帰無仮説は $\mu \leq 7$ なので，標本平均の値が 7g よりどれほど小さくても帰無仮説とずれていることにはならない。したがって，この片側検定では許容範囲の下限を考える必要はなく，上限だけ決めればよいのである。許容範囲の上限は標準正規分布の上側 5%となる。上側 2.5%ではないので注意する。実際に求めると，

$$z_0 < 1.645$$

となる。検定統計量の値は 2.025 だから，この問題でも帰無仮説は有意水準 5%で棄却される。また，不等号を反対にして帰無仮説を $\mu \geq 7$ とし，対立仮説を $\mu < 7$ とした場合の許容範囲は，

$$z_0 > -1.645$$

と定義される。もちろん，下限は標準正規分布の下側 5%である。

■表 12.1　二種類の誤り

	本当のこと	
検定結果	帰無仮説は真 （対立仮説は偽）	帰無仮説は偽 （対立仮説は真）
棄　却	× 第一種の誤り	○ 正しい判断
採　択	○ 正しい判断	× 第二種の誤り

棄却と採択は帰無仮説に対して用いていることに注意する。

$$E[\bar{X}]=\mu_1, \quad V[\bar{X}]=\frac{0.16^2}{16}=0.04^2$$

だから，検定統計量 Z_0 の平均と分散は次のようになる。

$$E[Z_0]=\frac{E[\bar{X}]-7}{0.04}=25(\mu_1-7), \quad V[Z_0]=V\left[\frac{\bar{X}-7}{0.04}\right]=\frac{1}{0.04^2}V[\bar{X}]=1$$

この場合も標本分布は正規分布になることが示されている。

$$Z_0 \sim N(25(\mu_1-7), 1)$$

検定統計量の値が許容範囲(10.1)に含まれると採択なので，第二種の誤りを犯す確率を求めるには，

$$P(-1.96 \leq Z_0 \leq 1.96)$$

を計算すればよい。検定統計量 Z_0 の標本分布が母平均 μ_1 を含むことから明らかなように，第二種の誤りを犯す確率は母平均 μ_1 に依存する。

次のように考えてもよい。母平均は μ_1 という設定の下で，あらゆるデータの下で検定統計量の値を求めたとき，これらの中で許容範囲(10.1)に含まれた相対度数が第二種の誤りを犯す確率となる。

12.3 伝統的な仮説検定の考え方

12.3.1 良い仮説検定の方法

ここからが本題である。推定で良い推定量を考えたように，仮説検定でも良い方法というものを考えなければならない。仮説検定には第一種の誤りと第二種の誤りしかないので，検定の精度は二つの誤りを犯す確率で評価すればよい。二つの確率が小さいほど良い方法ということになる。これらを同時にゼロに近づけられる方法があれば理想的だが，そのような方法は残念ながら存在しない（補足 12.2）。二つの誤りは一方の確率を小さくすれば他方は大きくなるという矛盾した関係を持っているからである。

そこで伝統的な仮説検定の理論が採用した考え方は第一種の誤りを犯す確率を指定した値以下に抑えた上で，第二種の誤りを犯す確率をできるだけ小さくするというものである。ここで指定した値とはもちろん有意水準のこと

❖補足 12.2　本当に二つの確率を同時にゼロにできないのか

第一種と第二種の誤りを犯す確率を同時にゼロに近づけることはできないと書いたが，もう少し正確に説明しておこう。

まず注意しなければならないのは，この主張は標本サイズを固定して考えていることである。第二種の誤りを犯す確率は標本サイズを大きくすればいくらでも小さくできるからである（**12.3.3** 項）。

以下は 500 円硬貨の例で母平均が 6.7g から 7.3g の範囲で帰無仮説が採択される確率を描いたグラフである。二つの曲線は有意水準が 5％と 0.1％の場合に対応している。

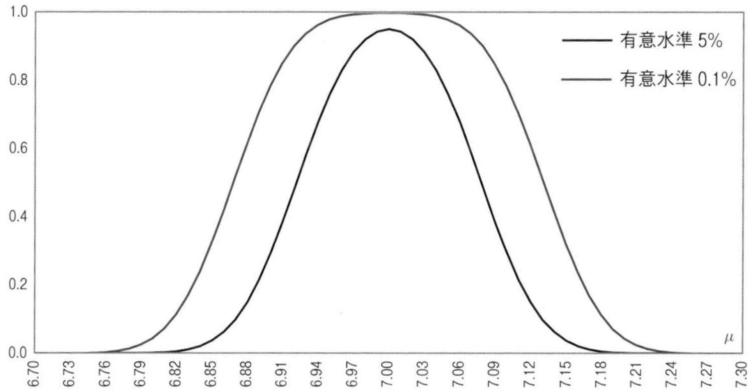

このグラフで母平均が 7g の周囲を見てほしい。母平均がちょうど 7g のときは採択が正しい判断で，この確率は“1－有意水準”である。それ以外の範囲が第二種の誤りを犯す確率となる。有意水準，すなわち，第一種の誤りを犯す確率が 5％の場合，母平均が 7g のときに採択となる確率は 95％となり，母平均が 7g でなければ第二種の誤りを犯す確率もおよそ 95％と大きな値となってしまう。少なくとも母平均 7g の周囲では，二つの確率を同時にゼロに近づけられないことは明らかだろう。

もちろん，対立仮説の値が 7g から遠く離れるほど，第二種の誤りを犯す確率はゼロに近い値となる。しかし，この確率も有意水準を小さくすれば次第に大きくなるので，主張が間違っているわけではない。

である。このように書くと伝統的な仮説検定の考え方は，誤りを犯さないようにするという意味で第二種の誤りを重視しているように見えるかもしれないが，実際に重視しているのは第一種の誤りである。だからこの確率を有意水準で抑えているのである。

第 11 章で説明した仮説検定の方法は二つに大別される。母集団分布に正規分布を仮定した母平均や母分散の検定とベルヌーイ分布を仮定した母比率に関する検定である。このうち前者は有意水準 α のあらゆる検定方法の中で第二種の誤りを犯す確率が最小の方法となっている（母分散に関する検定はその簡便法）。ここで紹介した仮説検定の方法は「このように検定統計量を定めれば推定値と仮説の値のずれを上手く表現できるだろう」という理由で正当化されているのではなく，実は最適な方法なのである。

これに対して後者は残念ながら第二種の誤りを犯す確率が最小という意味での最適性はない。もちろん，第一種の誤りを犯す確率を有意水準で抑えているので，伝統的な仮説検定の考え方には即している。それでは全く根拠がないのかといえば，そのようなことはない。母比率の検定は検定統計量の標本分布を標準正規分布で近似した上での最適な方法となっている。近似を必要としない最適な検定方法もあるが（**発展 12.5**），面倒なので実際に使われることはあまりない。しかし，標本サイズが小さい場合はこちらを使うべきだろう。適合度検定と独立性の検定については，説得力のある検定統計量であることが一つ。それから標本サイズを十分大きくしたとき，これらが良い検定方法とされる尤度比検定（**12.5 節**）と等しくなることである。

検定方法導出の基本的な考え方を知るだけならこれで十分なのだが，正確を期するには少し補足する必要がある。第二種の誤りを犯す確率が母平均の値に依存することは前節で説明した通りである。したがって，第二種の誤りを犯す確率が最小とは，母平均が対立仮説のどの値のときでも，その確率が他の検定方法における確率よりも小さくなっているというのが正確な意味となる（**発展 12.2**）。しかし，両側検定の場合や片側検定でも母分散が未知の場合は，母平均の値によらず第二種の誤りを犯す確率が最小となる検定方法は存在しないことが分かっている。このような場合は有意水準が α という条件に加えて，別の条件を課さなければならない。二つの条件を満たすあらゆる

□発展 12.2　最強力検定と一様最強力検定

ここでは説明のため母分散が既知の正規分布における母平均の検定を取り上げる。有意水準はαとする。標本は次のように書く。

$$X_i \sim N(\mu, \sigma^2), \quad i=1,2,\cdots,n$$

最も簡単な問題は帰無仮説$\mu=\mu_0$に対して対立仮説が$\mu=\mu_1$（$\mu_0<\mu_1$）というものである。これが仮説検定の理論の出発点である。検定統計量にはこれまでと同じZ_0を使えばよい。

$$Z_0=\frac{\bar{X}-\mu_0}{\sqrt{\dfrac{\sigma^2}{n}}}$$

この値が標準正規分布の上側α点より大きければ，帰無仮説は有意水準αで棄却となる。これは**12.3.1**項で説明した意味で最適な検定方法である。有意水準αのあらゆる検定方法の中で第二種を犯す確率が最小になっているのである。このような検定方法を**最強力検定**という。

ここで注意してほしいのは，この検定方法が対立仮説の値μ_1を含まないことである。つまり，この結果は対立仮説がどのような値であっても検定方法は変わらないわけである。したがって，対立仮説を$\mu>\mu_0$と拡張しても，この範囲に含まれるすべての点で上記の検定方法は最強力検定になっていることが分かる。このような検定方法を**一様最強力検定**という。

発展 12.1で説明したように，帰無仮説を$\mu\leq\mu_0$としても検定方法は変わらない。この検定方法も一様最強力検定であることが示されている。

□発展 12.3　検定の不偏性

帰無仮説$\mu=\mu_0$に対して対立仮説が$\mu=\mu_1$（$\mu_0<\mu_1$）という問題を最初に取り上げる（**発展 12.2**）。以下の不等式が成立するとき帰無仮説を棄却するというのが，この問題の最強力検定であった。

$$Z_0=\frac{\bar{X}-\mu_0}{\sqrt{\dfrac{\sigma^2}{n}}}>C \quad \Leftrightarrow \quad \bar{X}>C\sqrt{\frac{\sigma^2}{n}}+\mu_0$$

右側の式を見れば，この検定方法は母分散σ^2に依存していることが分かるだ検定方法の中から第二種の誤りを犯す確率が最小の方法を見つければいいのである（**発展 12.3**）。

ところで，仮説検定の理論では帰無仮説を棄却する確率のことを**検出力**という。母平均が対立仮説の値であるときの検出力は，1 から第二種の誤りを犯す確率を引いた値となる。したがって，第二種の誤りを犯す確率が最小の方法とは，検出力が最大の方法と言い換えることができる。ただし，用語が増えると話が面倒になるので，本書ではこれ以降も“第二種の誤りを犯す確率”を使用する。

12.3.2　棄却と採択の性質

棄却と採択の意味を考察するため，**例題 10.1** で帰無仮説が棄却される確率と採択される確率を 3 通りの母平均の値で求めてみる。もちろん，調査前を想定した議論である。

最初は帰無仮説と同じ 7g である。帰無仮説は正しいので，帰無仮説が棄却される，すなわち，第一種の誤りを犯す確率は有意水準 5%となる。採択される確率が 95%というのはいいだろう。

次は帰無仮説が間違っている場合である。伝統的な仮説検定の性質を際立たせるため，敢えて極端なケースを考えてみよう。一つは母平均が 7.02g の場合である。帰無仮説との差 0.02g は標本平均の標準偏差 0.04g の半分なので（標本平均の分散は **10.2.1** 項で求めている），確かに正しくはないが，帰無仮説は母平均にかなり近い値ということができる。このとき帰無仮説が採択となる確率，すなわち，第二種の誤りを犯す確率は 92.1%と非常に大きな値となる。計算方法は **11.2** 節で説明した通りである。一方，棄却という正しい判断となる確率は僅か 7.9%に過ぎない。

もう一つは母平均が 7.16g と帰無仮説からかなり離れた値である。正しくない帰無仮説が採択される確率は 2.07%に過ぎず，第二種の誤りを犯す可能性はほとんどない。棄却と正しく判断される確率は 97.93%である。

以上の結果を表にまとめたのが**表 12.2** である。文章だけでは分かり難いと思うので，この表を見てほしい。帰無仮説が棄却されるのは帰無仮説の値が母平均から離れている場合だけである。帰無仮説の値が母平均に近いと，ろう。次に母分散を未知とした場合を考えてみよう。帰無仮説と対立仮説を正確に書くと次のようになる（**補足 12.1**）。

$$H_0 : \mu = \mu_0,\ \sigma^2 > 0 \quad \text{vs.} \quad H_1 : \mu = \mu_1,\ \sigma^2 > 0$$

母分散の値を固定すれば最強力検定は存在するが，それは母分散の値に依存したものとなる。したがって，母分散がどのような値の場合でも最強力検定になるような検定方法は存在しない。つまり，この問題の一様最強力検定は存在しないのである。

母分散が既知でも，両側検定の一様最強力検定は存在しない。なぜなら，対立仮説が $\mu = \mu_2$（$\mu_0 > \mu_2$）の場合を考えると，

$$Z_0 < -C$$

であるときに帰無仮説を棄却するのが最強力検定となるが，これは対立仮説が $\mu = \mu_1$（$\mu_0 < \mu_1$）であるときの最強力検定とは異なるからである。

以上の例から分かるように，局外母数が存在する場合や両側検定の場合，一様最強力検定は通常存在しない。こうした問題で最適な検定方法を求めるには**不偏性**と呼ばれる条件が必要となる。仮説検定では第二種の誤りを犯す確率が“1－有意水準”以下となるという性質を不偏性という。ただし，仮説検定の理論では検出力が有意水準以上という言い方をする。不偏性とは非常に緩い条件である。例えばデータを使わないで帰無仮説を確率 α で棄却する滅茶苦茶な検定方法を考えて見よう。これも有意水準 α の検定方法だが，第二種の誤りを犯す確率が母平均の値によらず常に“1－有意水準”となることは明らかである。したがって，この不合理な検定方法より第二種の誤りを犯す確率が小さいものの中から良い検定方法を見つけることにしても，何ら不都合は生じないはずである。

不偏性を満たす検定方法の中で一様最強力検定となっているものを**一様最強力不偏検定**という。**第 11 章**で紹介した母平均と母分散に関する検定方法はすべて一様最強力不偏検定である。ただし，母分散に関する検定方法はその簡便法である。正確な方法は**発展 12.4** で紹介してある。

標本サイズ 16 のデータではその真偽を判断できないため，第一種の誤りを恐れて決して棄却とは言わない。第二種の誤りを覚悟して必ず採択としてしまうのである。大袈裟に書いてしまったが，これが伝統的な仮説検定の特徴である。つまり，帰無仮説に有利な方法となっているのである。このような方法を用いて帰無仮説が棄却されたということは，帰無仮説の値は母平均からよほどずれていることを示唆している。棄却という判断が強い主張となる理由である。

これに対して採択はかなり消極的な主張である。帰無仮説が正しくなくても母平均に近い値であれば，伝統的な仮説検定では採択と判断する約束になっているからである。これでは帰無仮説が正しくて採択となったのか，分析者は区別することができない。採択という結果となっても，自信を持って帰無仮説が正しいとは主張できないのである。実際に仮説検定を適用する場面では，帰無仮説が採択された場合，帰無仮説を暫定的に受け入れるという立場をとることが多い。

12.3.3 採択と標本サイズ

観測値が少ない（標本サイズが小さい）と分析の精度は低い。そう思っている読者も多いのではないだろうか。推定に関しては，その通りである。標本平均の分散 $E[\bar{X}]=\frac{1}{n}\sigma^2$ が意味することを考えれば明らかだろう。

しかし，仮説検定の場合は注意が必要である。検定の精度は二つの誤りを犯す確率で評価すればいいので，順番に考えていくことにする。まず，第一種の誤りを犯す確率は，分析者が指定する有意水準なので，標本サイズとは無関係である。500 円硬貨の問題では観測値が 16 個でも 160 個でも第一種の誤りを犯す確率は 5% で一定である。

一方，第二種の誤りを犯す確率は標本サイズに大きく影響される。伝統的な仮説検定では帰無仮説の値が母平均に近いと半ば自動的に採択となってしまうわけだが，この近いかどうかは標本サイズ次第なのである。前項の議論で標本サイズを 10 倍の 160 とした場合を考えてみよう。標本平均の標準偏差は次のようになる。

■表 12.2　帰無仮説 $\mu=7$ と棄却・採択の確率

母平均	棄　却	採　択
7.00g	5.00%	95.00%
7.02g	7.90%	92.10%
7.16g	97.93%	2.07%

□発展 12.4　正確な母分散の検定

第 11 章では母分散の検定と 2 標本での母分散の検定を説明したが，これは実は簡便法であり，正しい方法ではない。コンピューターの普及していなかった時代，これらの一様最強力不偏検定があまりに面倒なため，簡便法が使われるようになったのである。

参考として母分散の両側検定（**11.2.3** 項）における一様最強力不偏検定を紹介しておこう。検定統計量は全く同じである。

$$X_0^2=\frac{(n-1)S^2}{\sigma_0^2}$$

ここでも許容範囲は，

$$A\le\chi_0^2\le B$$

と表されるが，一様最強力不偏検定では下限 A と上限 B を以下の二つの式を満たすように決めなければならない。

$$P(A\le X_0^2\le B)=1-\alpha$$

$$Ap(A)=Bp(B)$$

ただし，$p(x)$ は自由度 $n-1$ の χ^2 分布の密度関数である（**補足 10.4**）。この計算が面倒なので，簡便法では下限と上限をそれぞれ下側 $\frac{\alpha}{2}$ 点と上側 $\frac{\alpha}{2}$ 点と定めたのである。

11.2.3 項の数値例で一様最強力不偏検定の許容範囲を求めると，

$$6.591\le\chi_0^2\le 28.614$$

となる。簡便法では $6.262\le\chi_0^2\le 27.488$ であった。当然だが，幸いにそう大きくは違わない。

ここでは省略するが，**11.3.1** 項で説明した二つの母分散の検定でも，一様最強力不偏検定の許容範囲を同様に求めることができる。

$$\sqrt{V[\bar{X}]} = \sqrt{\frac{0.0256}{160}} = \sqrt{0.00016} \cong 0.013$$

最早帰無仮説の値を母平均 7.02g と区別できないほど近い値ということはできない。このときの第二種の誤りを犯す確率は 64.74% だから（表 12.3），標本サイズが 16 のときのように問答無用で採択になることはない。

図 12.1 は母平均が 6.7g から 7.3g の範囲で帰無仮説が採択される確率を描いたグラフである。つまり第二種の誤りを犯す確率のグラフだが，母平均がちょうど 7g のときは正しい判断となるため，このときだけは第二種の誤りを犯す確率でないことに注意する。この図を見れば，標本サイズが 16 のときの第二種の誤りを犯す確率が 160 の場合と比べていかに大きいかが分かるだろう。標本サイズが小さいと，伝統的な仮説検定ではその影響が採択という判断の精度低下となって現れるのである。

12.4 帰無仮説の立て方

棄却が帰無仮説は間違っているという積極的な意味を持つのに対し，採択にはほとんど意味がない。前節で詳しく見た通りである。ここから分かるのは，主張したい仮説が採択されても嬉しくないということである。棄却にこそ意味があるというのであれば，主張したい仮説の否定を帰無仮説にする必要がある。主張したい仮説を対立仮説とし，その否定を帰無仮説にするのである。この帰無仮説が棄却できれば，対立仮説，すなわち，主張したかった仮説は正しいと強く主張できるわけである。

主張したい仮説の否定を帰無仮説にする，これが帰無仮説の立て方の原則である。しかし，これで仮説検定を行う準備が整ったわけではない。絶対に考えなければならないことがもう一つある。適用する問題において第一種の誤りを優先して犯さないようにする必要があるのかということである。二つの誤りを具体的に考えるので，まだ慣れてない読者は表 12.1 を見ながら読んでほしい。

■表 12.3　標本サイズを 160 とした場合

母平均	棄　却	採　択
7.00g	5.00%	95.00%
7.02g	35.26%	64.74%
7.16g	100.00%	0.00%

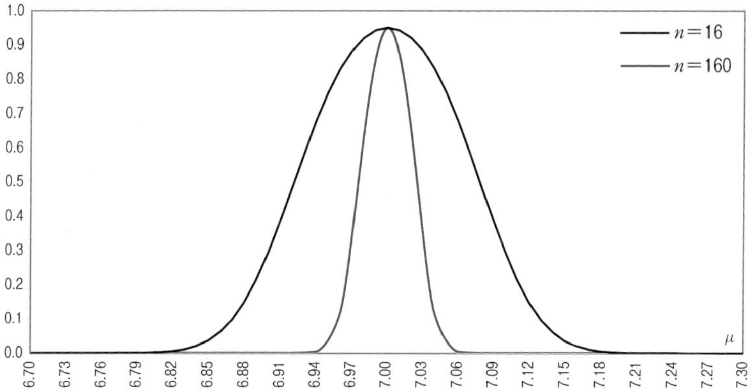

■図 12.1　第二種の誤りを犯す確率

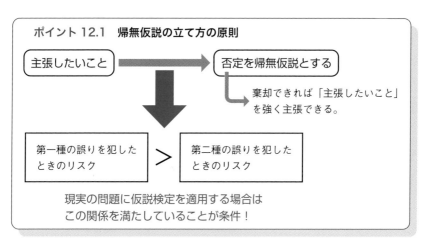

ポイント 12.1　帰無仮説の立て方の原則

主張したいこと → 否定を帰無仮説とする

棄却できれば「主張したいこと」を強く主張できる。

第一種の誤りを犯したときのリスク ＞ 第二種の誤りを犯したときのリスク

現実の問題に仮説検定を適用する場合は
この関係を満たしていることが条件！

12.4.1 生産の問題

工場では完成品の不良品率を調べることで，生産ラインに異常はないか調べなければならない。500円硬貨の例もこのタイプの問題である。帰無仮説は次のようにすることが多い。

$$不良品率 \leqq 基準値$$

通常，これは正しい帰無仮説である。理由を考えてみよう。

第一種の誤りとは正常に動いている生産ラインを故障と判断してしまうことで，工場にとっては何としても避けたい事態である。故障と判断されたら生産を中止し，技術者を呼んで生産ラインの点検をしなければならないからである。多額の費用（生産できないことによる機会費用を含め）が発生することは言うまでもない。これに対して第二種の誤りを恐れる必要はあまりない。生産ラインの不具合を見逃しても不良品が多少増えるだけである。製品は出荷前に検査されるので不良品が流通することはなく，不良品の修理費用が多少増えるのを我慢すればいいだけの話である。

世の中には同じ構造の問題が非常に多い。農場で新しい肥料を採用するかどうか，工場で新しい設備を導入するかどうかといった問題が該当する。共通するのは現状維持に合理性が認められることである。肥料や設備を更新して劇的な効果が見込まれるのであれば，不良品の問題であれば不良品しか生産されない状況だったら，そもそも仮説検定をする必要はないのである。生産の問題とは革新的な現状変更ではなく，日常的な改良での意思決定と考えればいいだろう。

12.4.2 安全性の問題

分かり易い例として飛行機の機体検査を考えてみよう。ただし，実際の機体検査（機体整備）はそれぞれの航空会社が整備規程に基づいて実施するため，そこで仮説検定が適用されているわけではない。ここでは意思決定の問題として読んでもらいたい。

同じ機械だから生産の問題と同様にすれば，帰無仮説は「機体は正常」ということになる。しかし，安全性の問題でこれは正しくない。この場合の第二種の誤りとは異常のある飛行機を異常なしと判断してしまうことである。

□発展 12.5　正確な母比率の検定

本文で書いたように **11.4.1** 節で説明した母比率の検定は簡便法である。参考として正確な一様最強力不偏検定を紹介しておこう。検定統計量は Z_0 ではなく，もっと簡単な標本の合計 S が用いられる。

$$S = \sum_{i=1}^{n} X_i$$

ただし，検定統計量の許容範囲を数式で書くのはなかなか面倒なので，ここでは数値例の結果を示すにとどめる。

最初に敢えて標本サイズ n が 30 という小さい場合を考えてみる。帰無仮説は $p=0.3$ とし，有意水準は 5%とする。この問題で一様最強力不偏検定における検定統計量の許容範囲は 5 以上 13 以下となる。したがって，検定統計量の値が 4 以下または 14 以上のときに棄却となるのだが，このときの第一種の誤りを犯す確率は 7.02%と有意水準より大きな値となってしまう。しかし，許容範囲を 4 以上 14 以下に広げると，今度は 2.63%と必要以上に小さな値となる。検定統計量 S の値は 0 から 30 まで 31 通りの値しかとらないので，そもそも第一種の誤りを犯す確率がちょうど 5%となるような許容範囲を定めることはできないのである。そこでどうするかと言うと，検定統計量の値が 4 となったときは確率 82.2%で棄却し，14 のときは確率 28.6%で棄却することで，第一種の誤りを犯す確率がちょうど有意水準 5%となるように調整するのである。このような検定を**確率化検定**という。

この一様最強力不偏検定を合計 S ではなく，**11.4.1** 節で定義した検定統計量 Z_0 に換算してみよう。標本比率の定義 $\bar{P}=\frac{1}{30}S$ に注意すると，

$$Z_0 = \frac{\bar{P}-0.3}{\sqrt{\dfrac{0.3\times(1-0.3)}{30}}} = \frac{S-9}{3\sqrt{0.7}}$$

だから，Z_0 の許容範囲は -1.594 以上 1.594 以下となる。検定統計量の値が -1.992 であれば確率 82.2%，1.992 のときは確率 28.6%で棄却となる。

この例は標本サイズが十分大きいという前提を満たしていないので，比較することにあまり意味はないが，-1.960 以上 1.960 以下が簡便法での許容範囲であった。しかし，検定統計量はこの境界値を取らないので，事実上の許容範

フライト中に事故を起こして墜落するようなことになれば，その損害は甚大である。異常を見落としたことによる刑事責任を問われるかもしれない。こうしたことに比べれば，多少の費用はかかるとしても第一種の誤りは我慢の範囲内である。したがって，機体検査における帰無仮説は，

機体は異常

とするのが適切である。この帰無仮説が棄却できれば，自信を持って飛行機は安全と主張することができる。この帰無仮説に対応する第一種の誤りはまさに重視したい誤りとなる。反対に採択された場合は第二種の誤りを覚悟して運航を中止し，機体検査をしなければならない。自動車や鉄道車両，ビルや橋の検査などもすべて安全性の問題である。

生産の問題でも例えば食品の場合は安全性の問題と考えるべきだろう。帰無仮説を「生産ラインは正常」として，生産ラインの異常を見逃してしまったとしよう。場合によっては製品に金属片や昆虫といった異物が混入してしまうかもしれない。機械であれば出荷前の検査で不良品を見つけることは可能だが，少し考えれば分かるように包装された食品の異物混入を出荷前に見つけることは難しい。こうした製品が流通してしまうと，損失は消費者への補償や製品回収の費用に止まらない。一度失墜したブランドのイメージを回復するのは容易なことではないからである。

12.4.3 臨床試験

臨床試験とは新薬や新しい治療法に関する人間を対象とした調査研究のことであり，仮説検定が最も厳密に適用される分野である。製薬会社が厚生労働省に開発した新薬の製造販売承認の申請（審査するのは独立行政法人医薬品医療機器総合機構）を行うには，その薬への人間の耐性（どのような薬も無害ということはあり得ない）を調べる検査から最終的な治療効果の測定まで3段階の臨床試験を実施しなければならない。

臨床試験における帰無仮説は，簡単に書くと，

新薬の効果＝従来の薬の効果

となる。「新薬の効果 ≦ 従来の薬の効果」としても構わないが，新薬の効果が従来の薬より弱いことを想定する必要はないだろう。対立仮説は「新薬の

囲は -1.594 以上 1.594 以下となる。第一種の誤りを犯す確率は 7.02%なので，簡便法は有意水準 5%の検定となっていないのである。

参考までに標本サイズ n を 1000 と大きくしてみると，一様最強力不偏検定の許容範囲は -1.863 以上 1.932 以下となる。検定統計量の値が -1.932 であれば確率 34.6%，2.001 のときは確率 83.8%で棄却すればよい。一方，簡便法における第一種の誤りを犯す確率は 4.91%となる。簡便法は一様最強力不偏検定にかなり近づいたといえるだろう。

Column 12.1 プラセボ効果と二重盲検試験

臨床試験で新薬の効果を評価するために比較対象とするのは従来の薬だけではない。新薬を投与した患者とプラセボを投与した患者の効果を比較することも非常に多い。プラセボとは有効成分を含まない無害な偽薬で，外見から本当の薬と区別することはできない。なぜプラセボなるものが必要になるのかといえば，たとえ偽薬だとしても，それが薬だと思って服用すれば一定の効果があることが分かっているからである。これをプラセボ効果という。有名な大病院で立派な医師に良く効く薬と言われれば，確かにプラスの効果はありそうである。したがって，新薬に多少の効果があったとしても，それがプラセボと同程度の効果しかなければ，実質的には効果がないのと同じなわけである。

このように新薬の効果を調べるには対象とする患者を本物の薬を投与するグループとプラセボ投与のグループに分けなければならない。二つのグループで症状の重さや年齢，性別といった患者の特性が異なると正確な比較ができなくなるため，非常に厳密な患者の割り当てが実施される。臨床試験ではさらに正確を期するため，二つのグループの役割を診察する医師や看護師にも教えないという念の入れようである。本物の薬を服用しているグループを知っていると，二つのグループに対する日々の診察や効果測定を無意識に区別してしまう可能性があるからである。医師や看護師に患者と投与した薬の関係を知らせない臨床試験を二重盲検試験という。

効果＞従来の薬の効果」である。製薬会社としてはこの帰無仮説を何としても棄却したいわけである。

第一種の誤りは新薬には効果がないのに効果があると判断してしまうことで，臨床試験では決して犯してはならない誤りであり。従来の薬と同等の効果しかないのに予期せぬ副作用があるかもしれない新薬を認めることはできないからである。これに対して第二種の誤りは，新薬を期待する患者にとっては残念な結果になるが，多少効き目は劣るとしても従来の薬はあるわけだから，それほど大きな問題とはならない。

ただし，死亡率の高い病気で有効な薬が存在しない状況では副作用を気にしている余裕はなく，第二種の誤りが重視される場合もある。もちろん，これは臨床試験といっても実験段階での話である。

12.4.4 市場調査

新製品を成功させるためには市場調査が不可欠である。市場調査は製品の企画から試作品の評価まで製品開発の様々な段階で行われている。仮説検定が必要となるのは言うまでもない。しかし，そこで難しいのは仮説検定の方法ではなく，どのように意思決定するかという問題である。

例として消費者に聞いた新製品の評価について考えてみよう。新薬も新製品なので，臨床試験と同様に考えて，ここでも帰無仮説は，

新製品の評価＝従来の製品の評価

とする。開発責任者からすれば帰無仮説を棄却したいわけだが，残念ながら帰無仮説が採択されてしまったとしよう。しかし，臨床試験とは異なり第二種の誤りを恐れる必要は全くない。市場調査において仮説検定は現状把握に過ぎないからである。帰無仮説が採択されたのは回答者がその製品の魅力を理解していないだけかもしれない。市場調査ではポータブルカセットプレーヤーやコードレス電話，スマートフォンといった革新的な製品ほど評価されない可能性が高い。それどころか否定的に評価されることさえある。ここで思い出してほしいのは，消費者の意識は効果的なプロモーションによっていかようにも変えられるということである。これこそがマーケティングの役割である。開発した製品に自信があるのなら，市場調査で評価されな

Column 12.2 ● 刑事裁判と仮説検定

「疑わしきは罰せず」または「疑わしきは被告人の利益に」とは刑事裁判の大原則である。統計学の教科書では二種類の誤りとの関連で言及されることの多い話題である。

刑事裁判では被告人が有罪かどうかの判断と有罪の場合は量刑という判断をしなければならない。仮説検定と関連があるのは，このうち有罪か無罪かの判断である。仮説検定の用語を用いると，帰無仮説は

被告人は無罪

ということになる。ここで重視しなければならない誤りは，言うまでもないことだが，第一種の誤りである。冤罪，すなわち，無罪の被告人を有罪と判断する誤りがあってはならないからである。しかし，**12.3** 節で説明したように，第一種の誤りを犯す可能性を小さくすれば，第二種の誤りを犯す可能性は必然的に高くなる。提出された証拠だけで有罪か無罪かの判断が難しい場合は，第二種の誤りを覚悟して必ず採択，すなわち，被告人は無罪という判断になるのである。これが「疑わしきは罰せず」の意味である。

凶悪事件の容疑者が証拠不十分で無罪になるのは許せないと思うのは当然である。しかし，伝統的な仮説検定の考え方を理解すれば，どうしようもないことが分かるだろう。凶悪犯を野放しにするという第二種の誤りから生じるリスクは社会全体で負えばいいのである。それでは具体的にどうするのかという話になるが，本書は統計学の教科書である。これ以上この問題に深入りすることは避けた方がいいだろう。

証拠不十分で無罪という判決が不服なら，検察側は上訴すればよい。そこで新たな証拠を提出すれば，第二種の誤りを犯す可能性はそれだけ小さくなるはずである。裁判の証拠を増やすということは，仮説検定では標本サイズを大きくすることに相当する。標本サイズを大きくすれば，第二種の誤りを犯す確率は小さくなるのである（**12.3.3** 項）。

かったとしても発売を断念する必要はない。もちろん，採択となった理由を検証する必要はあるが。

これが新薬であれば，帰無仮説が採択されてしまうと製薬会社にとっては万事休すである。臨床試験では第二種の誤りを犯す確率が一定の値以下となるように標本サイズが決められるため（**発展 12.6**），患者を変えて再試験をしても同じ結果になる可能性が高い。そもそも薬の効果は人間の生理学的反応なので，マーケティングの出る幕などないのである。

別の例をもう一つ紹介しよう。市場の変化をいち早く見つけることが重要であることは，どの業界でも同じである。例えばあるサービスのニーズを調べた結果，このサービスを利用したいと答えた回答者の比率が一年前の調査より高くなっていたとしよう。このときの帰無仮説は，

一年前の母比率＝今年の母比率

とすればいいのだろうか。帰無仮説が棄却されたら，この企業は新しく事業を立ち上げることになるので，判断は慎重にしなければならない。第一種の誤りが重要であることに間違いない。しかし，前節で説明したように，伝統的な仮説検定では帰無仮説が現実とよほどずれていない限り棄却と判断されることはない。ニーズが高まり棄却されるのを待っていたら，ライバル企業に先を越されてしまう。第二種の誤りを無視することもできないのである。しかし，帰無仮説を「一年前の母比率＜今年の母比率」にしても問題がなくなるわけではない。変化の兆候を見逃す可能性は減少するが，好意的な回答者の比率がよほど低くならない限り，帰無仮説が棄却されることはほとんどないからである。これでは投資の判断として不適切だろう。これまで説明してきた問題と違って，二つの誤りの優先順位を決められないことが問題なのである。もう一段深く考えると，仮説検定という方法は限られたデータから変化の兆しを逸早く発見することに不向きということもできる。

市場調査において仮説検定は現状を把握するための手段であり，その結果は経営上の判断となり得ない。新製品開発や新規事業の立ち上げで重要となるのは経営やマーケティングのセンスである。仮説検定の結果を真に受けているようでは，リスクの取れない消極的な経営の誹りを免れないだろう。

□発展 12.6　標本サイズの決定

12.3.3 項で説明したように，検定の精度を高めるには標本サイズを大きくすればよい。しかし，実際に標本サイズを大きくすることは難しいことも多い。費用が問題になるのは容易に想像できるが，倫理的に標本サイズはできるだけ小さい方が望ましいという場合もあるからである。例えば臨床試験は一種の人体実験である。必要なこととはいえ，治療を求めにきた患者にプラセボ（***Column*** 12.1）を投与することに問題がないわけではない。こうした理由から，指定した精度が保証される最低限の標本サイズを求める問題が必要となるのである。もっとも有意水準は固定されるので，検定の精度とは第二種の誤りを犯す確率のことになる。

例として**例題 10.1** をもう一度取り上げる。重さの母平均が正常値 7g に対して，異常が±0.02g の範囲内なら 500 円硬貨を技術的に問題なく製造できるものとしよう。したがって，製造に支障をきたす 0.02g 以上のずれがある場合は，帰無仮説を正しく棄却してほしいことになる。

母平均が 7.02g であるときの第二種の誤りを犯す確率，すなわち，正しくない帰無仮説を誤って採択してしまう確率を 10% 以下に抑えるにはどのくらいの観測値が必要になるだろうか。**12.2** 節の計算を参考にすれば，このときの検定統計量 Z_0 の平均と分散は，

$$E[Z_0]=\frac{E[\bar{X}]-7}{\sqrt{\frac{0.16^2}{n}}}=0.125\sqrt{n},\quad V[Z_0]=\frac{n}{0.16^2}V[\bar{X}]=1$$

だから，標本分布は $Z_0 \sim N(0.125\sqrt{n}, 1)$ となる。したがって，第二種の誤りを犯す確率が 10% 以下となる標本サイズ n は，

$$P(-1.96 \leq Z_0 \leq 1.96) \leq 0.1$$

を満たす値として求めればよい。計算すると，標本サイズ n は 673 以上となる。帰無仮説が採択される確率のグラフは**図 12.1** で示したように 7g を中心に左右対称なので，母平均が 6.98g のときも全く同じ結果となる。

母分散既知という設定は非現実的で，これはあくまでも紹介用の具体例である。母分散が未知の場合はもっと面倒な議論が必要になることを最後に注意しておく。

12.5 仮説検定の発展

12.5.1 尤度比検定

母集団分布に正規分布を仮定したときの母平均や母分散の検定方法が最適な方法であることは **12.3.1** 項で説明した通りである。母集団分布がポアソン分布や指数分布など他の確率分布の場合でも最適な仮説検定の方法は得られている。しかし，実際に使われることの多い複雑な問題（補足 9.5）で最適な検定方法を求めることは困難なことが多い。この辺りの事情は複雑な問題で母数の有効推定量を求められないことと同じである（**9.4.1** 項）。推定の場合が最尤法やベイズ法だったように，仮説検定では**尤度比検定**を適用すればよい。ベイズ法による仮説検定も可能だが，ここでは省略する。

尤度比検定は初等的な統計学の教科書で扱う内容ではない。読者に知ってほしいのは尤度比検定という汎用的な方法があるということだけである。概略を紹介するので，興味があれば目を通せばいい。

母集団分布（確率分布）には K 個の母数があり，そのうちの m 個の母数に関する両側検定を考える。残りは局外母数である（補足 12.1）。有意水準は α とする。尤度比検定では最尤法と同様にデータが得られる確率（連続変数の場合は尤度）を未知母数の関数として扱う。この確率の最大値を求めるとき，帰無仮説を条件にすると m 個の母数の値は固定されるため，$K-m$ 個の局外母数を使って最大化することになる。このときの最大値を P_0 と書くことにする。帰無仮説を条件としない場合の最大値は P_1 とする。当然，帰無仮説の真偽とは無関係に，

$$P_1 \geq P_0$$

であることに注意する。最大値 P_1 はデータが得られる確率に K 個の母数の最尤推定値を代入した値となる。

尤度比検定の検定統計量は尤度比 P_1/P_0 を用いて定義される。

$$X_0^2 = 2\log\frac{P_1}{P_0} = 2(\log P_1 - \log P_0)$$

ただし，対数の底は e である（補足 8.6）。帰無仮説が正しければ，m 個の母

□発展 12.7　符号検定

推定では主に外れ値を含むデータに対してノンパラメトリック法が用いられる（**発展 8.1**）。これに対して，仮説検定では母集団分布に特定の確率分布を仮定できないという元々の理由のために使われることが多い。簡便で応用範囲の広い**符号検定**を最初に紹介しよう。

符号検定では母集団分布に何の仮定も必要としない。検定の対象は母平均でなく，母中央値となる。母中央値を ξ とし，次のような帰無仮説と対立仮説を考える。

$$H_0 : \xi = \xi_0 \quad \text{vs.} \quad H_1 : \xi \neq \xi_0$$

標本は $X_1, X_2, \cdots, X_n$ と書くことにする。符号検定では仮説の値 ξ_0 との大小関係を表す次のような確率変数が用いられる。

$$Z_i = \begin{cases} 0 ; X_i < \xi_0 \\ 1 ; X_i \geq \xi_0 \end{cases}, \quad i = 1, 2, \cdots, n$$

帰無仮説が正しければ，母中央値の定義から，どのような母集団分布でも，

$$P(Z_i = 0) = P(Z_i = 1) = 0.5$$

が必ず成立する。つまり，帰無仮説が正しければ，確率変数 Z_i は母比率 0.5 のベルヌーイ分布に従うわけである。この結果を利用すれば，母中央値に関する検定問題は帰無仮説 $p = 0.5$ の母比率の検定として扱えることが分かる。なかなか上手いアイデアである。

しかし，観測値と仮説の値との大小関係しか使わない符号検定にはデータの持つ情報を無駄にしているという側面もある。データの活用という観点から符号検定を改善するのが，**発展 12.8** で説明する**ウィルコクソン検定**（**ウィルコクソンの符号付き順位和検定**）である。

□発展 12.8　ウィルコクソン検定

符号検定とは異なり，ウィルコクソン検定では母集団分布の形状が母中央値を中心にして左右対称（単峰型である必要はない）という仮定を追加しなければならない。この仮定の下では，母中央値は母平均と一致する。

標本と仮説の値 ξ_0 との差の絶対値

$$|X_i - \xi_0|, \quad i = 1, 2, \cdots, n$$

を小さい順に並べたときの，確率変数 X_i の順位を R_i と書くことにする。

数の最尤推定値は帰無仮説に近い値となるはずである。このときは $P_1 \cong P_0$ となるから，検定統計量はゼロに近い値となる。反対に帰無仮説が本当の値からずれているほど，検定統計量は大きな値になる。したがって，検定統計量の許容範囲は

$$X_0^2 \leq C$$

と表すことができる。しかし，複雑な問題では検定統計量の標本分布を求められないことが多い。標本分布が分からなければ，

$$P(X_0^2 \leq C) = 1 - \alpha$$

を満たす定数 C を求めることもできない。ところが，標本サイズが十分大きければ，この値を簡単に求めることができるのである。

母集団分布に仮定した確率分布の確率関数または密度関数はある緩やかな仮定を満たすものとする。このとき，標本サイズが十分大きければ，帰無仮説が正しいときの標本分布は自由度 m の χ^2 分布となる。

$$X_0^2 \sim \chi^2(m)$$

ある緩やかな仮定とは，最尤推定量が漸近有効推定量（**9.4.1** 項）となるために必要な仮定と同じものである。母集団分布がどのような確率分布であっても，標本分布は χ^2 分布になると主張しているのだから，この性質が実際の分析でどれほど有り難いかが分かるだろう。

残念ながら，尤度比検定に第二種の誤りを犯す確率を最小にするという意味での最適性はない。しかし，尤度比検定は良い検定方法である可能性が高い。**発展 12.2** と**発展 12.3** で説明した最適な検定方法では，実は検定統計量は尤度比に基づいて定義される。あれこれ計算して使い易い式に直した結果が**第 11 章**で紹介した検定統計量なのである。標本サイズが大きいことを前提にした検定方法は尤度比検定以外にもいくつか提案されている。その中で第二種の誤りを犯す確率が最も小さいのが尤度比検定であることも徐々に分かってきた。こうした理由により，尤度比検定は良い検定方法といえるのである。

12.5.2　区間推定

独立に正規分布に従う標本を，

ウィルコクソン検定の検定統計量はこの順位と符号検定で用いた確率変数Z_iの積和として定義される。

$$W_0 = \sum_{i=1}^{n} Z_i R_i$$

以下で説明するように，帰無仮説が正しければ，$E[W_0] = \frac{n(n+1)}{4}$が成立する。したがって，検定統計量の許容範囲は$\frac{n(n+1)}{4}$を中心とした範囲となる。許容範囲の下限と上限は有意水準と標本分布から求めればよい。標本サイズが大きい場合は中心極限定理を用いて下限と上限の近似値を求めることもできる。

この考え方は2標本の問題にも拡張できる。つまり正規分布を仮定した母平均の検定のように使えるわけである。こうした理由から，ウィルコクソン検定は実際に使われることが多い。しかし，ウィルコクソン検定に**12.3.1**項で説明した意味での最適性がないことは注意すべきである。ノンパラメトリック法による仮説検定の全てにいえることだが，母集団分布に適切な確率分布を仮定できるのなら，その確率分布を仮定して最適な検定方法を適用しなければならない。

最後に検定統計量の平均$\frac{n(n+1)}{4}$が意味することを補足しておく。標本（確率変数）のままでは話が難しくなるので，説明ではデータ（観測値）を用いることにしよう。帰無仮説が正しければ，母集団分布が左右対称という前提から，ξ_0以上の観測値とξ_0未満の観測値はほぼ同数となり，差の絶対値の分布も同じようなものになるはずである。つまり，差の絶対値を小さい順に並べれば，ξ_0以上の観測値とξ_0未満の観測値は均等に散らばると考えられる。均等に散らばるというのは，極端な例となるが，小さい順に偶数番目がξ_0以上の観測値であるとか，反対に奇数番目がξ_0以上の観測値という状況である。標本サイズnが偶数の場合，検定統計量の値を計算すると前者であれば$\frac{n(n+2)}{4}$，後者の場合は$\frac{n^2}{4}$となる。二つの平均は$\frac{n(n+1)}{4}$となり，帰無仮説が正しいときの検定統計量の平均と一致する。標本サイズnが奇数の場合も同様に考えればよい。帰無仮説の下での検定統計量の平均とはこのような意味なのである。

$$X_i \sim N(\mu, \sigma^2), \quad i = 1, 2, \cdots, n$$

と書くことにする。ここで，以下の確率変数 T を定義する。

$$T = \frac{\bar{X} - \mu}{\sqrt{\dfrac{S^2}{n}}}$$

確率変数 T は母平均の検定における検定統計量 T_0 で帰無仮説 $\mu = \mu_0$ が正しい場合に相当するのだから，その確率分布が自由度 $n-1$ の t 分布となることは明らかだろう。自由度 $n-1$ の t 分布の上側 $\frac{\alpha}{2}$ 点を C とすれば，

$$P(-C \leq T \leq C) = 1 - \alpha$$

が成立する。括弧内の不等式を母平均 μ について解くと，

$$\bar{X} - C\sqrt{\frac{S^2}{n}} \leq \mu \leq \bar{X} + C\sqrt{\frac{S^2}{n}}$$

となる。当然，この不等式が成立する確率は $1-\alpha$ である。母平均 μ の範囲を定めるこの区間を**信頼係数 $1-\alpha$ の信頼区間**という。母数の信頼区間を求めることを**区間推定**という。

母分散の検定における検定統計量（**11.2.3** 節）を利用すれば，母分散 σ^2 の信頼係数 $1-\alpha$ の信頼区間は，

$$\frac{(n-1)S^2}{B} \leq \sigma^2 \leq \frac{(n-1)S^2}{A}$$

であることが分かる。定数 A は自由度 $n-1$ の χ^2 分布の下側 $\frac{\alpha}{2}$ 点，定数 B は上側 $\frac{\alpha}{2}$ 点だが，正確な値は**発展 12.4** の方法で求めればよい。このように，初等的な統計学で学習する区間推定は，検定統計量の許容範囲を母数について解くだけである。これはそれほど難しい話ではない。

500 円硬貨の問題（**11.2.2** 項）で母平均の信頼係数 95％の信頼区間を求めてみよう。定数 C は 2.131 だから，母平均の信頼区間は，

$$7.081 - 2.131\sqrt{\frac{0.0252}{16}} \leq \mu \leq 7.081 - 2.131\sqrt{\frac{0.0252}{16}} \quad \Rightarrow \quad 6.996 \leq \mu \leq 7.166$$

となる。母分散の信頼区間は，定数 A は 6.262，B は 27.488 だから，

$$\frac{(16-1)0.0252}{27.488} \leq \sigma^2 \leq \frac{(16-1)0.0252}{6.262} \quad \Rightarrow \quad 0.0138 \leq \sigma^2 \leq 0.0604$$

□発展 12.9　確率の公理主義的定義

ラプラスの定義も頻度による定義も論理的に問題を抱えていた。数学者が明白な論理的欠陥のある確率論を数学の名に値しないと考えていたとしても不思議ではない。この状況を打ち破ったのがロシアの数学者コルモゴロフである。数学の抽象化・形式化という時代背景の下で，彼は 1933 年の論文「確率論の基礎概念」で確率を公理として定義した。有名な確率の**公理主義的定義**である。公理とは簡単に言うと理論の出発点となる仮定のことで，公理主義的定義とは，概念を直接定義するのではなく，公理を満たすものとして間接的に定義することである。これから確率の公理主義的定義を簡単に説明するが，私たちが何となく理解している確率とのあまりのギャップに戸惑う読者は多いのではないだろうか。

確率とは事象に付与された数値であり，事象とは全事象 Ω の部分集合であった（**発展 7.1**）。そこで，全事象 Ω と事象の集合は所与のものとする。事象の集合は $\mathcal{B}$ と書くことにしよう。集合 $\mathcal{B}$ に含まれるすべての事象には実数が定められているとし，事象 $A \in \mathcal{B}$ に定められた実数を $P(A)$ と書くことにする。ただし，$A \in \mathcal{B}$ とは，事象 A は集合 $\mathcal{B}$ に含まれるという意味である。事象に定められた実数が以下の三つの条件（公理）を満たすとき，実数 $P(A)$ を事象 A が起こる確率という。

(1) これらの実数は必ずゼロ以上である。

(2) $P(\Omega) = 1$

(3) $A_n \in \mathcal{B},\ n = 1, 2, \cdots$ が互いに排反事象，すなわち，$A_n \cap A_m = \emptyset,\ n \neq m$ であるとき，以下の式が成立する。

$$P\left(\bigcup_{n=1}^{\infty} A_n\right) = \sum_{n=1}^{\infty} P(A_n)$$

このうち最初の二つは当然の要請である。公理 (3) は少し分かり難いかもしれないが，二つの排反事象の場合を考えれば理解し易い。事象に定められた数値を確率というからには，

$$P(A_1 \cup A_2) = P(A_1) + P(A_2)$$

でなければならないといっているのである。排反事象のイメージ図 7.1f を見れば，この等式が成立しなければならないことは明らかだろう。

ところで，コルモゴロフによる確率の定義は長さや面積，もう少し正確に言うと，これらを抽象化した測度と呼ばれる概念の定義となっている。現代の確率論は数学における測度論に基づいているのである。

となる。

推定や仮説検定と同様に，区間推定でも良い方法というものが存在する。それが推定ではなく，良い検定方法と直接関連していることは，信頼区間の求め方から想像できるだろう。区間推定は通常の推定を補完するために使われるが，理論的には仮説検定とつながっているのである。

最後に信頼区間の解釈について補足しておく。信頼区間 6.996〜7.166 が母平均 μ を含む確率は 95%（信頼係数）と言いたいところだが，残念ながらこの主張は間違っている。母平均 μ がこの区間に含まれているかどうかは確定した事実であり，確率現象ではないからである。この辺りの事情は仮説検定で分析後に棄却という判断が間違っている確率は 5%（有意水準）と主張できないことと全く同じである（**10.3.2** 項）。信頼係数を大きくすれば，信頼区間という“道具”の信頼度はいくらでも高めることができる。信頼係数という信頼度で信頼区間を受け入れるというのが，区間推定に対する正しい態度なのである。

練習問題

問題 1　この章では仮説検定の正確な考え方を学習した。仮説検定とは何か，その目的や考え方などを初学者に教えるつもりで改めて説明しなさい。

問題 2　様々な分野で仮説検定は用いられている。仮説検定の事例をいくつか探し，その分析における二種類の誤りを説明しなさい。正しい帰無仮説になっているかどうかについても考えなさい。

□発展 12.10　事象の集合と実数の定め方

確率の公理主義的定義では事象の集合 $\mathcal{B}$ と事象に定められた実数を所与としているが，当然のことながら，確率論では確率の定義に先立ち，こうしたことが真剣に議論される。簡単に紹介しておこう。

最初は事象の集合である。正確に説明すると，そこに含まれる事象に確率を矛盾なく定義するには，以下の三つの条件を満たす必要がある。

(1) $\Omega \in \mathcal{B}$

(2) $A \in \mathcal{B}$ ならば $A^c \in \mathcal{B}$ である。

(3) $A_n \in \mathcal{B},\ n=1,2,\cdots$ ならば $\cup_{n=1}^{\infty} A_n \in \mathcal{B}$ である。

これらの条件を満たす事象の集合を σ **集合族**という。イメージするのは難しいかもしれないが，σ 集合族はいくらでも考えることができる。例えば事象の集合 $\{\emptyset, A, A^c, \Omega\}$ は小さな σ 集合族である。反対に全事象 Ω のあらゆる部分集合，つまりすべての事象を集めた集合は巨大な σ 集合族となる。

次に考えなければならないのは，事象に実数をどのように定めるのかという問題である。トランプの例であれば話は簡単だが，例えば全実数が全事象の場合，話は途端にややこしくなる。実数の連続性，つまりどれほど接近した二つの数の間にも無限個の数が存在するという性質を使うと常識的にはあり得ない性質を持つ事象を作ることができるからである。こうした事象にせっかく実数を定めたとしても，これらの実数が確率の公理 (3) を満たす保証はない。ここまで来ると本書のレベルをはるかに超えるので，具体的に説明することはできないが，できるだけ多くの事象に確率を定義できるように考え出された実数の定め方がある。これを外測度（ルベーグ・スティルチェス外測度）という。ただし，残念ながら，外測度をもってしても公理 (3) を満たさない事象が存在することは分かっている。そのため，全実数を全事象とする場合は，確率を定める事象を外測度の下で公理 (3) を満たす事象に限定しなければならない。条件を満たす事象の全体が σ 集合族となることは分かっているので，外測度を用いて定めた数値は晴れて確率となるのである。

□発展 12.11　確率の公理主義的定義の問題

確率の公理主義的定義は，事象に与えられた数値がある性質を満たせば，それを確率と呼ぼうといっているだけで，事象の起り易さという意味がないことは明らかだろう。確率とは何かという先人たちを悩ませてきた根源的な問いには何も答えていないわけである。コルモゴロフによる定義が契機となり確率は数学者の余興から現代の数学へと発展し，多くの成果が得られたことは事実である。確率論を数学として完成させるため，確率とは何かという問いを故意に切り捨てたといえるだろう。したがって，統計学のように現実の問題に確率を適用する場合，確率とは何かという問題を考えざるを得ないのである。標本調査の問題ではラプラスの定義，実験データの分析では頻度による確率の定義を説明したのは，そのためである。

コルモゴロフ自身は確率とは何かという問いを終生考え続けていたようである。近年になり情報理論やゲーム理論の立場から新しい確率の定義が提案されている。ゲーム理論的な確率の提唱者がコルモゴロフ最晩年の弟子というのは興味深い事実である。

第 13 章

正規分布と中心極限定理

この章ではこれまでに何度か言及した大数の法則と中心極限定理について補足しておく。本書のレベルからいえば発展で紹介する内容だが，このまま本書を終えることにはいささか抵抗がある。そのくらい重要な話題なのである。大数の法則と中心極限定理を知らなくても本書を読むのに困ることはないが，知っていても損はないだろう。余力があれば目を通した方が良い。そのくらい重要な話題なのだから。

13.1 大数の法則

第6章では標本平均が一致推定量であること，つまり，観測値の個数を増やしていくと，その値は母平均に近づいていくことを説明した。この結果を保証するのが**大数の法則**である。他の例を挙げると，最尤推定量が一致推定量（**9.4.1**項）であることは大数の法則の直接的な結果である。最尤推定量が漸近有効性を持つことの証明や母比率に関する仮説検定（**11.4**節）と尤度比検定（**12.5.1**項）での標本分布の導出でも使われる（中心極限定理も必要となる）。ここでは大数の法則をある程度正確に説明しておこう。

13.1.1 チェビシェフの不等式

大数の法則を説明する前に，**チェビシェフの不等式**を紹介しておく。確率変数Xの平均をμ，分散をσ^2とする。このとき，どのような正の数kに対しても以下の不等式が成立する。

$$P(|X-\mu| \geq k\sigma) \leq \frac{1}{k^2}$$

この不等式をチェビシェフの不等式という。証明は**補足13.1**に書いておいたが，それほど難しくはない。平均μとの差（絶対値）が$k\sigma$以上という事象を$k\sigma$未満にすれば，以下の不等式を得る。

$$P(|X-\mu| < k\sigma) > 1-\frac{1}{k^2}$$

応用ではこの式が使われることも多い（**発展3.4**）。

例えば平均から標準偏差の3倍離れた観測値が得られる確率の大きさを評価するには，チェビシェフの不等式で$k=3$とすればよい。この確率は$\frac{1}{9}$，つまり11.1%以下となる。確率変数が正規分布に従う場合は約0.27%だから，これはかなり大雑把な評価である。しかし，確率分布が分からなくても，こうした確率を評価できることがチェビシェフの不等式の意義なのである。

❖補足 13.1　チェビシェフの不等式の証明

連続型確率変数を仮定した方が数式は簡潔になるのだが，定積分の計算を避けるため，ここでは離散型確率変数を前提とする。確率変数 X の確率分布は表 7.3 とする。確率変数 X の取りうる値 $a_1, a_2, \cdots, a_J$ の中で $|a_j - \mu| \geq k\sigma$ を満たすものを取り出し，その添え字の集合を L で表そう。要するに，$j \in L$ であれば，$|a_j - \mu| \geq k\sigma$ ということである。集合 L に含まれない添え字の集合を S とすれば，$j \in S$ ならば，$|a_j - \mu| < k\sigma$ となる。以上を準備とする。

$$\sigma^2 = \sum_{j=1}^{J}(a_j - \mu)^2 p_j = \sum_{j \in L}(a_j - \mu)^2 p_j + \sum_{j \in S}(a_j - \mu)^2 p_j \geq \sum_{j \in L}(a_j - \mu)^2 p_j$$

添え字の集合 L の定義から，

$$\sigma^2 \geq \sum_{j \in L}(a_j - \mu)^2 p_j \geq \sum_{j \in L}(k\sigma)^2 p_j = k^2\sigma^2 P(|X - \mu| \geq k\sigma)$$

が成立する。最後に両辺を $k^2\sigma^2$ で割れば，チェビシェフの不等式となる。

ところで，k の値を極端に大きくすれば集合 L は空で，集合 S は J 以下の自然数全体となる。k の値が小さすぎれば反対に集合 S は空になるかもしれない。このような場合でも証明が成り立つことを最後に注意しておく。

□発展 13.1　大数の弱法則と強法則

本文で説明した大数の法則を正確には**大数の弱法則**という。条件の厳しい仮定の下での精度の低い収束だから弱法則というのだが，応用上は弱法則で十分なことが多い。

確率論で重要なのは**大数の強法則**である。こちらは弱法則とは反対に緩い仮定の下で精度の高い収束を保証する強力な定理である。大数の強法則では分散の存在は必要としない。仮定されるのは絶対値の期待値が存在することである。

$$E[|X_i|] < \infty, \quad i = 1, 2, \cdots$$

このとき，

$$P\left(\lim_{n \to \infty} \bar{X}_n = \mu\right) = 1$$

が成立する。

13.1.2 大数の法則

以下は互いに独立に同じ確率分布に従う確率変数の列とする。

$$X_1, X_2, \cdots, X_n, X_{n+1}, \cdots$$

これらの平均は μ，分散は σ^2 とする。最初の n 個の確率変数を用いた標本平均を，ここでは個数 n を明示して $\bar{X}_n$ と書くことにする。

$$\bar{X}_n = \frac{1}{n}\sum_{i=1}^{n} X_i$$

このとき，n を大きくすれば標本平均 $\bar{X}_n$ は平均 μ に収束するというのが大数の法則なのだが，$\bar{X}_n$ が確率変数であることを考慮して，この主張を正確に表現しよう。どれほど小さい正の数 ε を選んでも，n を大きくすれば，標本平均 $\bar{X}_n$ と平均 μ の差の絶対値が ε より大きくなる確率をゼロにすることができる。つまり，

$$\lim_{n\to\infty} P(|\bar{X}_n - \mu| > \varepsilon) = 0$$

ということである。これが**大数の法則**である。

証明は簡単である。標本平均の性質から，

$$E[\bar{X}_n] = \mu, \quad V[\bar{X}_n] = \frac{\sigma^2}{n}$$

である（**8.1** 節）。ここで，$k = \frac{\varepsilon\sqrt{n}}{\sigma}$ として，標本平均 $\bar{X}_n$ に対してチェビシェフの不等式を適用すると，

$$P\left(|\bar{X}_n - \mu| > k\frac{\sigma}{\sqrt{n}}\right) = P(|\bar{X}_n - \mu| > \varepsilon) \leq \frac{1}{k^2} = \frac{\sigma^2}{n\varepsilon^2}$$

が成立する。ε はどれほど小さくても最初に与えた定数だから，n を大きくすれば，右辺の $\frac{\sigma^2}{n\varepsilon^2}$ は必ずゼロに収束する。

大数の法則は標本平均に関する性質として説明されるが，実際の適用範囲はずっと広い。例えば確率変数の二乗を考えてみる。

$$Y_i = X_i^2, \quad i = 1, 2, \cdots$$

これらの分散 $V[Y_i]$ が存在すれば，その標本平均

$$\bar{Y}_n = \frac{1}{n}\sum_{i=1}^{n} Y_i = \frac{1}{n}\sum_{i=1}^{n} X_i^2$$

に大数の法則を適用することができる。**補足 7.4** より，$E[Y_i] = \mu^2 + \sigma^2$ であ

本書のレベルではこれらの違いを正確に説明することはできないが，定義を見れば以下の違いは理解できるだろう。大数の弱法則は，

$$P(|\bar{X}_1-\mu|>\varepsilon), P(|\bar{X}_2-\mu|>\varepsilon), \cdots, P(|\bar{X}_n-\mu|>\varepsilon), \cdots \to 0$$

ということだから，確率変数である標本平均の推移を直接評価しているのではなく，確率の列がゼロに収束すると主張しているのである。一方，大数の強法則は，次のような標本平均の収束

$$\bar{X}_1, \bar{X}_2, \cdots, \bar{X}_n, \cdots \to \mu$$

が確率 1 で成立するという主張である。標本平均の推移を直接評価しているので，強法則を“精度の高い収束”と書いたのである。

ところで，**発展 12.9～12.11** では確率の公理主義的定義を紹介した。このように確率が数学的に厳密に定義されたことで，大数の強法則を示すことができるようになったのである。

❖補足 13.2　中心極限定理のシミュレーション

中心極限定理をシミュレーションで確認してみよう。ブック「中心極限定理のシミュレーション」を用いて説明する。

セル範囲 A4:B9 はデータ作成で用いる確率分布の情報で，初期設定では一様分布となっている（セル範囲 A8:B9 は空白）。セル B5 には一様分布に従う乱数（一様乱数）が入力されていて，このセルをそのまま張り付けた結果がセル範囲 E4:CZ10003 である。ここでセル範囲 E4:CZ4 は 100 個の観測値から成る 1 個目のデータとなっている。このデータの最初の 5 個の観測値から求めた標本平均 $\bar{X}_5$ はセル DB4，対応する標準得点 Z_5 はセル DC4 に入力されている。セル DC4 の数式は“=(DB4-$B$6)/SQRT($B$7/5)”であり，母平均 μ（セル B6）と分散 σ^2（セル B7）を参照している。ここで，分散 σ^2 を標本サイズ 5 で割っていることに注意する。セル範囲 DD4:DK4 も同様で，最初の 10 個，20 個，50 個，そしてすべての観測値から求めた標本平均と標準得点を計算している。この計算を 10000 個のデータに対して行った。

5 通りの標本サイズ毎に作成した 10000 個の標準得点の度数分布表がセル範囲 DM3:EA33 である。度数分布表の作り方はブック「標本分布のシミュレーション」と全く同じである。度数分布表の右側にあるグラフは標準得点のヒストグラム（折れ線グラフ）と標準正規分布の密度関数である。標本サイズ 100

ることに注意すると，標本平均 $\bar{Y}_n$ は平均 $\mu^2+\sigma^2$ に収束することが分かる。要するに，大数の法則とは“確率変数の合計をその個数で割った商”に関する性質なのである。

ところで，分散が存在するのは当然と思うかもしれないが，決してそのようなことはない。**10.4** 節で学習した t 分布や F 分布は，自由度によっては分散が存在しなかったはずである。

13.2 中心極限定理

前節の冒頭に書いたように，本書で学習したことのいくつかは証明で**中心極限定理**が必要となる。主張そのものは難しくないので，結論を最初に説明しておく。

大数の法則と同じ前提の下で，標本平均 $\bar{X}_n$ を標準化する（**7.5** 節）。

$$Z_n=\frac{\bar{X}_n-\mu}{\sqrt{\sigma^2/n}}$$

このとき $E[Z_n]=0,\ V[Z_n]=1$ であることは既に説明した。ここで n を大きくすると，最終的に標準得点の確率分布は標準正規分布となる。これが中心極限定理である。要するに n が十分大きければ，

$$Z_n \sim N(0,1)$$

ということである。この主張を正確に書いておく。標準正規分布に従う確率変数を Z と書くことにする。このとき，どのような実数 x を選んでも，

$$\lim_{n\to\infty}P(Z_n\leq x)=P(Z\leq x)$$

が成立する。これが中心極限定理の正確な説明である。

分散が存在するという仮定の外に，元の確率変数の確率分布について何の仮定も置いていないことに注意してほしい。元の確率変数が正規分布に従っていれば，この結論は **10.2.2** 項で説明した通りである。中心極限定理は，n が十分大きければ，どのような確率分布であっても標準得点は標準正規分布に従うと主張しているのである。これは驚くべき結果である。中心極限定理はシミュレーションで確認することができる。具体的なことは**補足**

というのは決して大きい値ではないが，標準得点のヒストグラムが標準正規分布の密度関数の近似となっていることが分かるはずである。

シートの左側には確率分布の例として一様分布（黄色くマーク），ベルヌーイ分布（黄緑），ガンマ分布（青）を用意している。初期設定では一様分布だが，ベルヌーイ分布を試したければセル範囲 A20:B25 をセル範囲 A4:B9 にそのまま張り付ければよい。セル B5 がベルヌーイ分布に従う乱数なので，このセルをセル範囲 E4:CZ10003 を張り付ければ，確率分布の変更は終わりである。後はグラフを見るだけである。母数を変えるなどして，いろいろと試してみるといいだろう。また，ガンマ分布を用いると計算負荷が高くなるので，実行に多少時間がかかることに注意する。

□発展 13.2　正規分布の導出

13.2 節で述べたように，歴史的には正規分布は二項分布の極限として導かれた。しかし，母集団分布との関連で重要なのは，むしろドイツの数学者ガウスが小惑星の軌道計算の成果をまとめた「誤差論」で示した正規分布の導出である（1809 年）。ここではその概略を紹介しよう。

二点間の距離を測定する問題を考えてみる。真の距離は μ とし，測定値は確率変数 Y で表そう。ここで以下の仮定を置く。

(1) 測定値 Y は真の値 μ と測定誤差 X の和で表現できる。

(2) 測定誤差 X は平均がゼロの連続型確率変数であり，ゼロから離れるほど確率（密度関数の高さ，すなわち，尤度）は小さくなる。

(3) 複数回の測定が行われた場合，測定誤差は互いに独立とする。

これらは測定誤差であれば当然満たすべき性質で，仮定というほどのものではない。仮定(1)から n 個の測定値を次のように表記する。

$$y_i = \mu + x_i, \quad i = 1, 2, \cdots, n$$

測定誤差 X の密度関数を $p(x)$ と書くことにすれば，仮定(3)より n 個の測定誤差は独立だから，n 個の測定誤差（実現値）が生じる確率（尤度）は次のように表すことができる。

$$p(x_1)p(x_2) \times \cdots \times p(x_n) = p(y_1 - \mu)p(y_2 - \mu) \times \cdots \times p(y_n - \mu)$$

13.2にまとめてある。

中心極限定理の応用として，元の確率変数がベルヌーイ分布に従う場合を調べてみよう。

$$X_i \sim B(1,p), \quad i=1,2,\cdots$$

この場合の標本平均は標本比率 $\bar{P}_n$ であり，平均と分散は，

$$E[\bar{P}_n]=p, \quad V[\bar{P}_n]=\frac{1}{n}p(1-p)$$

となる（**8.3.3** 項）。中心極限定理を適用すると，n が十分大きければ，

$$Z_n=\frac{\bar{P}_n-p}{\sqrt{\frac{p(1-p)}{n}}}\sim N(0,1)$$

が成立する。これは **11.4.1** 項で学習した母比率の検定における検定統計量の標本分布に他ならない。

このベルヌーイ分布の例は中心極限定理と正規分布の起源とされる。元々は二項分布（**発展 8.2**）の極限として正規分布が導かれ，この結果が中心極限定理となったのである。最初に証明したのはフランスの数学者ド・モアブルだが（18 世紀前半），それは二項分布の確率関数の n を無限大にした極限を求めるという素朴な方法であった。

非常に汎用的なアプローチで証明したのが確率の定義で紹介したラプラスである（1812 年）。ラプラスは特性関数（**発展 9.1**）という確率論の道具を用いて中心極限定理を証明した。特性関数の値は複素数なので，言わば想像上の数である（虚数は imaginary number の訳）。つまり，現実の世界で起きる現象を想像上の世界で証明したのである。数学の面白いところである。

練習問題

問題 1　大数の法則を確かめなさい*。

問題 2　観測値の二乗について大数の法則を確かめなさい*。

＊　データと詳しい内容，Excel 操作についての説明が，新世社ホームページ（https://www.saiensu.co.jp/）の本書紹介ページの「サポート情報」からダウンロードできます。

この尤度を真の値 μ の関数と考えてみる。ただし，真の値 μ は未知でも確定した値だから，変数として μ を使うと話が紛らわしくなる。そこで，ここでは変数 z で代用する。つまり，尤度を変数 z の関数と考えるのである。

$$L(z)=p(y_1-z)p(y_2-z)\times\cdots\times p(y_n-z)$$

n 個の測定値から求めた標本平均の値を $\bar{y}$ と書くことにする。ここで追加の仮定を二つ置く。

(4) 真の値 μ と標本平均の値 $\bar{y}$ は等しい。

(5) 尤度 $L(z)$ は $z=\mu$ のとき最大となる。

測定回数 n が十分大きければ，これらの仮定はいずれも成立することが保証されている。仮定 (4) は大数の法則そのものであり，仮定 (5) は最尤推定量が一致推定量になるという結論に他ならない。

以上が正規分布の密度関数を導くための準備である。仮定 (4) と (5) から，尤度 $L(z)$ は $z=\bar{y}$ のときに最大となる。これは尤度を変数 z で微分した導関数は $z=\bar{y}$ でゼロになることを意味している。導関数がゼロという式から，測定誤差の密度関数 $p(x)$ に関する微分方程式を得る。この微分方程式の解が正規分布の密度関数 (8.9) なのである。ただし，測定誤差の平均はゼロなので，このようにして求めた正規分布の平均 μ はゼロとなる。

重要なのは微分方程式を解くことではなく，測定誤差であれば当然満たすべき性質を仮定すると，ここから正規分布の密度関数が導かれるという結果である。グラフが釣鐘型という形式的な理由で密度関数を式 (8.9) としたわけではないのである。また，ガウスの「誤差論」は**第 5 章**の回帰分析で学習した最小二乗法を最初に提案した論文としても知られている。

索　引

さ 行

た 行

な　行

は　行

著者紹介

森　治憲（もり　はるのり）

1969 年　東京都で生まれる
1991 年　学習院大学経済学部経営学科卒業
1997 年　学習院大学大学院経営学研究科修了
現　在　東京都立大学経済経営学部教授　経営学博士

主要論文

Bayes Estimation in the Hierarchical Multinomial Probit Model. *Journal of the Japan statistical society*. Vol.44, 2014, 135–155.

Approximation of the meta-analytic-predictive prior distribution in the one-way random effects model with unknown variance. *Journal of the Japan statistical society*. Vol.47, 2017, 167–185.

グラフィック経営学ライブラリ—9

グラフィック　経営統計

2020 年 9 月 10 日 ©　　　初　版　発　行

著　者　森　　治 憲　　　発行者　森 平 敏 孝
　　　　　　　　　　　　印刷者　小宮山恒敏

【発行】　　　　**株式会社　新世社**

〒151-0051　東京都渋谷区千駄ヶ谷1丁目3番25号
編集☎(03)5474-8818(代)　　サイエンスビル

【発売】　　　　**株式会社　サイエンス社**

〒151-0051　東京都渋谷区千駄ヶ谷1丁目3番25号
営業☎(03)5474-8500(代)　振替　00170-7-2387
FAX☎(03)5474-8900

印刷・製本　小宮山印刷工業(株)
《検印省略》

ISBN978-4-88384-315-2
PRINTED IN JAPAN